2021年福建省本科高校教育教学改革研究重大项目
应用型本科院校师范类专业人文通识课程体系的建构与实践（FBJG20210331）成果

现代应用文写作

主编　刘云祯

参编　林建平　郑顺婷

赖祥亮　黄晓珍

WUHAN UNIVERSITY PRESS
武汉大学出版社

图书在版编目(CIP)数据

现代应用文写作 / 刘云祯主编. -- 武汉：武汉大学出版社，2025.2.
ISBN 978-7-307-24852-6

Ⅰ.H152.3
中国国家版本馆 CIP 数据核字第 202411KZ76 号

责任编辑:詹　蜜　　　责任校对:鄢春梅　　　版式设计:马　佳

出版发行：**武汉大学出版社**　（430072　武昌　珞珈山）
（电子邮箱：cbs22@ whu.edu.cn　网址：www.wdp.com.cn）
印刷:武汉中科兴业印务有限公司
开本:787×1092　1/16　印张:25　字数:422 千字　插页:1
版次:2025 年 2 月第 1 版　　2025 年 2 月第 1 次印刷
ISBN 978-7-307-24852-6　　定价:58.00 元

前 言
FOREWORD

应用文是国家行政机关、企事业单位、社会团体以及人民群众用以处理事务、交流情况、传递信息、沟通联系,具有惯用格式的一类文体。应用文写作是现代写作的一个组成部分,是高等院校学生必备的基本能力之一。随着社会对应用写作人才的需求越发迫切,作为公共基础课的应用文写作课程日益受到各级高等院校的重视。本书适应时代发展需要,遵循应用文写作的基本原则,精选优秀范例,对于习作者应用文写作水平的提高有较强的指导作用。

本书内容涵盖多类常见的应用文文种,包括党政机关公文、事务文书、日常文书、经济文书、传播文书、科技文书等,并辅以综合练习等相关内容,既可作为大学本科、高职高专院校学生的公共课教材,也可作为职业培训教材。

在本书编写过程中,突出针对性、实用性和规范性原则。应用文写作是为了解决现实中的实际问题,直接服务于社会生活和工作,本书以岗位需求、工作需要为导向,大胆摒弃非行业常用文种和简单文种,突出工作中使用频率较高的文种,对各文种的特点、种类、结构与写法进行阐释,精选大量例文,引导习作者进行仿写训练,旨在培养习作者对常用应用文种的驾驭能力,解决日常生活和工作中的实际问题,使应用文写作的基本理论与写作训练相结合,具有较强的针对性和实用性。本书例文选取自各级政府网站和权威期刊,选编例文突出规范性和权威性原则,对于规范应用文写作具有积极的现实意义。

本书编写分工如下:第一章由赖祥亮负责编写,第二章由刘云祯负责编写,第三章、第四章由郑顺婷负责编写,第五章与附录由林建平负责编写,第六章、第七章由黄晓珍负责编写。全书由刘云祯统稿。在本书编写过程中,参考并借鉴了同行的研究成果和资料,由于时间紧迫未能尽与原作者联系,在此表示诚挚的谢意和歉意。由于编者水平有限,加上时间仓促及分工编写的缘故,难免存在不足之处,恳请各位专家、读者批评指正,以便及时修改,不断完善。

编　者

2023 年 8 月 31 日

目 录
CONTENTS

第一章　应用写作基础知识

学习目标

·了解应用写作的含义、特点。

·掌握应用文的主旨、材料、结构、语言等方面的要求，为应用文写作打好基础。

第一节　应用写作概述

一、应用写作的沿革及含义

写作是人类生存发展过程中的重要活动之一，人们的工作和生活离不开写作，尤其是应用写作。可以说，自从出现文字后，人类社会就出现了应用写作。

应用写作学，是研究应用写作方法和规律的一门实用性写作学科。它是写作学的一个重要分支学科，主要研究应用文写作的特点、规律、过程和技法等基本理论，是一门综合性、实践性极强的基础课、能力课；同时也是一种行为过程，是以写作应用文为目的而进行的实践活动。为了更准确地理解应用写作的含义，首先需要对"应用文"这一概念进行界定。

《辞海》(第七版)对应用文作了如下解释："应用文指人们在日常生活、工作和学习中所应用的简易通俗文字，一般有固定的款式，包括书信、公文、契约、单据等。"这个定义虽然简明，但把应用文归结为"简易通俗文字"似乎不尽完善，因为有些应用文并不"简易通俗"。

有的研究者把应用文概括为：应用文是国家机关、企事业单位、社会团体、人民群众在工作、学习和日常生活中处理公私事务时所使用的、形式较为固定的、具有直接应用价值的文章。

《党政机关公文处理工作条例》对党政机关公文的定义为：党政机关公文是党政机关实施领导、履行职能、处理公务的具有特定效力和规范体式的文书，是传达贯彻党和国家方针政策，公布法规和规章，指导、布置和商洽工作，请示和答复问题，报告、通报和交流情况等的重要工具。党政机关公文在应用文中占有重要地位，所以研究者认为，"应用文"的含义结合党政机关公文的定义加以确定才比较完善。那么，应用文的定义应为：应用文是国家行政机关、企事业单位、社会团体以及人民群众在行政管理、社会交往与活动过程中形成的具有社会法定效力和规范体式的文书，是依法行政和进行公务活动与社会活动的一种重要工具。

因社会职能的不同，各类文章的作用也不尽相同。应用文的作用主要体现在以下四个方面：一是宣传贯彻党和国家的路线、方针、政策及法规、规章，统一认识，协调行动，确保各项事业健康发展；二是交流通报社会信息，总结实践经验，传播科技文化知识，指导和推动工作与生产；三是加强思想沟通，营造和谐有序的工作、学习和生活环境；四是保存科技、文化、历史资料，为未来的各项事业提供可资借鉴的信息。

学习应用写作时必须全面掌握应用写作的四个基本要素：写作主体，即作者；写作载体，即文本；写作客体，即所反映的客观事物；写作受体，即接受和作用的对象；这样，才能使之构成一个完整的、有机的系统，从而达到写作的目的，体现出应用文的价值。本书着重就写作客体和写作载体两方面，较为全面地阐述了应用写作主体应具备的准备条件，以及写作载体所具有的内涵、特征和外在表现形式。

应用写作的主体——作者，包括群体作者、个人作者、法定作者和代言作者。

群体作者：两个及两个以上作者基于某种需要，共同研究写作意图、进行调查研究，经过商讨共同完成写作任务。一些较为复杂的写作任务经常由几个人合作完成，如调查报告。

个人作者：从确立写作意图到完成文章都代表个人观点，由个人独立完成。一些日常应用文和私务文书的作者都是个人，如个人计划、个人总结、信函、日记等。

法定作者：写作主体是依法成立并具有法人资格的组织，主要指党政公文和某些专用文书的作者。法定作者必须是以法定的名义发出，并能行使相应权利和承担相应义务的机关和法人代表。法定作者指公文的署名者，不一定是撰写文稿者。

代言作者：以撰稿者的身份参与写作活动，与被代言者有两种关系：一是被代言人指定代言人以助手身份参与写作，成文署被代言人的姓名，如秘书为领导写发言稿；二是代言人以执笔服务者的身份帮他人完成写作任务，根据服务对象的要求，记录"作者"口述内容，如代写书信、起诉状等。

应用写作的受体——读者，按身份可分为法定读者、普通读者和专业读者，按接受状态可分为指定性读者（如公文的读者）和指向性读者（如通告和公告的读者）。

写作客体和写作载体的具体要求在以后的文种学习中会详细讲解，这里不作具体介绍。

随着社会的不断进步和科学文化的迅速发展，社会事务日益繁重，社会关系日益复杂，处理程序日益规范，应用文的使用范围也日益广泛。无论是社会各级各类组织还是个人，在处理公务或私事时均离不开应用文。在这种形势下，仅靠专职的秘书人员进行应用写作已不符合实际，社会各界、各级、各类人员势必成为应用写作的主体，由此，应用写作能力也成了衡量人们文字能力水平的一个指标。对于在校大学生来说，掌握一些应用写作知识，能撰写生活、学习、工作中常用的一些应用文是十分必要的。教育家叶圣陶说过："大学毕业生不一定能写小说、诗歌，但是一定要能写工作和生活中实用的文章，而且非写得既通顺又扎实不可。"为此，许多高校已将应用写作作为一门必修课开设，以培养和提高大学生应用写作的能力。

二、应用写作的特点

要学好应用写作，首先要掌握应用写作的特点，这有利于按其特点把握思维方式、写作目的、表述方式等，提高写作水平。

（一）实用性

从广义上说，所有文章都是对现实的反映，有一定的现实性，如文学作品，但应用文的实用性更强烈、更直接。实用性是应用文最主要的特征。

从写作目的来看，应用写作就是为了解决现实中的实际问题，实用性是应用写作最重要、最根本的特点。人们重视应用写作，社会需要应用写作，都是因为它直接为社会生活服务，具有实际的使用价值。如写请示是为了向上级请求帮助，写广告是为了向公众宣传商品或服务等。可以说，失去了实用性，应用写作就失去了其自身存在的价值。

写作目的的实用性决定了写作内容的实用性和具体性。应用写作目的是反映并指导社会实践，这就要求应用写作必须从客观实际出发，利用真实的材料，揭示事物的本质规律。它不允许夸张，更不允许虚构。只有这样，才能达到应用写作目的。

应用文的实用性有时在很大程度上取决于它的表现形式。也就是说，目的、内容虽然是实用的，但是如果不是采用法定和惯用的应用文表现形式，也可能使文章的性质发生变化。

应用文的实用性集中体现在与具体工作、事务相联系的事务性上。刘勰以"虽艺文之末品，亦政事之先务也"（《文心雕龙·书记》）来概括应用文的特点和地位，是比较恰当的。目的明确、内容真实、形式得体，是应用文实用性的精髓。

（二）时效性

应用写作的时效性，一是体现在写作的及时性。这一点与文学创作不同，文学创作可以"十年磨一剑"，而应用写作要求在一定的时限内完成，延误时间就失去了写作的意义，甚至贻误工作，造成严重后果。二是体现在作用时间的有限性。应用写作成果只在一定时间内产生直接效用，写作目的实现以后，其直接效用就随之消失，文本的作用发生转化，成为一定时限内的档案资料。

应用写作的目的是解决现实中存在的问题，是办事的依据。一般要求在特定时间内处理特定的问题，时效性极强，行文不及时，就会丧失其实用价值。特别是在社会快速发展的今天，应用写作更应做到及时、准时和高效，这是进一步提高办事效率不可或缺的重要前提之一。

（三）程式性

应用写作的程式性主要指文本形式和语体都有相对固定的要求，有大体相同或近似的结构布局，有惯用的句式和规范化词语等。应用写作的这一特点是由其实用性所决定的。

应用文种类繁多，但无论哪一类应用文的写作，在其发生、发展过程中，都逐渐形成了程式化的特点。这些特点有的是人们在实践中约定俗成的，如一些事务性文书；有的则是由国家统一规定、统一贯彻执行的，如公文，其根本目的是便于写作主体与受体的写作、理解和处理。为了便于理解、便于处理、提高效率，每一文种无论在实际使用中内容如何不同，格式都不能变化。作者切不可随心所欲、标新立异，否则会造成混乱，妨碍工作。当然，随着时代的发展，应用写作的程式也会有所调整，但不会有太大的变化。

（四）简明性

简明性是指应用文在内容表达和语言使用方面力求简洁明确的特点。内容简明，是指主旨要单一、观点要鲜明、材料要典型；语言简明，是指所用文字要准确简洁、平易朴实。应用写作的简明性也是由其实用性所决定的，因为应用写作要及时地发挥直接效用，文章越简明，受体就越容易把握，就越不容易出现理解及处理上的差错，从而提高办事效率。

另外，有的应用文还具有较强的权威性、行文的定向性等特征。

第二节　应用写作的主旨与材料

一、应用写作的主旨

主旨、材料、结构和语言是应用文文本的构成要素。主旨在应用写作中具有极为重要的意义，它决定着一个应用写作文本的基本内容和表现形式。

（一）主旨的含义

应用写作和人类的社会生产活动及其生活紧密相连。人们写作应用文是为了解决实际生活和工作中遇到的问题。如经济贸易要签订意向书或合同，丢失物品要写寻物启事或声明，召开会议要写会议通知等。这些都表明应用文的写作具有明确的目的性，或阐明作者的主张、观点、意图，或下达指示、传达政策、通知事项，或传递信息、交流情况、总结经验。应用文中的这种目的性的成分就是主旨。

文章的主旨因时代不同、文体不同而有不同的称谓。我国古代称主旨为意、旨、道等。现代人们常称主旨为中心思想、主题思想等。应用文的主旨就是作者通过全篇内容表达出来的贯穿全文的写作意图、观点或是公务活动的行为意向。它是客观的社会生活与主体的主观思想、意图相结合的产物，应该反映主体对客观事物的认识，表达主体希望借助应用文这一实用工具，实现特定的社会功利目的的明确意图。

在应用文的撰写中，主旨的确立视内容多少而定，有的单一，有的复杂。从实际情况看，主旨大致分为以下三个类型。

（1）意图型：表明一种意图、目的、意向。此种意向单一，一阅便知，如启事、请示、合同等。

（2）信息型：文中只对信息作出客观说明，并不渗透作者的主观态度和观点，如简报、情况通报、请柬、解说词等。

（3）思想型：主旨带有鲜明的倾向性，表现为对人、对事的态度，主要体现对公务的处理有鲜明的观点、意见、措施等。如公文中的下行文均带有思想性。

这三个类型的特征有时在某一文种中都有不同程度的体现，彼此的界限和对应性不是十分清晰。如通知，往往既带有某种思想，又包含某些信息，还渗透一定的意图。

（二）主旨的确立

主旨的确立是应用写作的重要步骤，材料的选择、结构的安排、语言的运用都有赖于主旨的确立。在具体的写作中，应确保主旨的正确、集中、鲜明、深刻。

1. 主旨正确

主旨正确是撰写应用文的基本要求。应用写作的政治性、政策性很强，文中的基本观点必须与党和国家的政策法规保持一致，且主旨应符合客观实际，反映客观事物的本质规律，不能主观臆断，凭空想象，更不能隐瞒真相，歪曲事实。另外，应用文主旨的确立应充分考虑操作的可行性，注重实际效果。

2. 主旨集中

主旨集中是指一篇应用文最好表达一个主旨，重点突出。写作要围绕一个中心把问题说清、说透，避免文中出现与中心联系不紧密甚至无关的材料。在某些应用文中，主旨的单一性甚至已经成为法定的规范，具有法定的约束力。如《党政机关公文处理工作条例》明确规定请示只能表达一个主旨，必须遵守"一文一事"原则。有些文种虽然没有这样的法定规范，但同样有单一、集中的要求。一篇应用文一般只表达一个思想，提出和解决一个问题，沟通或反映一种情况，不得表达两个或更多的主旨。

3. 主旨鲜明

主旨鲜明是指应用文的观点必须明确。写作的主旨应该直截了当，赞成什么，否定什么，态度必须鲜明。表述不可模棱两可、含糊其辞，而应清楚明白，以利于理解和执行。

4. 主旨深刻

主旨深刻是指应用写作要求揭示事物本质及其内在规律，提出有利于发展的、有创见性的见解和主张。如撰写调查报告，要通过调查获取大量材料；通过分析从中找出揭示事物本质规律的结论，提出创造性的意见、建议和办法，以指导实践。

应用写作的立旨是否正确、集中、鲜明和深刻，与写作主体的综合素质有关，绝不仅仅是应用写作文字功力的问题。因此，写作主体需要全面提高综合素质，才能立好应用写作之"旨"。

确立主旨，也称为"立意"。立意的主要依据有两点：一是以写作目的为立意的依据。就通常情况看，一些应用文书不用作者刻意提炼主旨，文书本身就是一种较为成熟的认识或决策，这时，写作目的就成了应用文书的主旨。这个目的大多体现为机关领导的工作布置、上级文件规定等，这时上级的指示精神就成为作者立意的依据。以写作目的为立意依据主要体现在公文写作中。二是以材料本身的意义为立意的依据。这需要作者对事实材料进行分析研究，得出正确的结论，然后确定文章的主旨。总结报告、消息通讯等往往根据这种立意依据确立主旨。

（三）主旨的表现形式

主旨的表现形式因文而异，应用文的主旨表现形式归结起来有以下四种。

1. 标题明旨

在标题中直接概括出主旨，以简洁、明快的语言把文章的主旨告诉读者，不仅使读者一目了然，而且可以起到高度概括全文的作用。这种写法在党政公文、新闻写作中应用普遍。如《关于表彰刘××见义勇为的决定》，这个决定（党政公文）就采用了标题明旨的形式，体现了公文的主旨。

2. 开头明旨

在文章的开头部分明确行文的目的及主要内容。这种提出主旨的做法开门见山、简便易行，写作时可根据所要解决的问题和材料特点恰当地使用。在文章的开头明确主旨，可以起到统领全文的作用。

3. 文中明旨

在文章主体部分直接或间接地表达主旨。行文中直接显示主旨，往往借助文中的小标题来体现。这种表现形式不仅使文章主旨鲜明突出，而且使文章显得层次清楚、条理分明，便于读者理解。一般篇幅较长、内容较复杂的应用文经常使用这种形式，如报告类、总结类。行文中间接显示主旨，是将主旨融于字里行间，需要读者通读全篇，加以概括。这种显示主旨的形式一般应用于篇幅短小的文种中。

4. 篇末点旨

在文章的结尾处以简洁的语言点明或强调文章的主旨。结尾点题，能加深读者的印象，提高办事的准确率。公务文书大多使用这种方式结尾。

对于以上表现主旨的形式，作者在使用时应根据实际情况，可以单独使用，也可以综合使用。

二、应用写作的材料

应用文的内容是由主旨和材料组成的，材料是为写作而搜集、准备的，具有一定价值和意义的资料。

(一)材料的含义

应用文的材料是指作者为完成写作，体现写作意图和目的，从现实生活和文献资料中选取、使用的一系列事实根据和理论根据。所谓"事实根据和理论根据"，包括事件、现象或数据、理论依据、公认的原则、科学公理等。平时有意识地采集和积累而不一定写入文章中的材料，称为原始素材；可以为写作服务的相关政策、文书档案、报刊图书等，称为文献资料。

应用文的材料和主旨是紧密相连的。如果说主旨是文章的灵魂，那么材料就是文章的血肉。主旨是写作的灵魂，是材料的统帅；材料是主旨赖以存在的依托和支撑，主旨和材料必须统一。

(二)材料的收集和鉴别

占有丰富的材料，有助于作者达到认识的深度和广度。所以，搜集材料要"博""透""细"。搜集的材料从不同角度可分为直接材料和间接材料、历史材料和现实材料、正面材料和反面材料、具体材料和概括材料、事实材料和理论材料等。

材料可以通过观察体验、调查研究获取，也可以通过查阅资料获得。

(1)观察体验。观察体验是收集材料的重要途径之一，通过自身的观察体验，获取大量第一手材料，是写好应用文的基础和前提，因此，必须做到勤于观察、善于体验，只有不断获取丰富的材料以充实自己的"材料仓库"，在写作时才能信手拈来。

(2)调查研究。调查研究是带有特定意图的定向观察，是有准备地获取材料的方法。它根据调查的目的，对调查对象作深入细致的全面了解，对收集的材料进行分析研究，从中得出本质性、规律性的结论。因此，调查是搜集、积累、整理材料的过程，可为写作打下扎实的基础。

(3)查阅资料。通过观察体验、调查研究获取大量第一手材料固然重要，但我们不可能事必躬亲，因此查阅资料就显得十分必要。查阅资料可以突破时空限制，借鉴他人成果。但一定要保证资料的真实可靠性，对查阅的资料要进行审核，确保无误并注明出处。

占有材料后的一个重要环节就是对材料进行鉴别。鉴别是对材料进行整理和分析的过程。首先对各种材料进行分类，以利于分析使用，如理论材料和事实材料有不同的用途，原始材料和行文后的反馈信息反映了不同阶段工作的情况，对这些材料的合理分类往往意味着对材料内容及性质的准确定位与把握。材料的分析贯穿材料的选择和使用的全过程。如考察材料的真伪，抓住事物本质和问题要害，都需要对材料进一步地综合和分析。分析的目的是综合，综合的基础又在于分析。而整个材料的价值和意义，就是通过分析与综合显现出来的。二者互相衔接、互相包容。

(三)材料的选择和使用

在收集材料方面，提倡多多益善，以精为上。在应用写作中，一要围绕主旨选择材料。根据主旨的需要决定材料的数量、类别和详略。材料反映出来的意义与主旨的意图、目的必须一致，这是应用写作的基本要求。如果材料与主旨关系不紧密，就会跑题，可能"下笔千言，离题万里"，这是选材时要特别注意的。二要材料真实准确。应用文的材料真实性与文学作品不同。文学作品允许虚构内容，可以进行艺术加工，只要符合艺术真实即可。而应用文则不同，"真实"即必须符合客观事物的原貌和实际情况，不能夸大或缩小，更不能杜撰；"准确"即确凿无疑，无论记人记事，还是地名和数据以及引文，都要认真核对，做到准确无误。要防止张冠李戴、添枝加叶、马虎大意。三要选择典型材料。材料要具有广泛的代表性和强大的说服力，才能称其为典型材料。文中使用的事例、数据等材料不在多，而在精，要能"以一当十"。这就要求注意选用那些最具分量、最具代表性、最能说明问题、最能揭示事物本质的材料。只有典型的材料，才能提炼出深刻的主旨；否则，文章就没有说服力。四是要选择新颖的材料。所谓新颖，既是指新近发生的，也是指虽非新近发生却是新近发现的，还可以是变换视角从老材料中挖掘出的新内涵。选材时应考虑材料的新颖，如新人、新事、新气象、新数据、新成果、新问题及新做法等。新颖的材料，具有新鲜性和感染力，能够增加文章的可读性。

在应用文书的写作中，材料的使用应该注意以下两点。

一是合理安排材料的顺序。对于材料使用的先后，一般应遵循以下标准：或是按照时间的先后，或是依据材料的重要程度，或是照顾事件之间的逻辑关系，或是依照说理顺序，或是考虑行文目的等，总的原则是易于被读者接受。

二是合理安排材料的详略。写入文章的材料大多不能按材料的原来面貌去表现，可按以下要求来安排：(1)要根据主旨表达的需要进行处理。对表现主旨的骨干材料要详，普通材料要略；典型材料要详，一般材料要略。所有材料都要服从主旨需要。(2)要根据文体特点进行加工。不同的文书具有不同的特点，公文的特点在于直言，故说明部分详写，叙述、议论从略；总结报告类文书以"事"显理，故叙述部分详写，议论说明从略；论文以"理"服人，故说理部分议论为详。这就是对材料"量"(详略)的控制。

第三节　应用写作的结构和语言

一、应用写作的结构

文章的结构是指行文的组织和构造，是文章内容的重要表现形式，是作者思路在文章中的具体体现。文章结构布局体现在两个方面：一是内在联系，即材料与观点、部分与整体之间的条理和脉络；二是外部形式，即标题、开头、主体、结尾、段落等外在要素的安排。写作中，内容决定形式，形式又为内容服务，二者相辅相成，浑然一体。在写作中，文章正文部分的组织和构造，包括开头与结尾、段落与层次、过渡和照应。

应用文的文本结构通常由标题、正文、落款组成。正文通常分为开头、主体、结尾三大部分，各部分又根据内容表达的需要划分段落与层次，各部分之间有过渡与照应，从而形成一个严密、完整的结构体系。这里仅就应用文正文部分的结构内容作介绍。

(一)开头与结尾

1. 开头

应用写作"起要平直"，即开头要开门见山，不要转弯抹角。归纳起来，应用文写作的开头包括以下三种方式。

(1)表明行文目的。开头写明某项活动或举措的背景、意义，表明行文目的。文本起始处常使用"为了""为"等词语。规章制度、合同、经济报告、计划、通知等文种经常使用这种方式。

(2)援引行文依据。开头援引有关法律法规、上级指示精神或有关单位来文，说明行文目的。文本起始处常用"根据""按照"等词语。批复、函、通告等文种经常使用这种方式。

(3)概述基本情况。概述式是应用写作中较为常见的一种开头方式，文本起始处直接写出基本情况、基本问题或工作的大致进程及结论，为正文的展开打下基础。报告类(报告、调查报告、市场调查报告、可行性分析报告)、总结等文种经常使用这种方式。

另外,应用写作还可以以提出问题的方式作为开头,进而展开思考,对问题进行解答。这种方式常见于调查报告、消息通讯等。有的文种没有单独的开头,如转发、印发类通知。

应用写作中,开头的写作方式是灵活多样的,不一定局限于以上某一种,可以是两种甚至更多方式的结合。这种复合式的开头方式在应用写作中的应用较为广泛,既写明写作目的,又指出写作根据,还可以对当前情况作简要叙述等。

2. 结尾

结尾是文章正文主干部分的自然延伸和归结,是对全文的收束,起强化主题、完成任务的作用。俗话说"编筐编篓,重在收口",可见最后一道工序的重要性。应用文的结尾从形式上看主要有固定结尾和自然结尾两种。所谓固定结尾,是针对那些具有固定格式(包括法定格式和习惯格式)的应用文章,它必须按照规定格式写作。如请示的结尾,必须作出请求上级对具体问题或实际困难予以批复的意思表示:"当否,请批示"。所谓自然结尾,则是根据主旨和内容表达的需要,自然作结,有话则长,无话则短,意尽言止。

应用文结尾方式主要有以下几种。

(1)概括总结式。在前文展开论述的基础上,概括总结全文的基本观点,收篇点题,以加深读者对文章主旨的理解。这种方式常用于篇幅较长、材料较多的文章,如重要的会议报告、典型先进事迹报告、综合性经济调查等。

(2)强调要求式。为引起受文者的重视,便于贯彻执行,在结尾进行强调、要求。这种结尾方式多用于公文中的下行文,如批复、指示、会议纪要、通报、通告等,以向下级传达精神、布置工作、提出执行要求而结束全文,用语如"以上各点,希遵照办理""望认真执行"等。

(3)祈望请求式。这种结尾以向上级或相关部门提出有针对性的请求而结束全文,常用于上行公文,如请示、报告,也见于联系、商洽工作的函件等,用语常见"请批复""当否,请指示""请予接洽"等。

(4)倡议展望式。这种结尾使用概括性的语言表达良好的祝愿或对今后工作的信心和努力方向,写作语言具有一定的鼓动性,以唤起读者的热情,达到行文目的，常用于工作总结、会议报告、讲话稿、慰问信、倡议书等文种。

(5)交代说明式。这种结尾方式常用来对与主题内容相关但性质不同的问题或事项作补充交代、说明，以保证行文的完整性。常用于公文类、制度类文书结尾，交代施行日期、执行范围、传达对象，以及说明与该文规定不符的原有规定如何处置等。

此外，有些应用文可根据主旨和内容的表达需要，将结尾融入主体，意尽而言止，自然收束，而不必再有专门的结尾。

(二)段落与层次

1. 段落

段落也称自然段，是构成文章的基本结构单位，是文章思想内容表达时转折、强调或间歇等情况所造成的文字停顿。分段的目的是有步骤地表达目旨。其表现形式有三种：条款式、提行式和篇段合一式。条款式以数字符号标明条款项目，次序清晰，内容一目了然，广泛应用于法律、法规、制度、合同等文种；提行式以另起行的方式显示段落，如会议纪要常以"会议指出""会议认为""会议决定"等作为段落的区分；篇段合一式指一篇文章为一段的划段方式。无论哪种方式，都应保持相对的完整性，既不能在一个段落中意思表达不完全，也不能把一个相对完整的意思分割为若干段。

2. 层次

层次又称意义段，它是应用文主旨的秩序体现，展示作者表达主旨的整个思想轨迹。文章层次间的结构形式有并列、总分、递进、因果等形式。任何一篇应用文的各个意义段，都只能是主旨统率下的有机体。由于主旨要求不同，意义段的表现形式也不同，它们在内涵上可能是并列的，可能是总分的，也可能是递进的。当然，很多情况下属于综合使用。常见的层次表现形式包括自然段形式、小标题形式、条款形式三种。在内容单纯、主旨明确、线索单一的情况下，应用文可采用一个自然段的形式写作，即篇段合一式(是自然段形式的特殊表现形式)，如命令、转发类通知、批复等文种经常使用这种形式。

(三)过渡与照应

1. 过渡

过渡是承上启下、衔接文字的一种手段，是上下文之间的联系纽带。过渡有利于文章成为一个有机整体，有利于主旨的表达及读者的阅读理解。应用文的过渡主要有词语过渡、句子过渡和段落过渡三种形式。如可以使用"综上所述""有鉴于此""在此基础上"等短语，也可以使用"下面即为这次调查的结果报告""这次事故的原因究竟是什么"等句子进行过渡。在篇幅较长、意义重大且内容层次跨度较大的文章中，则常使用一个独立的自然段进行过渡。

2. 照应

照应是指通过前后呼应，相互关照，从而使应用文形成紧凑严密的有机体。照应并非简单的文字重复，而是根据事物的内在联系所作的有意识、有计划地强调和反复，它在一定程度上表现了内容的发展变化和思想的逐步深入。常见的照应有文题照应、首尾照应以及行文前后内容照应等。文题照应，即文章内容照应标题，常见的以小标题或段首领句点题、段首结句应题，都属于文题照应。首尾照应则于结尾处对开头的观点作小结，或作进一步强调，使文章内部联系得到强化。行文前后内容照应，即围绕主旨，在行文中多次呼应，起到加强主题的效果，加深读者的印象。通过照应，既可使观点得到强调，又可使文章显得紧凑、连贯。

总之，应用写作的结构要求根据主旨及文种的需要，正确反映客观事物的发展规律，做到严谨自然，完整统一。

二、应用写作的语言

（一）应用写作的语言特点

语言是人类最重要的交际工具，用来表达、交流思想。应用写作则是运用书面语言来反映现实、表达思想的一种信息存储传播活动。在长期的实践和运作中，应用写作语言经历了从文言文到现代文的发展，经历了与外来语言的融合，形成了自身独特的风格，整体呈现出准确、简明、庄重、平实的特点。

准确是应用写作语言的第一要求。在词语的选择上，应该使用含义精确的词语，恰如其分地反映客观事物。具体写作中，应仔细辨析词义，精选中心词，用准修饰语，尤其要注意同义词、近义词的细微差别，同时还应力避歧义，以免造成误解，影响工作。如下行文中"以上各点，应严格遵照执行""希认真贯彻执行""请研究执行""可参照执行""供工作中参考"等句子，都准确地表达了不同程度的贯彻落实要求。

简明即以最少的文字表达尽量多的内涵，做到文约而事丰。应用写作以高效迅速地传递信息、帮助处理公私事务为己任，以取得社会效益和经济利益为目的，具有很强的时效性和实用性，其语言在准确的基础上，还应简洁畅达、精练明快。如《关于进一步发展假日旅游的若干意见》中的一段话："由于供给不足以及对出现的新情况估计不够、应对措施跟不上等原因，假日旅游也暴露出一些问题：民航、铁路、公路运力相对不足，旅游出行受到制约；重点景区旅游者爆满，景区、景点容量和配套设施严重不足；许多地方中低档旅游住宿设施短缺，致使一些旅游者露宿街头；一些地区不同程度地存在旅游质量不高、哄抬价格、欺客宰客等问题。"这段文字非常简洁、准确地概括出"黄金周"假日旅游中出现的问题。

庄重是指写作中对客观事物的表达要得体、谨慎、严肃。应用文的语言使用和行文关系、文种紧密结合在一起，讲究庄严持重，适度得体，反对轻佻俏皮、随情任意，讲究刻意创造严肃的气氛并在行文中精心维护这种气氛，这与文艺作品追求的生动活泼有所不同。如在公文中，"你局来函收悉"一语，就不可以用"你们局发来的信收到了，内容也知道了"这样口语化、较随意的句子表达，以免破坏公文的严肃气氛。

平实是指语言平直朴实。应用文的价值在于务实，阅读对象较固定。越是准确、简洁的语言，就越平实。应用写作立足意思表达，以阐释作者思想观点为基本宗旨，不以追求"语不惊人死不休"为语言目的，反对做作、浮夸，讲究朴素、平实，要做到语言标准规范、通俗易懂、朴实明白，追求"繁简适中，事辞相称"。

同时，由于应用写作的种类繁多，故在写作时，还应针对行文目的、写作受体、所用文种以及使用场合等来确定选用什么词语、采用何种语气、形成何种风格，以获得最佳的实用效果。

（二）应用写作的语汇特征

1. 固定使用事务性语汇

应用文大多用于处理事务，这就逐步形成一系列用法较为固定的事务性专用词语。这些词语虽非法定，但已约定俗成，尤其是在公务文书中的使用，有助于文章表达的简练。在应用文中，事务当事人称谓、经办、引述、表态、请求等意思表示都有较固定的表达方式，常见的有以下 10 种。

（1）表开头：用于说明发文缘由，包括意义、根据，或介绍背景材料及情况等。如为、为了；根据、按照、遵照、依照；鉴于、关于、由于；兹、兹有、兹介绍、兹派、兹聘等。

（2）表称谓：对各机关称谓的简称。如本（部）、我（院）、贵（处）、你（局）、该（厅）等。

（3）表经办：表明工作处理过程或情况。如经、兹经、业经、未经；拟、拟办、拟定；审定、审议、审发、审批；试行、暂行、实行、可行、参照执行、贯彻执行、研究执行；会议听取了、会议讨论了、会议指出、会议希望等。

（4）表引述：用于批复或复函时引述来文作为依据的用语。如接、近接、前接；悉、收悉、敬悉、欣悉、电悉等。

（5）表批转：用于批转、转发、印发通知时的用语。如批示、阅批、审批、批转、转发、印发等。

（6）表呈递：用于上行文呈报情况时的用语。如呈上、转呈、送上、递交等。

（7）表结尾：文书结尾常用语。如为要、为盼、为荷、为宜；请批示（复）、请予函复（告）、特此函复；现予公告、特此公告（通告、通报、通知）等。

（8）表征询：用于询问的语言。如当否、妥否、是否可行、意见如何等。

（9）表承接：用于连接开头与主体部分，起到承上启下作用的惯用语。如现通知（通报、总结、答复、报告）如下；拟采取如下措施；为了（根据）……现决定；经研究，现答复如下等。

（10）表态度：用于表态的语言。如批准、不同意、照办、参照执行等。

2. 大量使用专业术语

应用写作最大的特征就是实用性，从而无法回避各行各业大量的专业术语。专业术语多是应用写作区别其他文字作品的重要特征。应用文作者要熟悉专业业务，准确使用专业术语，体现出应用写作简明、准确的特点。

3. 规范使用新生简缩词

应用文中的简缩词是在学习、流传过程中为广大读者所认同的新生词汇，它随客观现实需要应运而生，具有很强的时代性。如"五讲四美""三个代表"

"入世""三农"等。但在写作时应注意，所使用的简缩词，一定是规范的、已经被社会认可的词语，不能是自造、晦涩难懂之词。此外，虽然有些词语已经得到社会的认可，如"搞定""撮一顿""粉丝""饭局"等，但因存在不规范因素，仍应尽量避免写入应用文书。

4. 文言词汇活跃

应用文要求语言简明，而文言文是简明表达、内容丰富的语言形式。在应用文的发展历程中，有一些凝练、典雅的古典词汇流传沿用至今，在以上列举的常用事务性语言中已有所体现，如"妥否""承蒙""希予接洽为荷"等。这些文言词汇表现出应用文语言具有庄重、大方的语言风格。

(三)应用写作的表达方式

由于不同体裁的文章所表现的对象、内容和写作目的不同，因此其采用的表达方式也不同。普通写作理论概括出的语言表达方式有五种：叙述、说明、议论、抒情和描写。由于应用写作有很强的实用功利目的，没有太大的抒情和描写空间，所以，其中最常用的表达方式是叙述、说明和议论，而一般不使用抒情和描写。

1. 叙述

叙述是应用写作中最常用的表达方式，主要用来介绍事件的基本情况，介绍事件发生、发展与变化的过程，介绍人物的经历和事迹，介绍问题的来龙去脉，说明原委等。

在写作中，要注意叙述要素的全面和叙述人称的选择。叙述要客观、完整，线索要清楚。

叙述的人称主要使用第一人称和第三人称，使用时根据文章内容的需要进行选择。第一人称是指作者在文章中以当事人、见证人的身份进行叙述，即我、我们、本部门等。一般报告、总结、计划、信件等运用第一人称写作。第三人称是指作者在文章中以局外人的身份进行叙述，即他、他们等。如通讯、通报、会议纪要等经常用第三人称写作。有些文书中虽然用到第二人称，但立足点仍为第一人称。

2. 说明

应用写作中，说明往往与叙述和议论关系密切，常常在陈述或议论过程中出现，主要用来解说清楚事物的形态、构造、性质、特征、成因、关系、功用，表述明白人物的经历、特点等。说明在应用文中应遵守科学性、准确性的原则，文字应通俗易懂，朴实无华。应用文写作中经常使用的说明办法有定义和解释、分类和比较、数字和图表，以此提高文章的准确性。

3. 议论

在应用写作中，议论应用得相当普遍，作者经常在叙述、说明的基础上，表明对人物、事件、问题的评价，以使更鲜明、更正确地表达观点。在应用写作中，一般不作长篇大论，不必论点、论据、论证三要素齐全，也不要求论证过程完整，往往点到为止，不作深入论证，或叙述事实后便下结论，或提出观点后即举例证明，一般不需要周详的论证推理过程。应用文书经常运用的议论方式包括例证法、分析法、引证法、对比法和因果法。

无论哪一种表达方式，都是为表现文章主旨服务的。这些表达方式常常不是单独运用的，更多的时候是相互配合、综合运用的，只是有主有次而已。作者应尽量娴熟地掌握这些表达方式，从而实现准确表达文义、突出主旨的目的。

本章主要就应用写作的含义、特点以及写作的主旨确立、材料搜集、结构安排、语言表达等一般理论进行阐述，重点在于揭示应用写作的一般规律，为初学者提供基本理论基础，用于指导以后具体文种的学习与写作，为今后熟练掌握和使用应用文这一工具打下基础。

一、填空题

1. 应用文具有_____、_____、_____和_____的特点。

2. 应用写作常用的表达方式是_____、_____和_____。

3. 应用文的主旨应确保_____、_____、_____、_____。

4. 在应用文的写作中，材料的使用应该注意_____、_____。

5. 应用文写作的开头包括_____、_____、_____三种方式。

二、分析练习题

1. 下面的文字各使用哪种开头方式？

（1）为确保"菜篮子"产品长期稳定供给，提高"菜篮子"产品质量……现就新阶段"菜篮子"工作的有关问题通知如下……

（2）你院《关于筹建信息处的请示》（×字〔2014〕5号）收悉，现批复如下……

（3）在省委、省人民政府的领导下，在民政部的指导下，我省于1991年在株洲市郊区进行了农村社会养老保险试点，以后又在全省范围内逐步扩大……

（4）根据《国务院关于企业职工养老保险制度改革的决定》（国发〔1991〕33号）和省人民政府办公厅《关于全民所有制企业职工养老保险制度改革有关问题的通知》（湘政办发〔1992〕8号）关于农村（含乡镇企业）养老保险制度改革由民政部门负责的精神，在省委、省人民政府的领导下……

（5）近两年来，我国国民经济持续快速发展，工业经济增长明显加快，电力、冶金、石化、建材等主要煤炭消耗行业生产呈现快速增长的势头，使煤炭总体需求明显扩大、价格不断上升，局部地区出现了煤炭供应紧张的情况……

2. 下面的文字各使用何种表达方式？

（1）2004年国庆节期间，镇文教办主任××同志借为其父办八十大寿的名义，大摆酒席，广收礼金，在群众中造成很坏的影响。

（2）狗，哺乳动物，种类很多。嗅觉和听觉都很灵敏，毛有黄、白、黑等颜色。

（3）箩筐下扣着一只白色的巴儿狗，那狗左冲右突，用头猛烈地撞击着藤条，胸腔里发出暴怒的嘶吼。

（4）而于狗，却不能引此为例，与对等的敌手齐观，因为无论它怎样狂嗥，其实并不解什么"道义"；况且，狗是能浮水的，一定能爬到岸上，倘不注意，它先就耸身一摇，将水洒得人们一身一脸，于是夹着尾巴逃走了。但后来性情还是如此。

3. 下面的文字使用的是何种结尾方式？

（1）本办法自 2001 年 1 月 1 日起施行。1993 年 11 月 21 日国务院办公厅发布，1994 年 1 月 1 日起施行的《行政机关公文处理办法》同时废止。

（2）××同学的错误事实提醒我们，在大学生中必须加强遵纪守法教育。望各单位接此通报后，组织学生认真讨论，使学生树立遵纪守法的观念，以促进教育改革的顺利进行。

（3）让我们的每一双手都学会创造！让我们的每一颗心都流淌歌声！愿艺术之花香满校园！

（4）预祝××省国际技术合作和商品洽谈会圆满成功！

（5）以上请示妥否，请批示！

4. 找出下面应用文文书中的专用词语，并指出各属于哪类专用词语。

厦门市人民政府

关于东西溪流域综合规划的批复

市水利局：

你局《关于报批〈厦门市东西溪流域综合规划〉的请示》（厦水利〔2023〕180号）收悉。经研究，现批复如下：

原则同意《厦门市东西溪流域综合规划》。

特此批复。

厦门市人民政府

2023 年 12 月 5 日

第二章　党政机关公文

· 了解党政机关公文的含义、特点、作用和分类。

· 掌握党政机关公文的格式和行文规则。

· 学会通知、通报、请示、报告、函和纪要等常用文种的基本写作方法。

· 体会例文语言，模拟写作，培养撰写党政机关公文的能力。

第一节　党政机关公文概述

公文是公务文书的总称，有广义和狭义之分。广义的公文是党政机关、社会团体、企事业单位等合法组织办理各种公务时使用的书面材料的总称。而狭义的公文则指由党和国家公文法规中所规定的主要公文文种，亦称法定公文。

本书所讲的公文仅限于法定公文中的党政机关公文。

一、党政机关公文的概念与种类

中共中央办公厅、国务院办公厅于 2012 年 4 月 16 日联合行文发布中办发〔2012〕14 号文件，宣布自 2012 年 7 月 1 日起施行《党政机关公文处理工作条例》（以下简称《条例》，详见附录一），并同时停止执行 1996 年 5 月 3 日中共中央办公厅发布的《中国共产党机关公文处理条例》和 2000 年 8 月 24 日国务院发布的《国家行政机关公文处理办法》。

《条例》第三条规定："党政机关公文是党政机关实施领导、履行职能、处理公务的具有特定效力和规范体式的文书，是传达贯彻党和国家方针政策，公布法规和规章，指导、布置和商洽工作，请示和答复问题，报告、通报和交流情况等的重要工具。"

在使用公文和处理公文的过程中，根据需要可按照不同的标准，从不同的角度把公文分为不同的种类。

(一)按使用范围分

按照公文的使用范围和用途划分，《条例》规定行政机关公文有 15 种。

(1)决议是"适用于会议讨论通过的重大决策事项"的文种。

(2)决定是"适用于对重要事项作出决策和部署、奖惩有关单位和人员、变更或者撤销下级机关不适当的决定事项"的文种。

(3)命令(令)是"适用于公布行政法规和规章、宣布施行重大强制性措施、批准授予和晋升衔级、嘉奖有关单位和人员"的文种。

(4)公报是"适用于公布重要决定或者重大事项"的文种。

(5)公告是"适用于向国内外宣布重要事项或者法定事项"的文种。

(6)通告是"适用于在一定范围内公布应当遵守或者周知的事项"的文种。

(7)意见是"适用于对重要问题提出见解和处理办法"的文种。

(8)通知是"适用于发布、传达要求下级机关执行和有关单位周知或者执行的事项，批转、转发公文"的文种。

(9)通报是"适用于表彰先进、批评错误、传达重要精神和告知重要情况"的文种。

(10)报告是"适用于向上级机关汇报工作、反映情况，回复上级机关的询问"的文种。

(11)请示是"适用于向上级机关请求指示、批准"的文种。

(12)批复是"适用于答复下级机关请示事项"的文种。

(13)议案是"适用于各级人民政府按照法律程序向同级人民代表大会或者人民代表大会常务委员会提请审议事项"的文种。

(14)函是"适用于不相隶属机关之间商洽工作、询问和答复问题、请求批准和答复审批事项"的文种。

(15)纪要是"适用于记载会议主要情况和议定事项"的文种。

(二)按行文关系分

按照公文在各级机关之间的运行方向，可将其分为三类：上行文、平行文和下行文。相应地，行文关系也可分为上行文关系、平行文关系和下行文关系三种。

1. 上行文

上行文即下级机关向上级机关呈递的公文，一般可分为逐级行文、多级行文和越级行文三种。由于下级机关要对自己的直接上级机关负责，因此逐级行文最为普遍。只有在特殊情况下才可采用多级行文和越级行文的方式。上行文包括报告、请示和议案三种公文类型。

2. 平行文

平行文即互相没有隶属关系和业务指导关系，同级或不属同一系统的机关部门之间的行文。平行文多采用公函文件。

3. 下行文

下行文即上级机关对所属下级机关制发的文件，一般可分为逐级行文、多级行文、直到基层行文三种。下行文的文种较多，有决议、决定、命令(令)、公报、公告、通告、意见、通知、通报、批复、纪要等11种。

(三)按保密要求分

按照公文的保密等级划分，可将其分为普通件、秘密件、机密件和绝密件。

秘密件，指涉及国家一般秘密的文件；机密件，指涉及国家重要机密的文件；绝密件，指涉及国家最高核心机密的文件。秘密件、机密件、绝密件的保密期限要以国家保密局发布的《国家秘密保密期限的规定》为依据。秘密件的保密期限一般不超过10年；机密件一般不超过20年；绝密件一般不超过30年，特殊情况为"长期"。

(四)按紧急程度分

紧急程度，指公文送达和办理的时限要求。根据紧急程度，紧急公文应当分别标注"特急""加急"，电报应当分别标注"特提""特急""加急""平急"。特提件在发出前要通知对方注意接收，接到文件后要打破常规速度办理；特急件一般要求一天内办结；加急件一般要求两三天内办结；平急是指时限稍缓的事项。

二、党政机关公文的特点与作用

(一)公文的特点

1. 法定的权威性与鲜明的政治性

(1)公文的法定性。公文的法定性主要体现在以下几个方面:①有法定的作者。公文的作者是指发文的名义,即发文的机关单位、合法组织及其负责人,公文必须以这些组织或其合法代表人的名义制发。②有法定权威和效力。公文一经正式发布,就具有一定的控制性和约束力,有关单位和个人必须遵守或执行。③公文的形成和发布必须符合法定的职权范围和规定程序。

(2)鲜明的政治性。《条例》第十九条规定:"公文起草应当做到:(一)符合党的路线方针政策和国家法律法规,完整准确体现发文机关意图,并同现行有关公文相衔接。(二)一切从实际出发,分析问题实事求是,所提政策措施和办法切实可行。……"公文要传达、贯彻党和国家的路线、方针、政策、法规与规章,体现和反映党和国家机关的政治意向、指挥意志、行动意图,维护党和政府的权威以及所代表的人民群众的根本利益,因而具有鲜明的政治性。

2. 使用的公务性与程式的规范性

(1)使用的公务性。公文是社会合法组织展开公务活动的产物,是处理公务的工具,具有鲜明的功利性和实用性,直接服务于特定组织的公务活动,个人不得使用。

(2)程式的规范性。公文的制发有着严格的程式规定,即公文必须按照党和国家领导机关批准并发布的公文规范制发,使用有明确规定的文种,遵循规定的格式和行文程序,不得擅改。

3. 明确的效用性与严格的时效性

《条例》第十三条规定:"行文应当确有必要,讲求实效,注重针对性和可操作性。"公文是在现实工作中形成和被使用的,因此,它的作用有时间的限制。某项工作一旦完成,在这项工作中所形成并使用的公文的作用也就随之结束。就每份具体的公文来说,它的时效长短也有差别。有的长达几十年,如法律性公文、结论性决议;有的时效则很短,如某件具体事情的通知,在事情办完之后,其效力也就消失了。

(二)公文的作用

1. 管理调控作用

利用公文对国家进行行政管理,对国家机构实施调节控制,是公文最基本、最首要的作用。公文的管理职能在于及时把各级党政机关为治理国家、管理社会而制定的决策、措施传达下去,变成所辖区域的共识或共同行动。

2. 领导指导和宣传教育作用

领导指导是指上级机关制定及发布的各项方针政策、指示、决定等,给下级机关和广大群众指明方向,阐明措施和做法。下级机关和广大群众按照上级的部署、意见和决策进行工作。同时,公文还有阐明政治主张、说服教育群众、让群众了解领导意图等作用。

3. 约束规范作用

约束规范作用是指各级领导机关以及各级权力机关发布的命令、决定、通知等,在其要求的范围内,必须贯彻执行,不得违反,否则将会受到纪律的制裁。例如,《国务院关于大兴安岭特大森林火灾事故的处理决定》中有一系列惩处及表彰内容,并作了关于防火制度方面的决策,有关单位和部门就必须对其贯彻执行。

4. 处理公务作用

处理公务包括联系公务和办理公务两个方面。在各个机关、组织之间,需要互通信息和情报,需要协调、处理许多工作和事务。如上对下有晓谕与安排,下对上有请求与汇报,单位之间有联系交流与请托配合,这些都要靠公文来完成。

三、党政机关公文的书面格式

2012年出台的《党政机关公文格式》(详见附录二)规定,公文用纸采用GB/T 148中规定的A4型纸,其成品幅面尺寸为210mm×297mm。页码一般用4号半角宋体阿拉伯数字,编排在公文版心下边缘之下,数字左右各放一条一字线;一字线上距版心下边缘7mm。单页码居右空一字,双页码居左空一字。公文的版记页前有空白页的,空白页和版记页均不编排页码。公文的附件与正文一起装订时,页码应当连续编排。

公文格式各要素划分为版头、主体、版记三部分。公文首页红色分隔线以上的部分称为版头；公文首页红色分隔线（不含）以下、公文末页首条分隔线（不含）以上的部分称为主体；公文末页首条分隔线以下、末条分隔线以上的部分称为版记。

（一）版头部分

1. 公文管理标识

公文管理标识包括公文份号、密级和保密期限、紧急程度。

公文份号，是将同一文稿印制若干份时每份公文的顺序编号。如需标注份号，一般用6位3号阿拉伯数字，顶格编排在版心左上角第一行。

如需标注密级和保密期限，一般用3号黑体字，顶格编排在版心左上角第二行；保密期限中的数字用阿拉伯数字标注。密级和保密期限之间用"★"隔开。涉密公文应当根据涉密程度分别标注"绝密""机密""秘密"和保密期限。

如需标注紧急程度，一般用3号黑体字，顶格编排在版心左上角；如需同时标注份号、密级和保密期限、紧急程度，则按照份号、密级和保密期限、紧急程度的顺序自上而下分行排列。紧急公文应当分别标注"特急""加急"。

2. 发文机关标志

发文机关标志由发文机关全称或者规范化简称加"文件"二字组成，也可以使用发文机关全称或者规范化简称。

发文机关标志居中排布，上边缘至版心上边缘为35mm，推荐使用小标宋体字，颜色为红色，以醒目、美观、庄重为原则。

联合行文时，如需同时标注联署发文机关名称，一般应当将主办机关名称排列在前；如有"文件"二字，应当置于发文机关名称右侧，以联署发文机关名称为准上下居中排布。

3. 发文字号

发文字号由发文机关代字、年份和发文顺序号组成。年份、发文顺序号用阿拉伯数字标注；年份应标全称，用六角括号"〔〕"括入；发文顺序号不加"第"字，不编虚位（即"1"不编为"01"），在阿拉伯数字后加"号"字。

下行文的发文字号编排在发文机关标识下空两行位置，居中排布。上行文的发文字号居左空一字编排，与最后一个签发人姓名处在同一行。

4. 签发人

签发人由"签发人"三字加全角冒号和签发人姓名组成，居右空一字，编排在发文机关标识下空两行位置。"签发人"三字用 3 号仿宋体字，签发人姓名用 3 号楷体字。

如有多个签发人，签发人姓名按照发文机关的排列顺序从左到右、自上而下依次均匀编排，一般每行排两个姓名，回行时与上一行第一个签发人姓名对齐。

5. 版头中的分隔线

发文字号之下 4mm 处居中印一条与版心等宽的红色分隔线。

（二）主体部分

1. 公文标题

公文标题由发文机关+事由+文种组成。基本格式为"《××××关于××××××的××》"。如《石家庄市劳动局关于成立老干部办公室的请示》。

公文标题：编排于版头中的红色分隔线下空两行位置，一般用 2 号小标宋体字，分一行或多行居中排布；回行时，要做到词意完整，排列对称，长短适宜，间距恰当，标题排列应当使用梯形或菱形。

注意：

（1）标题中避免重复。在批转和转发公文时，要防止介词和文种的重叠，如"关于的关于""通知的通知"。例如，转发省委组织部一个文件时的解决办法如下：一是直接翻印，二是作为附件下发，三是重新拟文，以本机关名义下发。

（2）多行标题排列要美观、对称，不能断句。

（3）标题中除法规、规章名称加书名号外，一般不用标点符号，如《国务院办公厅转发国家发展改革委住房城乡建设部生活垃圾分类制度实施方案的通知》。对一些新出现的词一般应加双引号，如"三讲"；对已经耳熟能详的词，如"四项基本原则"，则可以不再用双引号。

2. 主送机关

主送机关即发文机关要求对公文予以办理或答复的对方机关，也称受文机关。其位置为标题下空一行，左侧顶格，用 3 号仿宋字体标识，回行时仍顶格；最后一个主送机关名称后标全角冒号。如主送机关名称过多而使公文首页不能显示正文时，应将主送机关名称移至版记抄送机关之上。

上行文一般只写一个主送机关，下行文分专发性下行文和普发性下行文。专发性下行文的主送机关必须标明；而普发性下行文的主送机关则不止一个，在排列机关名称时，必须确定一个合理的排列顺序。有时也可不写主送机关，如"公告"。

3. 正文

公文首页必须显示正文。正文是公文的主要内容，一般用 3 号仿宋体字，编排于主送机关名称下一行，每个自然段左空两字，回行顶格。文中结构层次序数依次可以用"一、""（一）""1.""（1）"标注。一般第一层用黑体字，第二层用楷体字，第三层级和第四层级用仿宋体字标注。

注意：联合行文机关过多时，必须保证公文首页显示正文。写不下时，可采取下列办法：一是公文标题中可以不标发文机关，二是将主送机关移至版记部分，三是适当缩小发文机关标识的字体，四是缩小首页的行距。

4. 附件说明

附件说明是公文附件的顺序号和名称。附件是附在文件之后，对文件内容起说明和补充作用的文字材料。它包括转发、报送的文件，随文颁发的规章、制度，以及文件中的报告、数据、人员名单等，是文件的有机组成部分。

公文中如有附件，在正文下空一行，左空两字，用 3 号仿宋体字标识"附件"，后标全角冒号和附件名称。如有多个附件，使用阿拉伯数字标注附件顺序号（如"附件：1. ×××××"）；附件名称后不加标点符号。附件名称较长需回行时，应当与上一行附件名称的首字对齐。

附件应当另面编排，并在版记之前，与公文正文一起装订。"附件"二字及附件顺序号应 3 号黑体字顶格编排写在版心左上角第一行。附件标题居中编排在版心第三行。附件顺序号和附件标题应当与附件说明的表述一致。附件格式要求同正文。

如附件与正文不能一起装订，应当在附件左上角第一行顶格编排公文的发文字号，并在其后标注"附件"二字及附件顺序号。

5. 发文机关署名、成文日期和印章

（1）发文机关署名。署发文机关全称或者规范化简称。

（2）成文日期。成文日期是指公文形成的时间，这是公文生效的时间标志。公文成文日期的确定有以下几种情况：①单位单独行文，以领导签发文件的日期为准；②经会议通过生效的文件，以会议通过的日期为准；③联合行文，以最后签发单位领导人签发的日期为准；④电报，以发出日期为准；⑤一般事务性的文件，以印制时间为准。

成文日期一般右空四字编排，用阿拉伯数字将年、月、日标全，年份应标全称，月、日不编虚位(即"1"不编为"01")。

(3)印章。公文中有发文机关署名的，应当加盖发文机关印章，并与署名机关相符。有特定发文机关的普发性公文和电报可以不加盖印章。

印章用红色，不得出现空白印章。单一机关行文时，一般在成文日期之上，以成文日期为准居中编排发文机关署名，印章端正、居中下压发文机关署名和成文日期，使发文机关署名和成文日期居印章中心偏下位置，印章顶端应当上距正文(或附件说明)一行之内。

联合行文时，一般将各发文机关署名按照发文机关顺序整齐排列在相应位置，并将印章一一对应、端正、居中下压发文机关署名，最后一个印章端正、居中下压发文机关署名和成文日期，印章之间排列整齐，互不相交或相切，每排印章两端不得超出版心，首排印章顶端应当上距正文(或附件说明)一行之内。

当公文排版后所剩空白处不能容下印章或签发人签名章、成文日期时，可以采取调整行距、字距的措施解决。

注意：不加盖印章的公文

单一机关行文时，在正文(或附件说明)下空一行右空两字编排发文机关署名，在发文机关署名下一行编排成文日期，首字比发文机关署名首字右移两字。如成文日期长于发文机关署名，应当使成文日期右空两字编排，并相应增加发文机关署名右空字数。

联合行文时，应当先编排主办机关署名，其余发文机关署名依次向下编排。

6. 附注

附注所注内容主要是本文件发送、传达的范围和需要注意的事项。如是请示，在"附注"处注明联系人的姓名和电话。

公文如有附注，用3号仿宋体字，居左空两字加圆括号标识在成文日期下一行。

(三)版记部分

1. 版记中的分隔线

版记中的分隔线与版心等宽,首条分隔线和末条分隔线用粗线(推荐高度为0.35mm),中间的分隔线用细线(推荐高度为0.25mm)。首条分隔线位于版记中第一个要素之上,末条分隔线与公文最后一面的版心下边缘重合。

2. 抄送机关

抄送机关是除主送机关外需要执行或者知晓公文内容的其他机关,应当使用机关全称、规范化简称或者同类型机关统称。

如有抄送机关,一般用4号仿宋体字,在印发机关和印发日期之上一行、左右各空一字编排。"抄送"二字后加全角冒号和抄送机关名称,回行时与冒号后的首字对齐,最后一个抄送机关名称后标句号。抄送机关排名可依上级、平级与不相隶属、下级的次序排列,平级机关间用顿号隔开,各级之间用分号,也可按级分行排列。

如需把主送机关移至版记,除将"抄送"二字改为"主送"外,编排方法同抄送机关。既有主送机关又有抄送机关时,应当将主送机关置于抄送机关之上一行,之间不加分隔线。

3. 印发机关和印发时间

印发机关和印发时间指公文的送印机关和送印日期。印发机关和印发日期一般用4号仿宋体字,编排在末条分隔线之上,印发机关左空一字,印发日期右空一字,用阿拉伯数字将年、月、日标全,年份应标全称,月、日不编虚位(即"1"不编为"01"),后加"印发"二字。

版记中如有其他要素,应将其与印发机关和印发日期用一条细分隔线隔开。

4. 版记中的位置

版记应置于公文最后一页,版记的最后一个要素置于最后一行。

四、党政机关公文的特定格式

(一)信函格式

信函的发文机关标识使用发文机关全称或者规范化简称,居中排布,但不加"文件"二字。发文机关名称上边缘距上页边的距离为 30mm，推荐使用红色小标宋体字。联合行文时，使用主办机关标志。

发文机关标志下 4mm 处为一条红色文武线(上粗下细)，距下页边 20mm 处印一条文武线(上细下粗)，线长均为 170mm，居中排布。

如需标注份号、密级和保密期限、紧急程度，应当顶格居版心左边缘编排在第一条红色双线下，按照份号、密级和保密期限、紧急程度的顺序自上而下分行排列，第一个要素与该线的距离为 3 号汉字高度的 7/8。

发文字号顶格居版心右边缘编排在第一条红色文武线下，与该线的距离为 3 号汉字高度的 7/8。

标题居中编排，与其上最后一个要素相距两行。第二行红色文武线上一行如有文字，文字与该线的距离为 3 号汉字高度的 7/8。

首页不显示页码。版记不加印发机关和印发日期、分隔线，位于公文最后一面版心内最下方。

(二)命令(令)格式

命令的发文机关标识由发文机关全称加"命令"或"令"组成，居中排布，上边缘至版心上边缘为 20mm，推荐使用红色小标宋体字。

发文机关标识下空两行居中编排令号，令号下空两行编排正文。

单一机关制发的令加盖签发人签名章时，在正文(或附件说明)下空两行右空四字加盖签发人签名章，签名章左空两字标注签发人职务，以签名章为准上下居中排布。在签发人签名章下空一行右空四字编排成文日期。

联合行文时，应当先编排主办机关签发人职务、签名章，其余机关签发人职务、签名章依次向下编排，与主办机关签发人职务、签名章上下对齐；每行只编排一个机关的签发人职务、签名章；签发人职务应当标注全称。

签名章一般用红色。

(三)纪要格式

纪要的标识由"××××××纪要"组成，居中排布，上边缘至版心上边缘为 35mm，推荐使用红色小标宋体字。

标注出席人员名单，一般用 3 号黑体字，在正文或附件说明下空一行左空两字编排"出席"二字，后标全角冒号，冒号后用 3 号仿宋体字标注出席人单位、姓名，回行时与冒号后的首字对齐。

标注请假和列席人员名单，除依次另起一行并将"出席"二字改为"请假"或"列席"外，编排方法同出席人员名单。

纪要格式可以根据实际制定。

五、党政机关公文的印装格式

公文的印装格式指公文的排写、用字、标点符号、装订的规格和要求。

（一）排写要求

公文汉字从左至右横写、横排。少数民族文字按其习惯书写排版。在民族自治地方，可并用汉字和通用的少数民族文字。公文用纸、排版、页码等均按《党政机关公文格式》执行。

（二）用字、标点符号要求

公文用字应按 1986 年 10 月 10 日国家语言文字工作委员会(以下简称国家语委)公布的《简化字总表》执行，不得使用繁体字、异体字和任意简化字。标点符号按国家质量监督检验检疫总局、国家标准化管理委员会于 2011 年 12 月发布的《标点符号用法》(详见附录三)执行。

（三）装订要求

公文一般要求双页印刷，左侧装订。

目前的装订方法有平面平订、背脊骑马订和胶水(或糨糊)粘等。不能错装、漏装。

六、党政机关公文的行文规则

行文规则是指机关行文必须遵守的具体规定或准则。

（一）党政机关公文的行文关系

行文关系根据隶属关系和职权范围确定。一般不得越级行文，特殊情况需要越级行文的，应当同时抄送被越过的机关。

公文行文关系是行文规则的基础，必须先弄清楚。根据单位各自的隶属关系和职权范围来看，单位之间的关系有以下五种。

1. 直接隶属关系

直接隶属关系指上一级机关与直接的下一级机关之间领导与被领导的关系，如市政府和县政府之间的关系。通常，直接隶属关系中，上级机关对下级机关有着人事任免权。

2. 间接关系

间接关系指处于同一垂直系统的，但又不是上下直接相邻的领导与被领导关系。如省人民政府与市下属的县人民政府之间的关系。

3. 业务指导关系

业务指导关系指各业务系统内上级业务主管部门与下级业务主管部门之间的关系。如教育部与各省、自治区、直辖市教育厅(局)之间，省农业农村厅和市农业农村局之间的关系均属于业务指导关系。这种关系只在工作开展时上级对下级进行指导，通常上级部门对下级部门的领导没有人事任免权。它们分别为本级人民政府的组成部门，在人事、财政上主要由本级政府决定，在业务上则要执行上级单位的指示。

4. 平行关系

平行关系指处于同一系统内的同级机关、单位之间或同级政府各职能部门之间的关系。例如，卫生系统中各同级医院，如省二院、省三院之间的关系；省人民政府内厅、局、委等的关系，如财政厅、新闻局、公安厅、农业厅等单位之间的关系。

5. 不相隶属关系

非同一系统的机关之间的关系统称为不相隶属关系。如国务院农业农村部直属的某高校和教育部直属的某高校之间的关系。

(二)上行文规则

(1)原则上主送一个上级机关，根据需要同时抄送相关上级机关和同级机关，不抄送下级机关。

(2)党委、政府的部门向上级主管部门请示、报告重大事项，应当经本级党委、政府同意或者授权；属于部门职权范围内的事项应当直接报送上级主管部门。

(3)下级机关的请示事项，如需以本机关名义向上级机关请示，应当提出倾向性意见后上报，不得原文转报上级机关。

(4)请示应当一文一事。不得在报告等非请示性公文中夹带请示事项。

(5)除上级机关负责人直接交办的事项外，不得以本机关名义向上级机关负责人报送公文。

(6)受双重领导的机关向一个上级机关行文，必要时抄送另一个上级机关。

(三)下行文规则

(1)主送受理机关，根据需要抄送相关机关。重要行文应当同时抄送发文机关的直接上级机关。

(2)党委、政府的办公厅(室)根据本级党委、政府授权，可以向下级党委、政府行文，其他部门和单位不得向下级党委、政府发布指令性公文或者在公文中向下级党委、政府提出指令性要求。需经政府审批的具体事项，经政府同意后可以由政府职能部门行文，文中须注明已经政府同意。

(3)党委、政府的部门在各自职权范围内可以向下级党委、政府的相关部门行文。

(4)涉及多个部门职权范围内的事务，部门之间未协商一致的，不得向下行文；擅自行文的，上级机关应当责令其纠正或者撤销。

(5)上级机关向受双重领导的下级机关行文，必要时抄送该下级机关的另一个上级机关。

(四)联合行文规则

同级党政机关、党政机关与其他同级机关必要时可以联合行文。属于党委、政府各自职权范围内的工作，不得联合行文。党委、政府的部门依据职权可以相互行文。部门内设机构除办公厅(室)外不得对外正式行文。

认真阅读例文是学习公文写作的有效途径，但因篇幅问题，本章在引用例文时只摘录了正文，发文字号也放在了标题下面，省略了公文的版头、版记及印章等部分，希望读者在学习的过程中不要误解。

第二节　决　　定

决定是"适用于对重要事项作出决策和部署、奖惩有关单位和人员、变更或者撤销下级机关不适当的决定事项"的文种。

一、决定的特点与种类

(一)决定的特点

1. 事项的重要性

用决定作出决策和安排的事项必须是重要的事项或重大的行动。重要性较次的，一般用通知行文。

2. 很强的约束力

决定具有鲜明的指导性和指挥性，有关单位必须遵照执行，做到令行禁止。

3. 行文的严肃性

决定的撰制比较谨严，有的还要经过一定的会议讨论通过。

(二)决定的种类

1. 指挥性决定

部署指挥重要工作的决定，适用于对重要事项或重大行动作出安排。

例如 2022 年 10 月 29 日的《中共中央关于认真学习宣传贯彻党的二十大精神的决定》。这类决定篇幅较长，说理透彻，具有指示、计划的性质和法规性、郑重性、权威性、指导性的特点，要求有关方面必须认真贯彻执行。

2. 知照性决定

用于表彰先进、处理有关事件与人员、设置机构、安排人事、公布重要事项等。这类决定篇幅较短，开门见山，简洁明了。

二、决定的写作与范例

决定在结构上大体有两种格式。

一是无主送机关。其结构包括标题和正文两大部分，成文时间加括号标注于标题下方居中位置。这种决定采取多级向下行文或直达人民群众的行文方式。

二是有主送机关。其结构包括标题、主送机关、正文和落款四个部分。这种决定采取逐级向下行文的方式。

(一)标题

一般要求三要素俱全。版头上有发文机关的，也可以承前省略发文机关名称，由"事由+文种"组成决定的标题。

(1)发文机关+事由+文种，如《国务院关于加快发展中西部地区乡镇企业的决定》。

(2)事由+文种，如《关于切实加强环境保护工作的决定》。

(二)主送机关

主送机关应为下级机关，有时可以免写。

(三)正文

正文由决定缘由、决定事项和结语组成。

1. 决定缘由

决定缘由即应写明发布决定的原因、目的、根据、背景或意义。内容较少、涉及大家比较熟悉的工作的决定，可略写。对大家不熟悉的，事关重大的工作决定，这一部分应讲清楚，讲透彻，以使受文方面充分理解行文意图，更好地去贯彻执行。

2. 决定事项

决定事项是决定的主要部分，要写明决定事项的具体内容，诸如对某项工作确定的原则、提出的要求、作出的规定、提出的措施办法；对某事某人表明的态度、作出的安排或处置；对某一文件表示批准的意见等。

3. 结语

结语，即简要提出希望或号召，是对决定事项的强调或补充，以唤起受文方面对决定事项的重视，有的决定也可不单写结语部分而将其内容列入决定事项之中。

（四）落款

凡会议通过的决定，通常在标题之下加括号签注通过决定的会议名称和通过时间。由领导人签发的决定，则在正文后写明发文机关和成文日期。

范 例

中共中央关于认真学习宣传贯彻党的二十大精神的决定
（2022 年 10 月 29 日）

为深入学习宣传贯彻党的二十大精神，把全党全国各族人民的思想统一到党的二十大精神上来，把力量凝聚到党的二十大确定的各项任务上来，作出如下决定：

一、充分认识学习宣传贯彻党的二十大精神的重大意义

中国共产党第二十次全国代表大会于 10 月 16 日至 22 日在北京举行。这是在全党全国各族人民迈上全面建设社会主义现代化国家新征程、向第二个百年奋斗目标进军的关键时刻召开的一次十分重要的大会，是一次高举旗帜、凝聚力量、团结奋进的大会。大会高举中国特色社会主义伟大旗帜，坚持马克思列宁主义、毛泽东思想、邓小平理论、"三个代表"重要思想、科学发展观，全面贯彻习近平新时代中国特色社会主义思想，分析了国际国内形势，提出了党的二十大主题，回顾总结了过去 5 年的工作和新时代 10 年的伟大变革，阐述了开辟马克思主义中国化时代化新境界、中国式现代化的中国特色和本质要求等重大问题，对全面建设社会主义现代化国家、全面推进中华民族伟大复兴进行了战略谋划，对统筹推进"五位一体"总体布局、协调推进"四个全面"战略布局作出了全面部署。大会批准了习近平同志代表十九届中央委员会所作的《高举中国特色社会主义伟大旗帜，为全面建设社会主义现代化国家而团结奋斗》的报告，批准了十九届中央纪律检查委员会的工作报告，审议通过了《中国共产党章程(修正案)》，选举产生了新一届中央委员会和中央纪律检查委员会。

习近平同志的报告，深刻阐释了新时代坚持和发展中国特色社会主义的一系列重大理论和实践问题，描绘了全面建设社会主义现代化国家、全面推进中华民族伟大复兴的宏伟蓝图，为新时代新征程党和国家事业发展、实现第二个百年奋斗目标指明了前进方向、确立了行动指南，是党和人民智慧的结晶，是党团结带领全国各族人民夺取新时代中国特色社会主义新胜利的政治宣言和行动纲领，是马克思主义的纲领性文献。《中国共产党章程(修正案)》体现了党的十九大以来党的理论创新、实践创新、制度创新成果，体现了党的二十大报告确定的重要思想、重要观点、重大战略、重大举措，对坚持和加强党的全面领导、坚定不移推进全面从严治党、坚持和完善党的建设、推进党的自我革命提出了明确要求。

党的二十届一中全会选举产生了以习近平同志为核心的新一届中央领导集体，一批经验丰富、德才兼备、奋发有为的同志进入中央领导机构，充分显示出中国特色社会主义事业蓬勃兴旺、充满活力。

学习宣传贯彻党的二十大精神是当前和今后一个时期全党全国的首要政治任务，事关党和国家事业继往开来，事关中国特色社会主义前途命运，事关中华民族伟大复兴，对于动员全党全国各族人民更加紧密地团结在以习近平同志为核心的党中央周围，高举中国特色社会主义伟大旗帜，坚定道路自信、理论自信、制度自信、文化自信，为全面建设社会主义现代化国家、全面推进中华民族伟大复兴而团结奋斗，具有重大现实意义和深远历史意义。

二、全面准确学习领会党的二十大精神

学习领会党的二十大精神，必须坚持全面准确，深入理解内涵，精准把握外延。要原原本本、逐字逐句学习党的二十大报告和党章，学习习近平总书记在党的二十届一中全会上的重要讲话精神，着重把握以下几个方面。

1. 深刻领会党的二十大的主题。高举中国特色社会主义伟大旗帜，全面贯彻习近平新时代中国特色社会主义思想，弘扬伟大建党精神，自信自强、守正创新，踔厉奋发、勇毅前行，为全面建设社会主义现代化国家、全面推进中华民族伟大复兴而团结奋斗。这是党的二十大的主题，明确宣示了我们党在新征程上举什么旗、走什么路、以什么样的精神状态、朝着什么样的目标继续前进的重大问题。高举中国特色社会主义伟大旗帜、全面贯彻习近平新时代中国特色社会主义思想，是要郑重宣示，全党必须坚持以马克思主义中国化时代化最新成果为指导，坚定中国特色社会主义道路自信、理论自信、制度自信、文化自信，坚持道不变、志不改，确保党和国家事业始终沿着正确方向胜利前进。

弘扬伟大建党精神，是要郑重宣示，全党必须恪守伟大建党精神，保持党同人民群众的血肉联系，保持谦虚谨慎、艰苦奋斗的政治本色和敢于斗争、敢于胜利的意志品质，确保党始终成为中国特色社会主义事业的坚强领导核心。自信自强、守正创新，踔厉奋发、勇毅前行，是要郑重宣示，全党必须保持自信果敢、自强不息的精神风貌，保持定力、勇于变革的工作态度，永不懈怠、锐意进取的奋斗姿态，使各项工作更好体现时代性、把握规律性、富于创造性。全面建设社会主义现代化国家、全面推进中华民族伟大复兴，是要郑重宣示，全党必须紧紧扭住新时代新征程党的中心任务，集中一切力量，排除一切干扰，坚持以中国式现代化全面推进中华民族伟大复兴。团结奋斗，是要郑重宣示，我们必须不断巩固全党全国各族人民大团结，加强海内外中华儿女大团结，形成同心共圆中国梦的强大合力。

2. 深刻领会过去 5 年的工作和新时代 10 年的伟大变革。党的十九大以来的 5 年，是极不寻常、极不平凡的 5 年。5 年来，以习近平同志为核心的党中央，高举中国特色社会主义伟大旗帜，全面贯彻党的十九大和十九届历次全会精神，团结带领全党全军全国各族人民，统揽伟大斗争、伟大工程、伟大事业、伟大梦想，有效应对严峻复杂的国际形势和接踵而至的巨大风险挑战，以奋发有为的精神把新时代中国特色社会主义不断推向前进，攻克了许多长期没有解决的难题，办成了许多事关长远的大事要事，推动党和国家事业取得举世瞩目的重大成就。党的十八大召开 10 年来，我们经历了对党和人民事业具有重大现实意义和深远历史意义的三件大事：一是迎来中国共产党成立一百周年，二是中国特色社会主义进入新时代，三是完成脱贫攻坚、全面建成小康社会的历史任务，实现第一个百年奋斗目标。这是中国共产党和中国人民团结奋斗赢得的历史性胜利，是彪炳中华民族发展史册的历史性胜利，也是对世界具有深远影响的历史性胜利。10 年来，我们全面贯彻党的基本理论、基本路线、基本方略，采取一系列战略性举措，推进一系列变革性实践，实现一系列突破性进展，取得一系列标志性成果，经受住了来自政治、经济、意识形态、自然界等方面的风险挑战考验，党和国家事业取得历史性成就、发生历史性变革，推动我国迈上全面建设社会主义现代化国家新征程。新时代 10 年的伟大变革，在党史、新中国史、改革开放史、社会主义发展史、中华民族发展史上具有里程碑意义。

新时代 10 年的伟大变革，是在以习近平同志为核心的党中央坚强领导下、在习近平新时代中国特色社会主义思想指引下全党全国各族人民团结奋斗取得的。党确立习近平同志党中央的核心、全党的核心地位，确立习近平新时代中国特色社会主义思想的指导地位，反映了全党全军全国各族人民共同心愿，对新时代党和国家事业发展、对推进中华民族伟大复兴历史进程具有决定性意义。"两个确立"是党在新时代取得的重大政治成果，是推动党和国家事业取得历史性成就、发生历史性变革的决定性因素。全党必须深刻领悟"两个确立"的决定性意义，更加自觉地维护习近平总书记党中央的核心、全党的核心地位，更加自觉地维护以习近平同志为核心的党中央权威和集中统一领导，全面贯彻习近平新时代中国特色社会主义思想，坚定不移在思想上政治上行动上同以习近平同志为核心的党中央保持高度一致。

3. 深刻领会开辟马克思主义中国化时代化新境界。马克思主义是我们立党立国、兴党兴国的根本指导思想。实践告诉我们，中国共产党为什么能，中国特色社会主义为什么好，归根到底是马克思主义行，是中国化时代化的马克思主义行。党的十八大以来，国内外形势新变化和实践新要求，迫切需要我们从理论和实践的结合上深入回答关系党和国家事业发展、党治国理政的一系列重大时代课题。我们党勇于进行理论探索和创新，以全新的视野深化对共产党执政规律、社会主义建设规律、人类社会发展规律的认识，取得重大理论创新成果，集中体现为习近平新时代中国特色社会主义思想。党的十九大、十九届六中全会提出的"十个明确""十四个坚持""十三个方面成就"概括了这一思想的主要内容，必须长期坚持并不断丰富发展。只有把马克思主义基本原理同中国具体实际相结合、同中华优秀传统文化相结合，坚持运用辩证唯物主义和历史唯物主义，才能正确回答时代和实践提出的重大问题，才能始终保持马克思主义的蓬勃生机和旺盛活力。不断谱写马克思主义中国化时代化新篇章，是当代中国共产党人的庄严历史责任。继续推进实践基础上的理论创新，首先要把握好习近平新时代中国特色社会主义思想的世界观和方法论，坚持好、运用好贯穿其中的立场观点方法，切实做到坚持人民至上、坚持自信自立、坚持守正创新、坚持问题导向、坚持系统观念、坚持胸怀天下，在新时代伟大实践中不断开辟马克思主义中国化时代化新境界。

4. 深刻领会新时代新征程中国共产党的使命任务。从现在起，中国共产党的中心任务就是团结带领全国各族人民全面建成社会主义现代化强国、实现第二个百年奋斗目标，以中国式现代化全面推进中华民族伟大复兴。党的二十大对全面建成社会主义现代化强国两步走战略安排进行了宏观展望，重点部署了未来5年的战略任务和重大举措。这是一项伟大而艰巨的事业，前途光明，任重道远。当前，我国发展进入战略机遇和风险挑战并存、不确定难预料因素增多的时期，各种"黑天鹅"、"灰犀牛"事件随时可能发生。我们必须增强忧患意识，坚持底线思维，做到居安思危、未雨绸缪，准备经受风高浪急甚至惊涛骇浪的重大考验。前进道路上，必须坚持和加强党的全面领导，坚持中国特色社会主义道路，坚持以人民为中心的发展思想，坚持深化改革开放，坚持发扬斗争精神，既不走封闭僵化的老路，也不走改旗易帜的邪路，坚持把国家和民族发展放在自己力量的基点上，坚持把中国发展进步的命运牢牢掌握在自己手中，不断夺取全面建设社会主义现代化国家新胜利。全党必须牢记，坚持党的全面领导是坚持和发展中国特色社会主义的必由之路，中国特色社会主义是实现中华民族伟大复兴的必由之路，团结奋斗是中国人民创造历史伟业的必由之路，贯彻新发展理念是新时代我国发展壮大的必由之路，全面从严治党是党永葆生机活力、走好新的赶考之路的必由之路。这是我们在长期实践中得出的至关紧要的规律性认识，必须倍加珍惜、始终坚持，咬定青山不放松，引领和保障中国特色社会主义巍巍巨轮乘风破浪、行稳致远。

5. 深刻领会中国式现代化的中国特色和本质要求。在新中国成立特别是改革开放以来长期探索和实践基础上，经过党的十八大以来在理论和实践上的创新突破，我们党成功推进和拓展了中国式现代化。中国式现代化，是中国共产党领导的社会主义现代化，既有各国现代化的共同特征，更有基于自己国情的中国特色。党的二十大概括了中国式现代化的中国特色，即中国式现代化是人口规模巨大的现代化，是全体人民共同富裕的现代化，是物质文明和精神文明相协调的现代化，是人与自然和谐共生的现代化，是走和平发展道路的现代化。党的二十大对中国式现代化的本质要求作出科学概括：坚持中国共产党领导，坚持中国特色社会主义，实现高质量发展，发展全过程人民民主，丰富人民精神世界，实现全体人民共同富裕，促进人与自然和谐共生，推动构建人类命运共同体，创造人类文明新形态。这个概括是党深刻总结我国和世界其他国家现代化建设的历史经验，对我国这样一个东方大国如何加快实现现代化在认识上不断深入、战略上不断成熟、实践上不断丰富而形成的思想理论结晶，我们要深刻领会、系统把握，特别是要把这个本质要求落实到各项工作之中。

6. 深刻领会社会主义经济建设、政治建设、文化建设、社会建设、生态文明建设等方面的重大部署。在经济建设上，要完整、准确、全面贯彻新发展理念，加快构建新发展格局，着力推动高质量发展，构建高水平社会主义市场经济体制，建设现代化产业体系，全面推进乡村振兴，促进区域协调发展，推进高水平对外开放，推动经济实现质的有效提升和量的合理增长。在政治建设上，要发展全过程人民民主，加强人民当家作主制度保障，全面发展协商民主，积极发展基层民主，巩固和发展最广泛的爱国统一战线。在文化建设上，要推进文化自信自强，建设社会主义文化强国，建设具有强大凝聚力和引领力的社会主义意识形态，广泛践行社会主义核心价值观，提高全社会文明程度，繁荣发展文化事业和文化产业，增强中华文明传播力影响力，铸就社会主义文化新辉煌。在社会建设上，要坚持在发展中保障和改善民生，扎实推进共同富裕，完善分配制度，实施就业优先战略，健全社会保障体系，推进健康中国建设，不断实现人民对美好生活的向往。在生态文明建设上，要推进美丽中国建设，加快发展方式绿色转型，深入推进环境污染防治，提升生态系统多样性、稳定性、持续性，积极稳妥推进碳达峰碳中和，促进人与自然和谐共生。

7. 深刻领会教育科技人才、法治建设、国家安全等方面的重大部署。党的二十大把握国内外发展大势，在党和国家事业发展布局中突出教育科技人才支撑、法治保障、国家安全工作。在教育科技人才上，要坚持教育优先发展、科技自立自强、人才引领驱动，加快建设教育强国、科技强国、人才强国，办好人民满意的教育，完善科技创新体系，加快实施创新驱动发展战略，深入实施人才强国战略，不断塑造发展新动能新优势。在法治建设上，要坚持全面依法治国，坚持走中国特色社会主义法治道路，建设中国特色社会主义法治体系、建设社会主义法治国家，完善以宪法为核心的中国特色社会主义法律体系，扎实推进依法行政，严格公正司法，加快建设法治社会，推进法治中国建设。在国家安全上，要坚定不移贯彻总体国家安全观，健全国家安全体系，增强维护国家安全能力，提高公共安全治理水平，完善社会治理体系，坚决维护国家安全和社会稳定。

8. 深刻领会国防和军队建设、港澳台工作、外交工作等方面的重大部署。在国防和军队建设上，要贯彻习近平强军思想，贯彻新时代军事战略方针，坚持党对人民军队的绝对领导，全面加强人民军队党的建设，全面加强练兵备战，全面加强军事治理，巩固提高一体化国家战略体系和能力，如期实现建军一百年奋斗目标，加快把人民军队建成世界一流军队。在港澳台工作上，要坚持和完善"一国两制"制度体系，落实中央全面管治权，落实"爱国者治港"、"爱国者治澳"原则，落实特别行政区维护国家安全的法律制度和执行机制，支持香港、澳门发展经济、改善民生、破解经济社会发展中的深层次矛盾和问题，发展壮大爱国爱港爱澳力量；坚持贯彻新时代党解决台湾问题的总体方略，牢牢把握两岸关系主导权和主动权，坚持一个中国原则和"九二共识"，团结广大台湾同胞共同推动两岸关系和平发展、推进祖国和平统一进程，坚定反"独"促统。在外交工作上，要始终坚持维护世界和平、促进共同发展的外交政策宗旨，致力于推动构建人类命运共同体，坚定奉行独立自主的和平外交政策，坚持在和平共处五项原则基础上同各国发展友好合作，坚持对外开放的基本国策，积极参与全球治理体系改革和建设，弘扬全人类共同价值。

9. 深刻领会坚持党的全面领导和全面从严治党的重大部署。全面建设社会主义现代化国家、全面推进中华民族伟大复兴，关键在党。我们党作为世界上最大的马克思主义执政党，要始终赢得人民拥护、巩固长期执政地位，必须时刻保持解决大党独有难题的清醒和坚定。经过党的十八大以来全面从严治党，我们解决了党内许多突出问题，但党面临的执政考验、改革开放考验、市场经济考验、外部环境考验将长期存在，精神懈怠危险、能力不足危险、脱离群众危险、消极腐败危险将长期存在。全党必须牢记，全面从严治党永远在路上，党的自我革命永远在路上，决不能有松劲歇脚、疲劳厌战的情绪，必须持之以恒推进全面从严治党，深入推进新时代党的建设新的伟大工程，以党的自我革命引领社会革命。要落实新时代党的建设总要求，健全全面从严治党体系，坚持和加强党中央集中统一领导，坚持不懈用习近平新时代中国特色社会主义思想凝心铸魂，完善党的自我革命制度规范体系，建设堪当民族复兴重任的高素质干部队伍，增强党组织政治功能和组织功能，坚持以严的基调强化正风肃纪，坚决打赢反腐败斗争攻坚战持久战，全面推进党的自我净化、自我完善、自我革新、自我提高，使我们党坚守初心使命，始终成为中国特色社会主义事业的坚强领导核心。

三、认真做好党的二十大精神的学习宣传

学习宣传党的二十大精神，既要整体把握、全面系统，又要突出重点、抓住关键。要把着力点聚焦到习近平总书记是党中央的核心、全党的核心，习近平新时代中国特色社会主义思想是党必须长期坚持的指导思想上；聚焦到党的十九大以来的重大成就和新时代 10 年的伟大变革上；聚焦到把握好马克思主义中国化时代化最新成果的世界观和方法论，坚持好、运用好贯穿其中的立场观点方法上；聚焦到中国式现代化在理论和实践的创新突破上；聚焦到贯彻落实党的二十大作出的重大决策部署上；聚焦到以习近平同志为核心的新一届中央领导集体是深受全党全国各族人民拥护和信赖的领导集体上；聚焦到习近平总书记是全党拥护、人民爱戴、当之无愧的党的领袖上。

1. 切实抓好学习培训。紧密结合党中央即将在全党开展的主题教育，面向全体党员开展多形式、分层次、全覆盖的全员培训，组织广大党员干部认真学习党的二十大精神。党中央将举办新进中央委员会的委员、候补委员学习贯彻党的二十大精神研讨班。各级党委(党组)理论学习中心组要把学习党的二十大精神作为重点内容，制定系统学习计划，列出专题进行研讨。各地区各部门要举办培训班、学习班，集中一段时间对全国县处级以上党员领导干部进行集中轮训，分期分批对党员干部进行系统培训。基层党组织要采取多种形式，组织广大党员干部认真学习党的二十大精神。要把学习党的二十大精神作为党校(行政学院)、干部学院教育培训的必修课，作为学校思想政治教育和课堂教学的重要内容，组织开展对相关教材修订工作，推动党的二十大精神进教材、进课堂、进头脑。在学习培训中，要运用好《党的二十大报告辅导读本》、《党的二十大报告学习辅导百问》等辅导材料。

2. 集中开展宣讲活动。从现在起到明年年初，在全国范围内集中开展党的二十大精神宣讲活动。党中央将组织学习贯彻党的二十大精神中央宣讲团，赴各省区市开展宣讲。各地要参照这一做法，抽调骨干力量组成宣讲团，深入企业、农村、机关、校园、社区进行宣讲。坚持领导带头，中央政治局同志和各省区市、中央各部门主要负责同志在所在地方、分管领域亲自宣讲，各级党政军群主要负责同志带头宣讲，以实际行动带动广大党员干部群众的学习。开展面向党外人士的宣讲工作，增进党外人士对党的二十大精神的认知认同。要着力增强宣讲的说服力、亲和力和针对性、有效性，紧密联系广大党员干部群众思想和工作实际，把党的二十大精神讲清楚、讲明白，让老百姓听得懂、能领会、可落实。

3. 精心组织新闻宣传。各级党报、党刊、电台、电视台要精心策划、集中报道，大力宣传党的二十大精神，宣传全党全社会对党的二十大的热烈反响和积极评价，宣传各地区各部门学习贯彻党的二十大精神的具体举措和实际行动。要充分利用各种宣传形式和手段，采取人民群众喜闻乐见的形式，使宣传报道更接地气、更动人心，引导广大党员干部群众坚定信心、同心同德、埋头苦干、奋勇前进。要积极开展网络宣传，把网络传播平台作为党的二十大精神宣传的重要阵地，坚持分众化、差异化、精准化，开设网上专题专栏，制作推出新媒体产品，开展网上访谈互动，在网络宣传上展现新面貌、新作为，推动形成网上正面舆论强势。要精心组织对外宣传，多渠道宣介党的二十大精神，宣介我国推动经济社会发展的重大举措，充分反映国际社会的积极评价，生动展示我们党和国家的良好形象。

4. 深入开展研究阐释。围绕党的二十大精神，确定一批重大研究选题，组织专家学者深入研究，撰写刊发一批有分量的理论文章。组织召开系列理论研讨会，交流研究成果，深化思想认识。中央主要媒体要通过推出权威访谈、开设专栏等形式，从不同角度撰写推出相关文章，分析背景、提取要点，进一步延伸阐释深度和广度，各省区市主要报刊理论专版、专刊同步开设相关专栏。针对广大党员干部群众关注的热点问题，各媒体要主动邀请有关部门负责同志，进行深入解读，加强正面引导，回应关切。针对思想理论领域可能出现的模糊认识和错误观点，要组织专家学者撰写重点理论文章和短文短评，及时进行辨析澄清。

四、坚持知行合一，贯彻落实好党的二十大作出的重大决策部署

学习宣传贯彻党的二十大精神，要立足我国改革发展、党的建设实际，坚持学思用贯通、知信行统一，把党的二十大精神落实到经济社会发展各方面，体现到做好今年各项工作和安排好今后工作之中。

1. 坚决做到"两个维护"。学习宣传贯彻党的二十大精神，要推动全党深刻领悟"两个确立"的决定性意义，增强"四个意识"、坚定"四个自信"、做到"两个维护"，以实际行动践行对党忠诚。要健全总揽全局、协调各方的党的领导制度体系，完善党中央重大决策部署落实机制，确保全党在政治立场、政治方向、政治原则、政治道路上同党中央保持高度一致，确保党的团结统一。要加强党的政治建设，严明政治纪律和政治规矩，落实各级党委（党组）主体责任，提高各级党组织和党员干部政治判断力、政治领悟力、政治执行力。

2. 切实推动改革发展稳定。要把党的二十大精神转化为指导实践、推动工作的强大力量，统筹推进"五位一体"总体布局、协调推进"四个全面"战略布局，紧紧抓住解决不平衡不充分的发展问题，着力在补短板、强弱项、固底板、扬优势上下功夫，推动经济社会持续健康发展。要坚持在发展中保障和改善民生，着力解决好人民群众急难愁盼问题，完善社会治理体系，畅通和规范群众诉求表达、利益协调、权益保障通道，及时把矛盾纠纷化解在基层、化解在萌芽状态。要切实做好新冠疫情防控工作，落实党中央"疫情要防住、经济要稳住、发展要安全"的明确要求，坚决筑牢疫情防控屏障，最大限度保护人民生命安全和身体健康。

3. 防范化解风险挑战。当前，世界百年未有之大变局加速演进，世界之

变、时代之变、历史之变正以前所未有的方式展开，这是改革开放以来从未遇到过的，给我国的现代化建设提出了一系列新课题新挑战，直接考验我们的斗争勇气、战略能力、应对水平。要保持时时放心不下的精神状态和责任担当，始终做好应对最坏情况的准备，不信邪、不怕鬼、不怕压，知难而进、迎难而上，统筹发展和安全，全力战胜前进道路上各种困难和挑战。要加强斗争精神和斗争本领养成，着力增强防风险、迎挑战、抗打压能力，主动识变应变求变，主动防范化解风险，依靠顽强斗争打开事业发展新天地。

4. 坚定不移全面从严治党。要推动全面从严治党向纵深发展，保持战略定力，始终绷紧从严从紧这根弦，不断解决党内存在的突出矛盾和深层次问题。要全面加强党的思想建设，坚持用习近平新时代中国特色社会主义思想统一思想、统一意志、统一行动，组织实施党的创新理论学习教育计划，建设马克思主义学习型政党。要坚持全心全意为人民服务的根本宗旨，树牢群众观点，贯彻群众路线，尊重人民首创精神，坚持一切为了人民、一切依靠人民，始终保持同人民群众的血肉联系，始终接受人民批评和监督，始终同人民同呼吸、共命运、心连心。要加强实践锻炼、专业训练，注重在重大斗争中磨砺干部，增强干部推动高质量发展本领、服务群众本领、防范化解风险本领，牢牢把握工作主动权。

五、切实加强组织领导

学习宣传贯彻党的二十大精神，是当前和今后一个时期全党全国的首要政治任务。各级党委(党组)要把学习宣传贯彻党的二十大精神摆上重要议事日程，切实加强组织领导。

1. 切实负起领导责任。各级党委(党组)要提高政治站位，按照党中央部署，结合本地区本部门实际，作出专题部署，提出具体要求，着力抓好落实，迅速兴起学习宣传贯彻党的二十大精神的热潮。各级组织、宣传部门和其他有关部门，要在党委(党组)统一领导下，密切配合。组织部门要把学习宣传贯彻党的二十大精神与干部教育培训工作、加强领导班子建设和基层党组织建设结合起来。宣传部门要扎实做好党的二十大精神宣传工作，营造学习贯彻党的二十大精神的浓厚氛围。工会、共青团、妇联等群团组织要充分发挥自身优势，开展各具特色的学习教育活动。要加强工作指导，加强督促检查，及时发现解决存在的问题。

2. 牢牢把握正确导向。要坚持团结稳定鼓劲、正面宣传为主，弘扬主旋律、传播正能量，巩固壮大主流思想舆论，着力用党的二十大精神统一思想、凝聚力量。要严格按照党中央精神全面准确开展宣传，把准方向、把牢导向，牢牢把握宣传引导的主导权、话语权。要加强对热点敏感问题的阐释引导，全面客观、严谨稳妥，解疑释惑、疏导情绪，最大限度凝聚社会共识。要落实意识形态工作责任制，按照谁主管谁负责和属地管理原则，切实加强对各类宣传文化阵地的管理，防止错误思想言论和有害信息传播。

3. 着力提升实际效果。要坚持贴近实际、尊重规律，紧密联系广大党员干部群众的新期待，努力增强学习宣传贯彻党的二十大精神的吸引力感染力和针对性实效性。要创新形式载体，丰富方法手段，善于运用群众乐于参与、便于参与的方式，采取富有时代特色、体现实践要求的方法，在拓展广度深度上下功夫，使学习宣传既有章法、见力度，更重质量、强效果。要充分运用新技术新应用，强化互动化传播、沉浸式体验，努力扩大工作的覆盖面和影响力，让正能量产生大流量。

各地区各部门要及时将学习宣传贯彻党的二十大精神的情况报告党中央。

资料来源：https://www.gov.cn/zhengce/2022-10/30/content_5722612.htm。

中共中央　国务院
关于表彰全国"人民满意的公务员"和
"人民满意的公务员集体"的决定
（2022 年 8 月 30 日）

公务员是干部队伍的重要组成部分，是社会主义事业的中坚力量，是人民的公仆。在新时代中国特色社会主义伟大征程中，广大公务员深入学习贯彻习近平新时代中国特色社会主义思想，坚决维护习近平总书记党中央的核心、全党的核心地位，坚决维护党中央权威和集中统一领导，认真贯彻落实党中央决策部署和习近平总书记重要指示批示精神，围绕统筹推进"五位一体"总体布局、协调推进"四个全面"战略布局，忠诚履职、努力工作，为打赢脱贫攻坚战、全面建成小康社会、胜利实现第一个百年奋斗目标，开启实现第二个百年奋斗目标新征程作出重要贡献，涌现出一大批人民满意的公务员和公务员集体。

在党的二十大即将召开之际，为表彰先进典型、弘扬奋斗精神，激励动员广大公务员和公务员集体奋进新征程、建功新时代，党中央、国务院决定，授予朱琴等397名同志全国"人民满意的公务员"称号；授予北京丽泽金融商务区管理委员会等198个集体全国"人民满意的公务员集体"称号。

这次受到表彰的全国"人民满意的公务员"和"人民满意的公务员集体"，是新时代公务员队伍的优秀代表。他们深学细悟习近平新时代中国特色社会主义思想，坚定理想信念，牢记初心使命，自觉践行以人民为中心的发展思想，把为民造福作为最大政绩，立足本职、真抓实干，扎实推动党和国家各项工作部署落实落地，用心用情用力解决群众急难愁盼问题，以忠诚干净担当的实际行动，书写了人民满意的时代答卷。希望受到表彰的公务员和公务员集体珍惜荣誉、再接再厉，充分发挥模范带头作用，以更高标准干在实处、走在前列，为党和人民再立新功。

新时代是奋斗者的时代，为人民幸福而奋斗是最大幸福。当前，我国踏上了全面建设社会主义现代化国家、向第二个百年奋斗目标进军的新征程，改革发展稳定任务更加繁重，实现中华民族伟大复兴正处于关键时期。党中央号召，广大公务员和公务员集体要以受到表彰的先进典型为标杆，更加紧密地团结在以习近平同志为核心的党中央周围，深刻领悟"两个确立"的决定性意义，增强"四个意识"、坚定"四个自信"、做到"两个维护"，牢记使命责任，勇于担当作为，坚持做人民公仆、为人民服务、让人民满意，以一往无前的奋斗姿态和永不懈怠的精神状态，努力创造无愧于党、无愧于人民、无愧于时代的优秀业绩，为全面建成社会主义现代化强国、实现中华民族伟大复兴的中国梦而努力奋斗！

附件：1. 全国"人民满意的公务员"名单
2. 全国"人民满意的公务员集体"名单

资料来源：https://www.gov.cn/zhengce/2022-08/30/content_5707476.htm。

 范 例

国务院关于废止和修改部分行政法规的决定

为了运用法治方式推进政府职能转变，进一步放宽市场主体准入条件，激发社会投资活力，依据2013年12月28日第十二届全国人民代表大会常务委员会第六次会议通过的修改公司法的决定，落实《注册资本登记制度改革方案》关于注册资本实缴登记改为认缴登记、年度检验验照制度改为年度报告公示制度，以及完善信用约束机制的内容，国务院对涉及的行政法规进行了清理。经过清理，国务院决定：

一、对 2 部行政法规予以废止。(附件 1)

二、对 8 部行政法规的部分条款予以修改。(附件 2)

本决定自 2014 年 3 月 1 日起施行。

附件：1. 国务院决定废止的行政法规

2. 国务院决定修改的行政法规

资料来源：https://www.gov.cn/zwgk/2014-02/28/content_2625736.htm。

三、撰写决定应注意的问题

(一)决定的行文条件

只有事关全局、政策性强、任务艰巨、执行时间较长的重要工作，才适宜使用"决定"来行文。

(二)决定和通报的区别

注意决定和通报的区别，忌将二者混淆。

1. 决定与通报的作用不同

决定是对重要事项或重大行动作出安排时使用的文种。具有权威性和强制性，写入决定的内容要求下级机关及有关人员必须遵照执行，不得违抗，具有法规作用和行动约束力。而通报是表彰先进，批评错误，传达重要情况时使用的文种。通报作为知照类公文，其主要作用是传递信息、沟通情况、发布成果，推广经验，激励和教育人们。通报既不像决定那样对人们的行为带有约束力和限制的作用，也不像通知那样，可以用来发布规定和布置安排工作。通报只能用来告知某些事项，但通过通报所反映的内容也能够了解发文机关的态度、主张和立场。而且在一些通报中，发文机关在写明事项的同时也要结合事例提出要求或对有关事项作出规定。

2. 决定与通报的使用范围不同

决定是对重大的典型的人和事进行奖惩，主要侧重于公布奖惩结果，针对某个人或某件事表明领导态度和组织意见。而通报是对典型的人和事进行表彰或批评，以激励人们学习先进，吸收经验，改进工作，主要是侧重一般性表彰和批评教育。

第三节　公　　告

公告是"适用于向国内外宣布重要事项或者法定事项"的文种。发布公告的时限常常很紧急，一般通过广播、电视、报刊等宣传工具迅速发出。

一、公告的种类

1. 事项性公告（知照性公告）

如立法机关颁布法律、法规；政府机关宣布国家领导人的出访、向有关国家及其领导人的鸣谢；宣布重大的科技、军事试验或重要的科研成果；公布重要的行政管理措施；宣布国家或地方立法、行政及司法机关重要领导人的选举结果或任免事项等，都属于事项性公告。

2. 祈使性公告

这类公告除告知公众某事外，还要求遵守公告的规定。如《交通运输部关于开展 2023 年新增沿海省际散装液体危险货物船舶运力综合评审工作的公告》，公布了 2023 年新增沿海省际散装液体危险货物船舶运力综合评审的时间与方法，要求有关企业按公告规定参评。

二、公告的写作与范例

公告由标题、主送机关、正文和落款四个部分组成。

（一）标题

公告的标题有如下四种写法：

（1）发文机关+事由+文种，如《国家税务总局关于居民企业报备境外投资和所得信息有关问题的公告》。

（2）事由+文种，如《关于研发机构采购设备增值税政策的公告》。

（3）发文机关+文种，如《中华人民共和国全国人民代表大会公告》。

（4）只写文种，如《公告》。

（二）主送机关

公告一般不写主送对象，而是一体周知。

（三）正文

正文由公告缘由、公告事项和结语组成。

1. 公告缘由

公告缘由，通常写明根据或目的。

2. 公告事项

公告事项，有繁有简，但应惜墨如金，用准确、鲜明、有概括力的语言，表达中心内容，同时注意用语要庄重、简朴而有力度。除少数内容稍多地采用总分条文式结构外，多数公告采用篇段合一式，直陈其事，简明扼要。

3. 结语

常用"特此公告"或"现予公告"作结语，也可不写结语。

（四）落款

写明发文机关和成文日期。重要公告还在日期后面写上发布地点，以示慎重。

中华人民共和国全国人民代表大会公告

第一号

第十四届全国人民代表大会第一次会议于 2023 年 3 月 10 日选举习近平为中华人民共和国主席。

现予公告。

中华人民共和国第十四届全国人民代表大会

第一次会议主席团

2023 年 3 月 10 日于北京

资料来源：http://www.rmzxb.com.cn/c/2023-03-10/3309838.shtml。

范　例

中华人民共和国最高人民法院公告

根据《全国人民代表大会常务委员会关于专利等知识产权案件诉讼程序若干问题的决定》《最高人民法院关于知识产权法庭若干问题的规定》，最高人民法院设立知识产权法庭。现将有关事项公告如下：

一、最高人民法院知识产权法庭自 2019 年 1 月 1 日起履行法定职责。

二、依照《中华人民共和国民事诉讼法》《中华人民共和国行政诉讼法》《全国人民代表大会常务委员会关于专利等知识产权案件诉讼程序若干问题的决定》《最高人民法院关于知识产权法庭若干问题的规定》等法律和司法解释的规定，最高人民法院知识产权法庭主要审理专利等专业技术性较强的知识产权民事和行政上诉案件。

三、《最高人民法院关于知识产权法庭若干问题的规定》第二条所称第一审案件的判决、裁定或者决定，于 2019 年 1 月 1 日前作出，当事人依法提起上诉或者申请复议的，由原审人民法院的上一级人民法院审理；于 2019 年 1 月 1 日以后作出，当事人依法提起上诉或者申请复议的，由最高人民法院知识产权法庭审理。

四、当事人向最高人民法院知识产权法庭提起上诉的，依照《中华人民共和国民事诉讼法》《中华人民共和国行政诉讼法》的规定，上诉状应当通过原审人民法院递交。

五、最高人民法院知识产权法庭的通信地址：北京市丰台区汽车博物馆东路 2 号院 3 号楼；邮政编码：100160；电子邮箱：ipc@court.gov.cn；电话：12368。

特此公告。

最高人民法院

2019 年 1 月 1 日

资料来源：https://www.court.gov.cn/zixun/xiangqing/137821.html。

三、撰写公告应注意的问题

(一)公告的行文要求

行文应庄重，用语要简洁明了，内涵清晰。切忌滥用公告。

(二)公告和通告的区别

注意公告和通告的区别,忌将二者混淆。

1. 内容适用范围不同

公告用于向国内外宣布重要事项、公布某些法定专门事项。通告用于向一定范围公布应当遵守或周知的事项(重要事项或一般事项)。

2. 发文机关级别不同

公告由权力机关(各级人民代表大会及其常务委员会)、较高级别的国家行政机关发布。通告可由各级行政机关、企事业单位制发。

3. 发送对象范围不同

公告可向国内外有关方面公布,公布范围广。而通告则限于向一定范围的有关方面和人员公布。

4. 发布方式不同

公告和通告都可制成文件下发,或通过新闻媒介发布。但通告可张贴,公告则不能张贴。

在公告和通告的使用上存在一些不规范的现象:如某些单位作出某些规定、要求时,本来可用通告,却误用公告行文,影响了公告的严肃性。

一些经济实体在向社会及有关人士告知事项(如更名、改组等)或推介产品及服务时,本来应用启事、广告等行文,却误用了公告、通告这种下行文,把客户、同行及消费者当作下属看待,这些都是不妥的。

第四节　通　　告

通告是"适用于在一定范围内公布应当遵守或者周知的事项"的文种。通告是各级机关、企事业单位与社会团体通常使用的告晓性公文。

一、通告的种类

1. 法规性通告

法规性通告用于在一定范围内公布行政机关的有关法规及行政措施,具有较强的强制性和约束力。如《××市税务局关于××年税务登记验证的通告》。

2. 知照性的通告

知照性的通告用于在一定范围内公布应当周知的事项，任何机关、单位、团体都可使用这类通告。如《××市公交公司关于××路公共汽车实行无人售票的通告》。

二、通告的写作与范例

通告由标题、主送机关、正文和落款四个部分组成。

（一）标题

通告的标题有如下四种写法：

（1）发文机关+事由+文种，如《北京市公安局公安交通管理局关于对108国道部分路段采取交通管理措施的通告》。

（2）发文机关+文种，如《中国网络通信集团北京市通信公司通告》。

（3）事由+文种，如《关于禁止利用公司名义从事商业牟利活动的通告》。

（4）只写文种，如《通告》。在本部门、团体内部发放、张贴的通告，可以以文种作为标题。如果事情紧急，必须立即执行，发文单位可在通告前加"紧急"二字。

（二）主送机关

对外界发布（发表、张贴）的通告，发布范围广泛，常常不写主送机关。

（三）正文

正文由通告缘由、通告事项和结语组成。

1. 通告缘由

通常用"为了……根据……，特通告如下"的句式写明发布通告的目的、依据和原因并引出下文。也有些针对存在问题作出相应规定的通告，开头这部分简要说明存在问题的情况、严重性和紧迫感，再引出下文。

2. 通告事项

通告事项是正文的主体，写明需要有关方面和有关人员周知或者遵照办理的事项，要写得具体明确，简洁明白。若是知照性通告，事项通常比较单一，篇幅就很简短。若是法规性通告，一般都分条文写明应当遵守的有关事项。

3. 结语

结语常用"特此通告"。有的以提出希望或执行要求作结，有的通告事项写完即结束全文，可不再写结语。许多通告不写结语，而以事项部分的最后一句"本通告自发布之日起施行"或"本规定由……负责解释"作结。

（四）落款

写明发文机关和成文日期。

范　例

工业和信息化部关于启用和推广新型进网许可标志的通告

工信部信管〔2023〕79 号

为深入贯彻党的二十大精神，落实《国务院办公厅关于深化电子电器行业管理制度改革的意见》（国办发〔2022〕31 号）有关要求，为电信设备生产企业（以下称生产企业）产品上市创造便利条件，工业和信息化部决定启用和推广新型进网许可标志，逐步替代原纸质标志。有关事项通告如下：

一、标志样式

新型进网许可标志由许可标识、设备型号、数字编码等要素组成（规格样式详见附件）。

二、申请途径

生产企业通过以下途径申请使用新型进网许可标志：

（一）对于新申请进网许可的电信设备，生产企业需在进网许可申请材料"产品介绍"中，说明新型进网许可标志的设计使用方案。经工业和信息化部依法审查通过、准予进网许可的，即可使用新型进网许可标志。

（二）对于已获得进网许可的电信设备，生产企业向工业和信息化部（电信设备认证中心）提交新型进网许可标志的设计使用方案；工业和信息化部（电信设备认证中心）收到方案后 3 个工作日内完成必要的审核，并通知企业使用新型进网许可标志。

三、加施方式

生产企业可以根据产品特点，采取以下一种或多种方式加施新型进网许可标志：

（一）电子显示。在电信设备操作系统或管理软件中设置、呈现新型进网许可标志。

（二）实物印制。在电信设备产品的外体、铭牌或包装等相关位置上，采取印刷、喷绘、模制或蚀刻等方式，印制新型进网许可标志。

（三）标签粘附。在电信设备产品的外体、铭牌或包装等相关位置上，粘贴、附加印制了新型进网许可标志的标签。

（四）符合规定的其他情形。

四、使用要求

（一）生产企业加施新型进网许可标志，应当保证呈现效果清晰易识、协调美观，可以根据需要选用彩色或黑白样式，可以按照规定样式成比例放大或者缩小，但不得变形。

（二）为便于公众识别，电信终端设备采用电子显示方式加施新型进网许可标志的，生产企业应当在其产品最小包装上加施新型进网许可标志，或印制"本产品已获进网许可"中文字样。

（三）生产企业应在产品说明书、随附材料或官方网站上，说明新型进网许可标志的呈现位置和查看方式。

（四）生产企业应将与新型进网许可标志关联的电信设备产品名称及编码、进网许可证(含进网试用批文)编号及有效期等信息，及时上报工业和信息化部(电信设备认证中心)，并做好信息更新和维护。

五、总体安排

（一）2023年7月1日起，正式启用新型进网许可标志。2023年7月1日至12月31日期间，生产企业可以向工业和信息化部(电信设备认证中心)申请使用新型进网许可标志，也可以继续申领、使用原进网许可纸质标志。

（二）2024年1月1日起，全面推广新型进网许可标志。届时，将不再核发原进网许可纸质标志，此前已核发的纸质标志在进网许可有效期内仍然有效，可继续使用。

六、其他

（一）自本通告发布之日起，不再要求生产企业在电信设备产品包装、内置信息、广告等处标注进网许可证编号。

（二）新型进网许可标志的规格样式及生产企业申请使用流程详见附件。

特此通告。

附件：新型进网许可标志规格样式及申请使用流程说明

工业和信息化部

2023 年 6 月 25 日

资料来源：https://www.miit.gov.cn/zwgk/zcwj/wjfb/tg/art/2023/art_70c61e453 0624daab0a7a58be7956edb.html。

农业农村部关于发布长江流域重点水域禁用渔具名录的通告

为落实习近平生态文明思想，加强长江水生生物资源保护，推进水域生态修复，依法严惩非法捕捞等危害水生生物资源和生态环境的各类违法犯罪行为，切实保障长江禁捕工作顺利实施，根据《中华人民共和国渔业法》《中华人民共和国长江保护法》等法律规定，我部决定发布长江流域重点水域禁用渔具名录。现通告如下。

一、本通告所指长江流域重点水域范围包括《农业农村部关于长江流域重点水域禁捕范围和时间的通告》《农业农村部关于设立长江口禁捕管理区的通告》规定的禁捕水域范围及各省（直辖市）依据上述通告确定的本辖区禁捕水域范围。

二、长江流域重点水域各省（直辖市）渔业行政主管部门，可在本通告禁用渔具名录的基础上，根据本地区水生生物资源保护和渔政执法监管工作实际，补充制定适合本地实际管理需要的禁用渔具名录并报我部备案。

三、因教学、科研等确需使用名录中禁用渔具进行捕捞，需按照有关要求组织专家进行充分论证，严格控制范围、规模、渔获物品种及数量，申请专项（特许）渔业捕捞许可证并明确上述内容。

四、本通告自 2021 年 12 月 1 日起施行。原《农业部关于长江干流禁止使用单船拖网等十四种渔具的通告（试行）》（农业部通告〔2017〕2 号）同时废止。

附件：长江流域重点水域禁用渔具名录

农业农村部

2021 年 10 月 11 日

资料来源：http://www.moa.gov.cn/govpublic/CJB/202110/t20211015_6379529.htm。

 范　例

福州市长乐区人民政府关于组织防空警报试鸣的通告

为贯彻落实《中华人民共和国人民防空法》和《福建省人民防空条例》，进一步增强人民群众的国防观念和防空防灾意识，提升识别人民防空预先警报、空袭警报和解除空袭警报信号的能力，促进群众掌握人民防空基本知识，检验我区防空警报预报警能力，区政府决定于 2022 年 4 月 21 日上午进行防空警报试鸣。试鸣期间，全区一切活动照常，请广大人民群众注意识别防空警报信号，保持正常的工作和生活秩序。各乡镇（街道）、村（居）及有关单位要结合防空警报试鸣工作，加强人民群众防空知识的宣传教育。现将防空警报试鸣的有关事项通告如下：

一、防空警报试鸣时间：2022 年 4 月 21 日（星期四）上午 9 时 30 分至 10 时 03 分。

二、防空警报试鸣范围：吴航街道、航城街道、营前街道、首占镇、古槐镇、鹤上镇、文武砂街道、金峰镇、漳港街道等乡镇（街道）的中心区域。

三、防空警报信号规定：

1. 预先警报：鸣 36 秒，停 24 秒，反复 3 遍，时间 3 分钟；

2. 空袭警报：鸣 6 秒，停 6 秒，反复 15 遍，时间 3 分钟；

3. 解除警报：连续鸣放 3 分钟。

特此通告

福州市长乐区人民政府

2022 年 3 月 9 日

资料来源：https://www.clnews.com.cn/html/10/20220416/625a47e7a43c3.shtml。

三、撰写通告应注意的问题

(一)通告的行文要求

行文简洁明了，内涵清晰。

(二)通告与公告的辨析

在公务活动中，最容易出现的问题就是通告、公告不分。

公告的发文机关往往是国家行政机关或权力机关，如国务院，国务院各部委，各省、自治区、直辖市人民政府，以及法定的有关职能部门，如司法机关、税务机关、海关总署，公证机关，全国人民代表大会，各省、自治区、直辖市人民代表大会等。一般企事业单位、社会团体不能使用公告发布事项。

那种认为有了本部门重大事项就应该采用"公告"的认识是错误的；那种本应该书写"通告"，却以"公告"的庄重性抬高发文事项级别，以引起人们关注的做法，更是错误的。

第五节　通　知

通知是"适用于发布、传达要求下级机关执行和有关单位周知或者执行的事项，批转、转发公文"的文种。

一、通知的特点与种类

(一)通知的特点

1. 使用的广泛性

通知的使用不受内容轻重、繁简的制约，也不受单位性质与级别限制，是公文中使用频率最高、适用范围最广的文种。

2. 职能的多样性

通知不仅能批转、转发上级或下级的公文，还可以布置工作，告知事项，还可以用于任免人员，够不上发"决定""通告""命令"等的事项也可由通知承担。因此通知的职能具有多样性。

3. 对象的专指性

通知大多是专门针对相应机关和有关人员制发的，因此专指性较强，不像通告、公告具有泛指性。

4. 行文的简便性

通知的内容一般一事一文、简洁明了，所以在撰写过程中应简洁清晰地表述通知事项，以便知晓执行。

(二)通知的种类

1. 指示性通知

一般用于上级机关要求下级机关学习某种指示精神、执行某项任务、完成某项工作，作出具体的工作布置和安排。如《中共中央办公厅　国务院办公厅关于切实减轻农民负担的紧急通知》。

2. 批示性通知

这类通知包含批转性通知和转发性通知两种。批转性通知有严格的等级性、严密的系统性和严肃的规范性，使用时，标题必须加"批转"二字，如《湖北省人民政府批转省汽车行业管理办公室关于加快我省汽车产业结构调整意见的通知》。转发性通知所转发的公文不受机关等级的制约，只要本机关工作需要，并符合规定都可以转发，如《国务院办公厅人力资源社会保障部城镇企业职工基本养老保险关系转移接续暂行办法的通知》。

3. 贯彻性通知

对法律法规或上级机关发来的文件，需要结合本地区、本单位实际情况，提出具体贯彻执行意见时使用的通知，如《湖北省人民政府贯彻国务院关于加强依法治税严格税收管理权限的通知》。

4. 禁令性通知

这类通知的作用与"通告"相似，是用来禁止妨害国家、人民利益的不正当行为而发布的通知，如《湖北省人民政府关于加强生态环境保护坚决制止乱砍滥伐林木的通知》。

5. 任免通知

上级机关任免下级人员所发的通知，如《关于×××同志职务任免的通知》。

6. 一般事务性通知

这类通知是指就某项临时性的具体工作或事项，要求下级机关办理或要求有关单位周知的通知，如《关于做好强降雨天气防范应对工作的紧急通知》。

7. 印发性通知

上级机关向下级机关印发准则、细则、规划、纲要、总结、要点、方案、计划等《条例》规定以外的文种的文件时，用印发性通知。如《关于印发文化事业发展"十四五"规划的通知》。值得注意的是，一般学术会议和机关内部日常工作中的会议通知，不编发文字号，不应属于党政公文系列的文件。

二、通知的写作与范例

通知由标题、主送机关、正文、落款等四个部分组成。

（一）标题

通知的标题有两种写法：

(1)发文机关+事由+文种，如《国务院关于做好免除城市义务教育阶段学生学杂费工作的通知》。

(2)事由+文种，如《关于召开新闻发布会的通知》。

（二）主送机关

在通知标题的左下方，正文前写明被通知的单位，如《国务院关于做好免除城市义务教育阶段学生学杂费工作的通知》中，写明被通知的单位是："各省、自治区、直辖市人民政府，国务院各部委、各直属机构。"

(三) 正文

因通知种类的不同而写法各异，下面介绍四种常用通知正文的写法。

1. 批示性通知的正文

首先表明对批转或转发性公文的态度和意见；其次写明批转和转发公文的意义和对下级机关或单位贯彻执行的具体要求。

2. 指示性通知的正文

需要写明通知的根据和通知的事项。在通知中布置的任务和提出的要求要具体，语言不能模棱两可，以便受文者顺利执行。

3. 任免通知的正文

需要写明任免事项批准的机关、会议的日期、被任免人员的姓名和职务等。

4. 一般事务性通知的正文

包括通知根据和通知事项两个部分。首先，写明发布通知的背景、依据或目的；其次应详细、具体、全面、明确地写出通知事项，写明通知要求、措施和办法等；最后，有的通知还要写明联系人和联系方式。

会议通知也可以属于一般事务性通知。会议通知的正文包括以下两部分的内容。

(1)会议缘由。概括地写出召开会议的原因、依据，写明由什么机关组织召开会议。

(2)会议安排。写明会议内容、会议起止时间、会期、地点、对与会人员的要求、会议报到的时间及具体地点。如果是较为重要的大中型会议，还要写明对参加会议携带文件、材料的要求，有的还需要告知与会时乘坐的交通工具的机次、车次、班次、联系人姓名和电话等。

(四) 落款

在正文右下方，写上发文机关名称和成文日期。

范　例

国务院关于开展第五次全国经济普查的通知

国发〔2022〕22号

各省、自治区、直辖市人民政府，国务院各部委、各直属机构：

根据《全国经济普查条例》的规定，国务院决定于2023年开展第五次全国经济普查。现将有关事项通知如下：

一、总体要求

（一）指导思想。以习近平新时代中国特色社会主义思想为指导，深入贯彻党的二十大精神，认真落实党中央、国务院决策部署，完整、准确、全面贯彻新发展理念，加快构建新发展格局，着力推动高质量发展，坚持依法普查、科学普查、为民普查，坚持实事求是、改革创新，确保普查数据真实准确，全面客观反映我国经济社会发展状况。

（二）普查目的。第五次全国经济普查是一项重大国情国力调查，将首次统筹开展投入产出调查，全面调查我国第二产业和第三产业发展规模、布局和效益，摸清各类单位基本情况，掌握国民经济行业间经济联系，客观反映推动高质量发展、构建新发展格局、建设现代化经济体系、深化供给侧结构性改革以及创新驱动发展、区域协调发展、生态文明建设、高水平对外开放、公共服务体系建设等方面的新进展。通过普查，进一步夯实统计基础，推进统计现代化改革，为加强和改善宏观经济治理、科学制定中长期发展规划、全面建设社会主义现代化国家，提供科学准确的统计信息支持。

二、普查对象和范围

普查的对象是在我国境内从事第二产业和第三产业活动的全部法人单位、产业活动单位和个体经营户。具体范围包括：采矿业，制造业，电力、热力、燃气及水生产和供应业，建筑业，批发和零售业，交通运输、仓储和邮政业，住宿和餐饮业，信息传输、软件和信息技术服务业，金融业，房地产业，租赁和商务服务业，科学研究和技术服务业，水利、环境和公共设施管理业，居民服务、修理和其他服务业，教育，卫生和社会工作，文化、体育和娱乐业，公共管理、社会保障和社会组织等。

三、普查内容和时间

普查的主要内容包括普查对象的基本情况、组织结构、人员工资、生产能力、财务状况、生产经营、能源生产和消费、研发活动、信息化建设和电子商务交易情况，以及投入结构、产品使用去向和固定资产投资构成情况等。

普查标准时点为 2023 年 12 月 31 日，普查时期资料为 2023 年年度资料。

四、普查组织实施

第五次全国经济普查调查内容增多、技术要求提高、工作难度加大，各地区、各部门要按照"全国统一领导、部门分工协作、地方分级负责、各方共同参与"的原则，统筹协调，优化方式，突出重点，创新手段，认真做好普查的宣传动员和组织实施工作。

为加强对普查工作的组织领导，国务院将成立第五次全国经济普查领导小组，负责普查组织实施中重大问题的研究和决策。普查领导小组由国务院领导同志任组长，成员单位包括国务院办公厅、国家统计局、国家发展改革委、中央宣传部、中央政法委、中央编办、民政部、财政部、税务总局、市场监管总局等部门(组成人员名单另发)。涉及普查经费方面的事项，由财政部负责和协调；涉及数据处理能力建设方面的事项，由国家发展改革委负责和协调；涉及普查宣传动员方面的事项，由国家统计局、中央宣传部负责和协调；涉及企业和个体工商户名录方面的事项，由市场监管总局、税务总局负责和协调；涉及机关和事业单位名录方面的事项，由中央编办负责和协调；涉及社会团体、基金会、民办非企业单位及基层自治组织名录方面的事项，由民政部负责和协调；涉及统一社会信用代码信息共享方面的事项，由市场监管总局负责和协调；涉及城乡社区网格化服务管理工作的事项，由中央政法委协调。

国务院第五次全国经济普查领导小组办公室设在国家统计局，负责普查的具体组织实施和协调，各成员单位要按照各自职能，各负其责、通力协作、密切配合、信息共享。银行、证券、保险、铁路等部门和单位及有关方面，要按照普查方案统一要求，负责组织开展本系统的普查工作；海关总署负责组织开展普查工作中的进口货物使用去向调查任务。掌握普查有关基础资料的各级部门要及时准确提供部门行政记录和数据信息。

地方各级人民政府要设立相应的普查领导小组及其办公室，认真组织好本地区的普查实施工作，及时采取措施解决普查工作中遇到的困难和问题。要充分发挥街道办事处和居民委员会、乡镇人民政府和村民委员会的作用，广泛动员和组织社会力量积极参与、认真配合做好普查工作。地方普查机构根据工作需要，可聘用或者从有关单位商调符合条件的普查指导员和普查员，及时支付聘用人员的劳动报酬，保证商调人员在原单位的工资、福利及其他待遇不变，稳定普查工作队伍，确保普查工作顺利进行。

五、普查经费保障

第五次全国经济普查所需经费，按现行经费渠道由中央和地方各级人民政府共同负担，列入相应年度财政预算，按时拨付，确保到位，保障普查工作顺利开展。

六、普查工作要求

（一）坚持依法普查。所有普查工作人员和普查对象必须严格按照《中华人民共和国统计法》、《中华人民共和国统计法实施条例》和《全国经济普查条例》的规定，按时、如实填报普查表。任何单位和个人不得虚报、瞒报、拒报、迟报，不得伪造、篡改普查数据。普查取得的单位和个人资料，严格限定用于普查目的，不作为任何单位对普查对象实施奖惩的依据。各级普查机构及其工作人员，对在普查中所知悉的国家秘密和普查对象的商业秘密、个人信息，必须严格履行保密义务；未经批准，任何单位和个人不得对外发布普查数据。对在普查工作中的违纪违法等行为，依纪依法予以处理并加大通报曝光力度。

（二）确保数据质量。始终坚守数据质量第一原则，严格执行普查方案，规范普查工作流程，强化事前事中事后数据质量检查核查，切实防范和惩治统计造假、弄虚作假，确保普查数据真实准确、完整可信。各级普查机构要建立健全普查数据质量控制体系和岗位责任制，完善普查数据质量追溯和问责机制，严肃普查纪律，坚决杜绝各种人为干预普查数据的行为。采用有效技术手段和管理措施，确保普查数据采集、传输、存储和使用的安全。适时将普查工作开展情况纳入统计督察。

（三）创新手段方式。广泛应用部门行政记录，推进电子证照信息等在普查中的应用，采取网上填报与手持电子终端现场采集数据相结合的方式开展普查，通过信息化手段提高普查数据处理效能。适应常态化疫情防控需要，组织开展线上线下业务培训，支持普查对象通过网络自主报送普查数据，科学、规范、高效推进普查工作。

（四）强化宣传引导。各级普查机构应会同宣传部门认真做好普查宣传的策划和组织工作。充分发挥各类新闻媒体以及有关部门服务平台等宣传渠道作用，广泛深入宣传经济普查的重要意义和要求，引导广大普查对象依法配合普查、全社会积极参与普查，为第五次全国经济普查顺利实施营造良好的社会氛围。

国务院

2022 年 11 月 17 日

资料来源：https://www.gov.cn/zhengce/content/2022-12/01/content_5729862.htm。

范 例

国务院办公厅转发国家发展改革委等部门
关于清理规范城镇供水供电供气供暖行业收费
促进行业高质量发展意见的通知

国办函〔2020〕129 号

各省、自治区、直辖市人民政府，国务院各部委、各直属机构：

国家发展改革委、财政部、住房城乡建设部、市场监管总局、国家能源局《关于清理规范城镇供水供电供气供暖行业收费促进行业高质量发展的意见》已经国务院同意，现转发给你们，请结合实际认真组织实施。

国务院办公厅

2020 年 12 月 23 日

资料来源：https://www.gov.cn/zhengce/content/2021-01/06/content_5577440.htm。

范 例

上海市人民政府办公厅关于同意《上海办理建筑许可对标世界银行
营商环境新一轮改革总体工作方案》的通知

沪府办〔2020〕5 号

市住房城乡建设管理委：

沪建建管〔2020〕28 号文收悉。经市政府研究，同意《上海办理建筑许可对标世界银行营商环境新一轮改革总体工作方案》，请会同有关部门、单位认真组织实施。

上海市人民政府办公厅

2020 年 1 月 20 日

资料来源：https://www. shanghai. gov. cn/cmsres/e5/e5f98f28e5ba44d8b3507
0b0e9b2a84c/45c48cce2e2d7fbdea1afc51c7c6ad26.pdf。

 范　例

人力资源社会保障部关于印发
《人力资源和社会保障法治建设实施方案(2021—2025 年)》的通知

各省、自治区、直辖市及新疆生产建设兵团人力资源社会保障厅(局)，部属各单位：

为深入学习贯彻习近平法治思想和中央全面依法治国工作会议精神，落实《法治中国建设规划(2020—2025 年)》《法治社会建设实施纲要(2020—2025 年)》《法治政府建设实施纲要(2021—2025 年)》，我部组织制定了《人力资源和社会保障法治建设实施方案(2021—2025 年)》。现印发给你们，请结合实际认真贯彻执行。

人力资源社会保障部

2021 年 12 月 6 日

资料来源：http://www.mohrss.gov.cn/xxgk2020/fdzdgknr/qt/gztz/202112/t202112
08_429860.html。

 范　例

国务院关于部委管理的国家局设置的通知
国发〔2023〕6 号

各省、自治区、直辖市人民政府，国务院各部委、各直属机构：

根据党的二十届二中全会审议通过的《党和国家机构改革方案》、国务院第一次常务会议审议通过的国务院部委管理的国家局设置方案，现将部委管理的国家局设置通知如下：

国家粮食和物资储备局，由国家发展和改革委员会管理。

国家能源局，由国家发展和改革委员会管理。

国家数据局，由国家发展和改革委员会管理。

国家国防科技工业局，由工业和信息化部管理。

国家烟草专卖局，由工业和信息化部管理。

国家移民管理局，由公安部管理。

国家林业和草原局，由自然资源部管理。

国家铁路局，由交通运输部管理。

中国民用航空局，由交通运输部管理。

国家邮政局，由交通运输部管理。

国家文物局，由文化和旅游部管理。

国家中医药管理局，由国家卫生健康委员会管理。

国家疾病预防控制局，由国家卫生健康委员会管理。

国家矿山安全监察局，由应急管理部管理。

国家消防救援局，由应急管理部管理。

国家外汇管理局，由中国人民银行管理。

国家药品监督管理局，由国家市场监督管理总局管理。

国家移民管理局加挂中华人民共和国出入境管理局牌子。国家林业和草原局加挂国家公园管理局牌子。国家公务员局在中央组织部加挂牌子，由中央组织部承担相关职责。国家档案局与中央档案馆、国家保密局与中央保密委员会办公室、国家密码管理局与中央密码工作领导小组办公室，一个机构两块牌子，列入中共中央直属机关的下属机构序列。

国务院

2023 年 3 月 16 日

资料来源：https://www.gov.cn/zhengce/content/2023-03/20/content _ 5747311.htm。

三、撰写通知应注意的问题

(一)正确使用文种

通知虽然适用范围广，但仍需慎用，它很容易与公告、通告、通报等文种混淆，应注意区别。对待不同的工作事务，不同的工作内容，应选择恰当的文种。

(二)一文一事

每份通知只能说明一件事情，布置一项工作，达到一个目的，这就要求一文一事，一文一主题。如在任免通知里写明任免结果即可，不用写号召和希望。在禁令性通知中，写明禁令事项和执行要求即可，不要写其他内容，以便让受文对象立刻明白，快速执行。

(三)内容具体

通知的写作要点在于将通知事项、要求、措施等交代清楚。在写作通知特别是指示性通知、一般事务性通知时，要做到明确具体、切实可行，符合受文单位的实际情况，使受文单位能正确理解并准确执行。

第六节 通 报

通报是"适用于表彰先进、批评错误、传达重要精神或告知重要情况"的文种。

一、通报的特点与种类

(一)通报的特点

1. 目的性

无论哪类型的通报，都是介绍典型事例，有的放矢，目的性明确。

2．时效性

通报一般是传达某段时间内的事项，因而具有相应的时效要求。

3．真实性

通报的内容必须客观真实，情况通报要核对事实，不但要重视主体事实的真实，还要重视细节的真实。表彰性通报也要实事求是，不能为了拔高被表彰者而夸大事实，批评性通报要客观公正，不夸大其辞。

4．针对性

通报的事实和内容应选取工作中具有普遍性、代表性、典型性的重要情况，并有针对性地总结经验和教训，加以宣传推广，以改进和推动各项工作。

5．教育性

通报的内容是树立榜样或批评负面行为，并以号召和希望的形式提出要求，使下级机关的行动有所依循，因此通报的内容具有教育性。

(二)通报的种类

1．按内容分类

通报按照内容不同可以分为表彰性通报、批评性通报、情况性通报和指导性通报。

(1)表彰性通报。表彰性通报用于表彰先进单位和个人，树立榜样，倡导优良的社会风尚，总结和推广先进经验，在一定范围内号召干部、群众学习先进，做好本职工作。

(2)批评性通报。批评性通报用于批评党政干部违法违纪的错误，通报事故产生、发展和处理结果等情况，总结教训，用以教育广大干部、群众引以为戒，防止类似错误发生。

(3)情况性通报。情况性通报用于传达某一时期内社会动态、思想状况、工作进展、工作经验或其他方面的重要情况，沟通信息，引起关注，以达到统一认识、协调一致的目的。

(4)指导性通报。指导性通报用于传达上级指示精神。

2．按表达方式分类

按照表达方式不同，通报又可分为直述式通报和转述式通报。

(1)直述式通报。直述式通报由作者直接表述，以叙事为主，兼以说明。

(2)转述式通报。转述式通报是将下级来文(如简报、总结、计划、报告等)予以转发的通报。转述式通报很少叙事,特点是"以文载文"。

二、通报的写作与范例

通报由标题、主送机关、正文与落款四个部分组成。

(一)标题

通报的标题有四种形式:

(1)发文机关+事由+文种,如《×××办公厅关于违规修建办公楼等楼堂馆所案件调查处理情况的通报》。

(2)事由+文种,如《森林防火情况通报》。

(3)发文机关+文种,如《××省教育厅通报》。

(4)只写文种,如《通报》。

(二)主送机关

写明受文机关,如《××省人民政府关于表彰全省创建和谐社区先进单位的通报》的主送单位写为"各市、州、县人民政府,省政府各部门"。

(三)正文

通报正文通常由开头、主体和结尾等部分组成。开头说明通报缘由,主体说明通报决定,结尾提出通报的希望和要求。不同类别的通报,其内容和写法有所不同,现分述如下:

1. 表彰性通报

这类通报正文一般包括先进事迹、先进事迹评价、表彰决定、希望和要求四个部分。

(1)概括地介绍先进事迹,说明通报缘由。这是作出通报的依据,要把先进事迹交代清楚,具体叙述"时、地、因、果、人、事"等六要素,注意详略得当、重点突出。

(2)分析先进事迹的典型意义,并对此作出肯定性的评价,阐明所述事件的性质和意义。这是体现通报主旨的部分，应在介绍先进事迹或经验的基础上，分析归纳。评价要客观，文字要简明，不必有过多的议论。

(3)写明表彰决定，如通报表扬、授予荣誉称号或给予一定物质奖励等。

(4)提出希望、要求，发出号召。既包括对被表彰者的勉励和期望，也包括对有关方面和群众的希望和号召。要求切实可行，符合实际。

2. 批评性通报

这类通报正文一般包括情况概述、分析原因、处理办法、提出要求或发出警戒。

(1)情况概述。概括地介绍错误事实发生的时间、地点、简单经过，以及造成的经济损失和政治影响等。

(2)分析原因。客观分析错误事实产生的原因，并指出错误的性质、危害及违反了哪些政策、规定。

(3)处理办法。首先要提供处理的有关依据，然后提出对主要责任者的处理决定和工作上的改进措施。

(4)提出要求或发出警戒。主要是要求被通报的有关单位或人员，从此类错误中吸取教训或向有关方面发出不要再犯类似错误的警戒。

3. 情况通报

这类通报正文一般包括通报的相关情况、分析情况和提出要求。

(1)通报的相关情况。这一部分所占的篇幅相对大一些，在写作时要注意表述准确，语言精练。

(2)分析情况和提出要求。针对通报的相关情况，作出恰如其分的分析，并表明态度，提出今后工作的具体意见和要求。

具体写法方面，有的是先摆情况，然后进行分析得出结论；有的是先通过简要分析作出结论，再列举情况，来说明结论的正确性和针对性。总之，写法多样，如何表述可因事制宜。

4. 指导性通报

这类通报正文一般包括提出问题、分析问题和解决问题的几点要求。

(四)落款

在正文右下方，写上发文机关名称和成文日期。

范 例

国务院办公厅关于对国务院第九次大督查
发现的典型经验做法给予表扬的通报

国办发〔2022〕33号

各省、自治区、直辖市人民政府，国务院各部委、各直属机构：

为进一步推动中央经济工作会议部署和《政府工作报告》确定的重点任务以及稳住经济一揽子政策措施和接续政策措施落地见效，国务院部署开展了第九次大督查。从督查情况看，各有关地区在以习近平同志为核心的党中央坚强领导下，以习近平新时代中国特色社会主义思想为指导，认真贯彻落实党中央、国务院重大决策部署，统筹推进新冠疫情防控和经济社会发展，扎实做好"六稳"工作、全面落实"六保"任务，有效应对各种困难挑战，保持经济社会发展大局总体稳定。在对19个省(自治区、直辖市)和新疆生产建设兵团开展实地督查时发现，有关地方围绕稳增长、稳市场主体、稳就业保民生、保产业链供应链稳定、深化"放管服"改革优化营商环境等方面，结合实际积极探索、主动作为，创造和形成了一批好的经验做法。

为表扬先进，宣传典型，进一步调动和激发各方面干事创业、改革创新的积极性、主动性和创造性，推动形成克难攻坚、奋勇争先的良好局面，经国务院同意，对山西省强化煤炭增产保供保障能源安全等60项典型经验做法予以通报表扬。希望受到表扬的地方珍惜荣誉，再接再厉，充分发挥模范示范和引领带动作用，不断取得新的更大成绩。

各地区各部门要全面贯彻党的十九大和十九届历次全会精神，坚持稳中求进工作总基调，完整、准确、全面贯彻新发展理念，加快构建新发展格局，着力推动高质量发展，全面落实"疫情要防住、经济要稳住、发展要安全"的要求，尽责担当、扎实工作。要学习借鉴典型经验做法，加大宣传推广力度，结合实际迎难而上、砥砺奋进，为保持经济平稳运行和社会大局稳定作出积极贡献，以实际行动迎接党的二十大胜利召开。

附件：国务院第九次大督查发现的典型经验做法（共60项）

国务院办公厅

2022年9月27日

资料来源：https://www.gov.cn/zhengce/content/2022-09/28/content_5713412.htm。

关于部分违规加重企业负担案件的通报
工信部运行函〔2019〕121号

各省、自治区、直辖市减轻企业负担领导小组（联席会议），国务院减轻企业负担部际联席会议成员单位：

近期，根据企业举报，经国务院减轻企业负担部际联席会议（以下简称联席会议）办公室调查核实，发现河南省上蔡县教体局违规收取质量和风险保证金、新疆维吾尔自治区霍尔果斯经济开发区伊宁园区违规收取投资保证金、黑龙江省大庆市个体私营协会依托评比达标表彰活动违规收费、内蒙古自治区乌兰察布市卓资县存在项目投资协议违约和拖欠工程款等问题，加重了企业负担，损害了党和政府的公信力，在社会上造成了负面影响。为此，联席会议办公室已责令上述单位停止有关违规行为并进行了整改。为形成社会震慑，进一步优化企业发展环境，经研究，决定对上述单位予以通报批评。

一、通报的具体问题

（一）河南省上蔡县教体局自2018年7月开始实施"薄改体音美"、饮水机和182个村文化中心体育器材招标项目，委托专业招投标公司开展招投标、制作招投标文件等相关事宜，其中存在收取质量保证金、风险保证金行为。此次项目共有6家县外企业中标，中标金额10 322 300元，企业共缴纳质量保证金516 115元，风险保证金2 800 850元，合计3 316 965元。上述保证金均未在国家和河南省公布的涉企保证金清单范围内，违反了政府部门不得在清单之外向企业征收保证金的有关要求。

（二）新疆维吾尔自治区霍尔果斯经济开发区伊宁园区自2018年8月起，

要求入驻企业按投资意向书约定的当年计划营业额的1%，缴纳10—100万元不等的投资保证金，涉及23家企业。该项保证金未在国家和新疆维吾尔自治区公布的涉企保证金清单范围内，违反了政府部门不得在清单之外向企业征收保证金的有关规定。

（三）黑龙江省大庆市个体私营协会自2017年12月起，在该市组织"文明诚信企业"评比活动，并在官方网站通知会员企业，购买该协会售卖物品可在评比中酌情加分，同时通过指定渠道投放广告也将得到评委关照。该项评比活动未按规定履行报批手续，同时也违反了行业协会不得在评比达标表彰活动中收费或变相收费的有关规定。

（四）内蒙古自治区乌兰察布市卓资县人民政府于2012年与相关企业签订建设协议，开发当地卓资山镇六苏木大桥西110国道北1 000亩土地建设物流园区；企业对选址地内的坑地进行了填土，办理了营业执照和相关环保、规划手续，但由于规划调整，协议未能执行，给企业造成了损失。同时，企业自2014年承揽卓资县旗下营过路预埋箱涵工程，截至2019年2月卓资县政府仍拖欠企业169.83万元工程款。上述行为存在地方政府项目违约和拖欠工程款问题，违反国家有关优化营商环境和清理拖欠账款的政策要求。

二、有关要求

（一）各地区、各部门要深刻认识减轻企业负担工作的重要意义，按照党中央、国务院决策部署，扎实做好清理规范涉企收费、保证金和清理拖欠账款等各项工作，严格执行涉企收费和保证金清单制度，及时回应企业关切，营造良好发展环境。

（二）各地区、各部门要畅通企业举报渠道，加大查处力度，制止各种清单之外违规设立收费和保证金项目以及恶意拖欠企业账款的行为，做到发现一起、查处一起，通报一起、震慑一批，真正遏制住各种向企业乱伸的"黑手"。

（三）存在违规行为的地区和单位要认真总结、吸取教训、举一反三，认真将各项整改措施落实到位，杜绝再次发生新的违规行为。

国务院减轻企业负担部际联席会议

2019年4月29日

资料来源：https://www.miit.gov.cn/zwgk/zcwj/wjfb/zh/art/2020/art_0441f552a3e94391ab7ccdf05f9f5101.html。

范　例

国务院办公厅关于部分债务沉重地区
违规兴建楼堂馆所问题的通报

国办发〔2021〕39 号

各省、自治区、直辖市人民政府，国务院各部委、各直属机构：

严格控制党政机关办公楼等楼堂馆所建设，是加强党风廉政建设、落实过紧日子要求的重要内容，党中央、国务院对此高度重视。习近平总书记多次强调，要发扬艰苦奋斗、勤俭节约优良作风，坚决反对铺张浪费；党政机关要坚持过紧日子，严肃财经纪律，把各方面资金管好用好。李克强总理指出，各级政府要过紧日子，把每一笔钱都用在刀刃上、紧要处；严禁新建扩建政府性楼堂馆所和搞豪华装修。韩正副总理等国务院领导同志多次对相关工作提出要求。

党中央、国务院明确要求，高负债地区除必要的基本民生支出和机关有效运转支出外，要大力压减基本建设支出，筹措资金化解债务风险。《机关团体建设楼堂馆所管理条例》规定，机关、团体不得建设培训中心等各类具有住宿、会议、餐饮等接待功能的场所和设施。近期，审计署审计发现，一些地区不顾自身财力状况，在政府债务沉重、风险突出的情况下，违反财经纪律和管理制度兴建楼堂馆所。为进一步严肃财经纪律，严格楼堂馆所建设管理，经国务院同意，现将有关情况通报如下：

一、部分地区违规建设楼堂馆所情况

审计发现，青海、宁夏、贵州、云南等 4 个地方政府债务风险较高的地区，有 8 个项目不同程度存在违规兴建楼堂馆所问题。

(一)青海国际会展中心。该项目于 2019 年 4 月由西宁市发展改革委批复立项，主要包括会展中心和酒店两部分，其中会展中心部分由青海省与西宁市共同出资建设，酒店部分面向社会筹资建设。2019 年 7 月，在社会投资没有落实的情况下，项目单位按照整体招标、统一建设、统一核算的方式对会展中心和酒店同时开工建设。截至 2021 年 5 月底，项目到位资金 22.77 亿元全部为财政资金，实际上通过财政资金支付了酒店建设费用。

(二)青海省人力资源社会保障公共服务中心。该项目于 2015 年 9 月由青海省人力资源和社会保障厅报省政府负责同志批准，通过购置写字楼方式建设，规划作为业务用房，主要用作就业创业培训和社会保险、劳动权益等经办服务。在实际使用中，部分作为青海省人力资源和社会保障厅机关、事业单位办公用房，还设有24间客房，改变了业务用房的用途。财政部门安排项目资金2.4亿元。

（三）青海省胜利宾馆。该宾馆原为财政差额拨款事业单位，2002年转制为企业，在提供社会化服务的同时承担政务接待保障任务。2018—2020年，青海省财政厅经报省政府批准，以补助、注资等方式向该宾馆拨付财政资金8966.45万元，用于维修改造和运营。

（四）宁夏闽宁会议中心。2016年10月，在未明确建设主体、没有资金来源、未办理施工手续的情况下，由银川市委、市政府直接选定中冶建工集团有限公司垫资建设，用于考察接待、会议、展览、餐饮、住宿。因缺乏资金，项目一度停工。2019年4月和6月，银川市政府决定安排财政资金拨付市国资委，由市国资委按照"政府支持、市场化运作"的原则推进建设。2020年6月，项目竣工预验收，按照酒店模式运行。银川市和闽宁镇以向企业注资等方式拨付财政资金5500万元。

（五）宁夏闽宁镇酒店管理与服务职业技能实训中心。2019年6月，宁夏回族自治区教育厅同意该中心立项建设，同时加挂宁夏回族自治区教育工委、教育厅培训基地牌子，主要作为宁夏回族自治区教育工委、教育厅培训基地和闽宁教师远程培训中心、酒店管理与服务职业技能教育培训中心，建设资金来源于财政拨款。2020年8月—2021年3月，该中心主要用于开展教育系统内部培训。

（六）宁夏丝路明珠塔。该项目是银川市筹划建设的集广播电视发射、观光旅游、商务会展等于一体的综合性建筑。2018年12月，银川市决定由中铁城市发展投资集团有限公司与市属国有企业银川通联资本投资运营有限公司共同出资建设。目前已完成塔楼和北裙楼部分工程。项目实际到位资金5.2亿元，其中银川通联资本投资运营有限公司出资的3亿元全部为财政资金。

（七）贵州省遵义市会议中心。2018年2月，遵义市确定由市属国有企业遵义道桥建设（集团）有限公司负责建设该项目，建设内容包括会议中心、酒店等。2019年底，项目部分竣工验收并开始试运行，承担了2020年和2021年遵义市"两会"接待工作。遵义市财政局通过市自然资源局安排土地出让金5.62

亿元，拨付给遵义道桥建设(集团)有限公司使用。此外，还拨付给该公司土地整治成本经费 2000 万元、保障地方"两会"经费 1000 万元。

(八)云南省级民主党派大楼和云南中华职业教育社办公楼。2019 年 4 月，云南省政府决定，该项目由昆明市出资、企业代建，建成后由昆明市以零租金或低租金永久租赁给省级民主党派、云南中华职业教育社等单位使用。2020 年 4 月，经昆明滇池国家旅游度假区经济发展局备案，代建项目由昆明市城建投资开发有限责任公司自主投资建设。2021 年，昆明市向该公司注资 2.24 亿元。

二、存在的突出问题

上述违规动用财政资金兴建楼堂馆所问题，反映出相关地区部门和单位有关人员"四个意识"不强，纪律规矩意识淡薄，艰苦奋斗、勤俭节约思想弱化，对党中央、国务院决策部署贯彻不到位；一些地区业务主管部门、监管部门作用发挥不够，未能及时发现和解决问题。主要体现在以下三个方面：

一是执行财经纪律松弛。有的地方漠视财经纪律，在建设资金没有落实的情况下擅自开工建设，或安排财政资金用于宾馆维修改造和运营，违反了预算管理等相关制度规定。青海省违规向已转制为企业的胜利宾馆安排财政资金用于维修改造和运营。宁夏闽宁会议中心在无建设主体、无资金来源的情况下直接委托企业开工建设，项目一度因资金缺乏而停工，依靠财政支持才完成建设。

二是规避项目审批程序。有的地方采取"未批先建"、"先建后补"或以政策文件、会议代替审批等方式规避审批，违反了政府投资项目审批管理等相关制度规定。青海省人力资源社会保障公共服务中心直接以政府文件作为建设依据，未履行审批手续。宁夏闽宁会议中心在未办理任何手续的情况下直接开工建设，边实施边补手续。

三是钻制度空子搞变通。有的地方模糊政府和企业界限，混淆业务用房和办公用房界限，违规兴建会议中心，违规使用业务用房，违反了党政机关办公用房管理等相关制度规定。青海省人力资源社会保障公共服务中心以业务用房名义建设，实际违规将部分业务用房作为机关、事业单位办公用房。遵义市以国有企业经营项目名义建设具有住宿、会议、餐饮等接待功能的场所和设施，并通过财政注资、补贴等方式给予支持。

对于审计发现问题，有关地方党委和政府高度重视，积极开展整改工作。有的已经停止项目建设，通过公开拍卖等方式对项目进行转让；有的对违规使

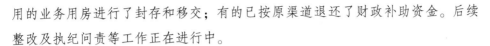

用的业务用房进行了封存和移交；有的已按原渠道退还了财政补助资金。后续整改及执纪问责等工作正在进行中。

三、工作要求

严控楼堂馆所建设是党政机关厉行节约、反对浪费的重要内容，事关党和政府形象，无论政府债务风险高低都必须坚持。地方各级人民政府及其工作人员要从审计发现问题中深刻汲取教训，举一反三，引以为戒，认真开展自查自纠，公开曝光典型案例，坚决防止此类问题再次发生，坚定不移把党中央、国务院决策部署落到实处。

（一）切实提高思想认识。各地区、各部门要进一步增强"四个意识"、坚定"四个自信"、做到"两个维护"，对"国之大者"做到心中有数，切实把思想和行动统一到党中央、国务院决策部署上来，不折不扣地抓好贯彻落实。要坚持守土有责、守土尽责，继承和发扬党的光荣传统和优良作风，坚持勤俭办一切事业，抓实抓细楼堂馆所建设管理，坚决反对铺张浪费，坚决刹住违规兴建楼堂馆所的不正之风。

（二）从严落实财经纪律。各地区、各部门要坚持把党政机关过紧日子、严控楼堂馆所建设作为重要财经纪律落实到位。要坚持依法行政、依法理财，推进财政法治建设，细化实化管理措施，大力压缩自由裁量权，扎紧扎密制度的篱笆，消除漏洞和盲点。要硬化预算约束，严格遵循先有预算、后有支出原则，把严把紧预算支出关口。

（三）落实严控楼堂馆所建设主体责任。有关地方人民政府要进一步提高政治站位，对审计发现问题实事求是推进整改，坚决不搞形式主义、不做表面文章；积极防范整改中的风险，防止新增地方政府隐性债务、防止国有资产流失、防止财政资金损失。地方各级人民政府要切实担负起严控楼堂馆所建设的主体责任，充分考虑客观经济规律、发展阶段和财政可承受能力，做到尽力而为、量力而行，严格履行决策和审批程序，完善管理制度和措施，加大审查监督力度，杜绝违规兴建楼堂馆所。

（四）强化项目审批管理和财政支出约束。各地区、各有关部门要严格执行审批程序和规定，防止变相规避审批程序，从严审批楼堂馆所建设项目，加强国有企业投资监管。要加强预算安排与项目审批的衔接，未经审批一律不得安排预算，落实地方政府专项债券资金投向领域禁止类项目清单。地方政府债务风险较高地区要进一步强化财政支出约束，大力压缩非刚性非重点支出，筑牢

"三保"(保基本民生、保工资、保运转)防线,同时加强财政可承受能力评估,杜绝超越财力安排支出,防范化解财政运行风险。

(五)加大监督问责力度。地方各级人民政府要进一步健全监督约束机制,对违反财经纪律、不顾偿还能力盲目举债上项目、变相规避审批程序等问题加大核查监督力度,充分发挥审计监督、财会监督、纪检监察监督等方面作用,加强对本地区楼堂馆所建设的全方位监督,对违法违规行为始终保持高压态势,严肃查处、问责到人,让违法违规和失职渎职者付出应有的代价。国务院有关部门要对地方楼堂馆所建设情况持续开展重点监督,及时发现问题并督促地方切实整改。

国务院办公厅

2021 年 10 月 22 日

资料来源:https://www.gov.cn/zhengce/content/2021-10/27/content_5646774.htm。

三、通报与通告、通知的异同

(一)通报与通告的异同

1. 相同点

两者均有知照作用,都可以用来传达某种信息。

2. 不同点

(1)传达的内容不同。通告是让机关、社会知晓某事,具有一定法规性和约束性;通报只是表扬或批评某事某人,以达到总结经验或引以为戒的目的。

(2)目的不同。通告要求受文单位去执行,要求的是行动;而通报要求受文单位了解重要情况或典型事件,要求的是知晓。

(3)公文处理方式不同。通告是直接发布的公文,不需要转发。通报除了直接发布之外还可以转发,尤其是对于某一机关发出的具有普遍指导意义的通报,可以由不相隶属机关或者制发通报机关的上级机关转发。

(二)通报与通知的异同

1. 相同点

两者均有知照作用,行文方向相同。

2. 不同点

(1) 发文目的不同。通报是为了表彰先进和批评错误，通知则传达要求下级机关和需要有关单位周知或者执行的事项。

(2) 文种作用不同。通知可以任免人员，批转下级机关的公文，而通报则不能。

(3) 写法不同。通报的写法比较复杂，既要将先进事迹或经验教训说明清楚并加以分析，还要发出希望和号召，而通知相对简洁。

四、撰写通报应注意的问题

(一) 内容必须真实可靠

发布通报的机关，一般要求根据通报的事件提出指示性的要求和意见。通报的要求及意见，既要符合政策，又要掌握原则和分寸。通报的事件必须真实准确，情节、数据须核实无误，不能弄虚作假。

(二) 撰写通报需要选取典型事例

典型事例能够集中反映事物的本质和规律，具有普遍意义。无论表彰性通报，还是批评性通报，或者是情况性通报，事情越典型就越有针对性和普遍指导作用，通过典型的事例能将通报事件所显示的意义上升到理论的高度。

(三) 通报的发送要及时迅速

通报具有传达信息、沟通情况的作用，一旦发现典型事件，应以通报形式迅速印发出来，以便及时地教育、告诫和引导广大干部群众，促进各项工作事业的发展。不要因为时过境迁，而使通报失去教育指导作用。

第七节　请　　示

请示是"适用于向上级机关请求指示、批准"的文种。

一、请示的特点及种类

(一)请示的特点

1. 请求性

请示是向上级机关请求指示和批准的公文，具有请求的性质。如遇到需要请求上级解决本单位、本部门的某个具体问题；在本单位职权范围内不能决定或解决的问题，需请求上级授权或批准处理；对事关重大、需上级审核或审定的问题，如机构设置、人员编制、干部任免、大额资金划拨等问题，均可写请示。

2. 求复性

请示的目的就是为了获得上级的指示、批准，以解决本单位无法解决、无力解决、无权解决的具体问题，请求上级作出明确批复。无论同意与否，上级机关都要给予答复。

3. 事前性

下级单位如遇到本单位无法解决，需要上级批准才能行动的工作，必须先请示，在获得上级答复后再行动，不允许"先斩后奏"。

4. 单一性

请示应当一文一事。同一请示一般只写一个主送机关，如需同时送其他机关的，应当用抄送形式，但不得抄送其下级机关。

5. 逐级性

请示不得越级行文。特殊情况需要越级请示，要抄送被越过的有隶属关系的上级机关。

6. 隶属性

请示和受理单位，必须具有隶属关系或业务指导关系。

(二)请示的种类

1. 请求批准的请示

请求批准如涉及人员编制、经费预算、对重要事件的处理意见、领导班子调整等情况时，在提出本单位的处理意见和处理方案后，以求上级领导单位的审核批准。

2. 请求指示的请示

请求指示的请示是指请示单位在工作过程中出现不知如何妥善处理某个具体问题，而向上级领导机关说明相关情况或问题，以求上级机关给予指导和处理意见。

3. 请求批转的请示

请求批转的请示是请示单位针对本单位某个重大问题或情况所提出的意见和方案，或者是拟订的某项重要规章制度，请求上级领导单位批转在相关范围内执行的请示。

二、请示的写作与范例

请示包括标题、主送机关、正文和落款四个部分。

(一)标题

请示的标题有两种形式：

(1)发文机关+事由+文种，如《吉林省人民政府关于增拨防汛抢险救灾用油的请示》。

(2)事由+文种，如《关于加强人工影响天气工作的请示》。

(二)主送机关

主送机关是指负责受理和答复该文件的机关。

(三)正文

正文包括请示缘由、请示事项和结语三个部分。

1. 请示缘由

写明提出请示的缘由和政策依据，如果请示事件重大复杂，可分层列项将请示原因表述清楚。写作时注意要将请示原因要讲得客观具体，理由说得合理充分。

2. 请示事项

请示事项应分条列项地表述清楚，请求事项应明确、具体，以便领导批复或批转。另外，在说明本单位的建议和意见时，应对意见和方案进行具体说明和解释；如果可供选择的意见和方案较多，本单位应该有明确的态度。明确认为哪种更好并说明理由。

3. 结语

一般以"特此请示，请批复""以上请示妥否，请批示""以上请示如无不妥，请批转各地区、各部门贯彻执行"等句子作为结语。

（四）落款

在正文右下方，写上发文机关名称和成文日期。

福州市金融工作办公室关于设立连江县
金凤融资担保有限公司的请示

省经信委：

根据《融资性担保公司管理暂行办法》（中国银监会等七部委令〔2010〕3号）、《福建省人民政府关于建立健全政策性融资担保体系的若干意见》（闽政〔2016〕35号）、《福建省经济贸易委员会关于融资性担保公司设立（确认）和变更审批有关事项的通知》（闽经贸中小〔2010〕284号）等文件规定，连江县城市建设发展有限公司作为主发起人申请设立连江县金凤融资担保有限公司。

连江县金凤融资担保有限公司注册资本金：2亿元，股东及出资比例：连江县城市建设发展有限公司占股比例为100%，出资额为2亿元。经营范围：贷款担保、项目融资担保、其他融资性担保业务诉讼保全担保，投标担保、预付款担保、工程履约担保、尾付款如约偿付担保等履约担保业务，与担保业务有关的融资咨询、财务顾问等中介服务，以自有资金进行投资，监管部门规定的其他业务。营业地址：连江县凤城镇玉荷东路348号敖水绿洲2#楼2层201单元。

经福州市融资性担保公司设立（确认）和变更审批审核小组初审，连江县城市建设发展有限公司提交的设立连江县金凤融资担保有限公司申请材料符合申请条件，拟同意设立连江县金凤融资担保有限公司，现上报省经信委审批。

妥否，请批复。

福州市金融工作办公室

2017 年 6 月 19 日

资料来源：http://www.fuzhou.gov.cn/zfxxgkzl/sjrb/zfxxgkzl/gkml/yzdgkdqtxx/201706/t20170627_1541502.htm。

范 例

福州市工商局关于鼓楼区工商局报废摩托车的请示

福建省工商行政管理局：

福州市鼓楼区工商局于 2005 年 3 月购置摩托车六辆，车牌号和账面价值分别为：闽 A-U8030，1.28 万元；闽 A-U8009，1.28 万元；闽 A-U8016，1.28 万元；闽 A-U8015，1.28 万元；闽 A-U8023，0.91 万元；闽 A-U8027，0.91 万元，共计 6.94 万元。由于损坏严重，无维修价值，且福州市区二环内禁行摩托车，因此这六部摩托车现已停用，鼓楼区工商局研究后提出拟作报废处理。特具文提请省工商局同意予以报废。

当否，请批示。

福州市工商行政管理局

2014 年 3 月 28 日

资料来源：http://scjg.fuzhou.gov.cn/zfxxgkzl/gkml_32622/yzdgkdqtxx/201403/t20140331_1553198.htm。

三、报告与请示的异同

(一)相同点

报告与请示都属于上行文，都必须"用事实说话"。

(二)不同点

1. 职权范围不同

如果所写情况属发文机关职权范围之内,则用报告;如果所写情况超出发文机关的权限,须经主管上级批准后才能实施,则用"请示"。

2. 上级处置方式不同

对于报告,上级机关一般不专门行文作答复;而对于请示,上级机关必须作出答复。

3. 行文目的不同

撰写请示,一般是为了解决某一问题或者为得到上级机关的帮助,而报告则没有这个目的;请示只能一件事情一个请示,而报告中可以报告多件事情。

4. 行文时间不同

请示必须用于实施工作之前,而报告在事前、事情进行过程中和事后均可行文。

四、撰写请示应注意的问题

(一)不要越级请示和多头请示

请示应向直接上级机关请示,不要越级。如有特殊情况需要越级请示的,也应当抄送直接上级机关。使用请示时也不应多头请示,如果发文单位受双重领导,要根据请示内容的性质,主送一个上级领导机关,抄送一个领导机关。

(二)请示理由要充分、合理

在写作请示时,请示理由尤其重要。请示理由直接关系到上级机关对请示事项的态度和措施。因此,在撰写过程中应实事求是、态度诚恳地写明请示理由,既要直接又要充分,以引起上级机关重视。

(三)必须一文一事

一份请示中只能报请一件明确的事项,不可在一份请示中同时报请多项内容,这样不利于领导机关正确批复,以致耽误请示单位的工作时机。

(四)行文言辞和语气要得当

行文态度要恳切，语气要谦和。不可因为请示事项对请示单位的工作发展有重大利害关系或迫切需要完成，就态度强硬、语气坚决、蛮不讲理。行文语气应注意把握分寸，恰当得体。

(五)写好请示应换位思考

在写请示缘由时，必须跳出本单位思考的惯性，通过换位思考，站在上级的角度和视野，使请示的理由与上级的中心工作、战略目标、相关精神紧密相连。

第八节 报 告

报告是"适用于向上级机关汇报工作、反映情况，回复上级机关的询问"的文种。

一、报告的特点与种类

(一)报告的特点

1. 沟通性

不论是下级主动向上级汇报工作、反映情况，还是答复上级机关的询问，都是下级机关为了"下情上达"，沟通情况，以取得上级对本单位的工作指导。

2. 陈述性

报告的内容涉及事实、数据、资料等信息，表达方式大多使用叙述方式，直陈其事，不宜长篇大论讲道理。

3. 单向性

下级机关向上级机关单向行文。

4. 事后性

事前请示、事后报告。

(二)报告的种类

1. 按作用分类

按报告作用,可分为呈报性报告和呈转性报告。呈报性报告的主要内容是汇报工作,反映情况、提出意见和建议、答复询问等,不要求上级批复或批转;呈转性报告是针对工作中普遍存在的问题进行汇报并提出处理意见,向上级机关汇报并请求批转有关部门参照执行。

2. 按性质分类

按报告性质,可分为综合报告、专题报告、例行报告等。

3. 按内容分类

按报告内容,可分为工作报告、情况报告、建议报告、答复报告、报送报告等。

4. 按表达形式分类

按报告表达形式,可以分为专题性报告和综合性报告。专题性报告,只涉及某一个方面或者某一项事情;综合性报告,可以反映、汇报一个地区、系统、单位的全面工作情况。

二、报告的写作与范例

报告由标题、主送机关、正文和落款四个部分组成。

(一)标题

报告的标题有两种形式:

(1)发文机关+事由+文种,如《国务院关于确保国家粮食安全工作情况的报告》。

(2)事由+文种,如《生态文明建设情况的报告》。

(二)主送机关

主送机关是指负责受理报告的上级机关。

(三)正文

正文由报告缘由、报告事项和结语组成。

1. 报告缘由

报告缘由要交代报告的起因，或说明报告的目的、主旨、意义，再用"现将有关情况报告如下"承启下文。答复报告开头要先引述来函文号及询问的问题，然后过渡到下文，答复上级的询问。

2. 报告事项

将工作的主要情况、措施与结果，成效与存在的问题等分条列项地表述出来，写作时应注意逻辑清晰，层次明确。

3. 结语

通常以"特此报告""以上报告如有不当，请指示""以上报告如无不妥，请批转各地执行"等作为结语。

（四）落款

在正文右下方，写上发文机关名称和成文日期。

范 例

关于湖北、湖南、江西、安徽省
平垸行洪、退田还湖、移民建镇进展情况的报告

遵照国务院领导关于加强检查督促，认真总结经验的指示，6月1日至13日，我委组织调研组分赴湖北、湖南、江西、安徽省11个地（市）的22个县（市、区），现场考察了平垸行洪、退田还湖、移民建镇情况，走访了已经搬入新居的移民。现将有关情况报告如下：

一、工作进展情况（略）
二、主要做法和工作体会（略）
三、存在的问题和我们的建议（略）

各省下一步要切实做好垸内原有耕地的集中管理和综合开发利用，以充分利用资源，避免移民随意返耕、返迁，防止外地盲流和不法分子潜入，影响社

会安定。

国家发展与改革委员会

××××年6月29日(章)

资料来源:《高职高专应用写作(第二版)》(宋亦佳主编,中国财政经济出版社,2021年)。

三、撰写报告应注意的问题

(一)内容应实事求是

报告中所写情况、各类数据、资料都应实事求是,对问题和情况既不夸大也不缩小,以便让上级机关根据实际情况作出正确决策。

(二)注意及时报告

及时报告有助于上级机关在最短的时间内了解情况,明白下级单位面临的困难或工作进展程度,便于上级机关及时地作出指示和安排,方便下级机关更好、更稳妥地进行工作。

(三)突出重点

综合工作报告内容复杂,头绪较多,要明确中心、突出重点、点面结合、条理清楚。切忌"面面俱到",写成流水账。专项性的报告,要一事一报,不要在同一专题报告中反映几个不相干的事项和问题。

(四)正确使用文种

不能将报告写成请示,报告中不能夹带请示事项,也不要将报告提出的建议或意见当作请示以求上级指示或批准,因为上级机关对下级机关的报告可以不专门行文回复。如有需要请示的事项,应用"请示"单独行文。

第九节 函

函是"适用于不相隶属机关之间商洽工作、询问和答复问题、请求批准和答复审批事项"的文种。

一、函的特点及种类

(一)函的特点

1. 适用的广泛性

函既可用于不相隶属机关之间相互商洽工作，询问和答复问题，又可用于向主管部门请求批准事项及主管部门审批或答复事项。

2. 使用的简便性

函的使用简便灵活，形式精练简短，内容大多简约直接。

3. 内容的单一性

一函一事，简短明了。

(二)函的种类

1. 按性质分类

按性质，可分为公函和便函。公函按一般公文格式和要求行文；便函不属于正式公文，可不写标题、发文字号。

2. 按发文目的分类

按发文目的，可分为发函和复函。发函即主动提出公务事项所发出的函；复函则是为回复对方所发出的函。

3. 按内容和用途分类

按内容和用途可分为告知函、询问函、商洽函、委托函、请求批准函。

(1)告知函：用于平级或不相隶属机关之间相互告知事项或情况的函。

(2)询问函：用于机关单位之间提出问题或咨询某一情况的函。

(3)商洽函：用于平级或不相隶属机关之间商洽工作、联系有关事宜的函，如商调干部、联系参观学习、洽谈业务工作等。

(4)委托函：用于机关单位之间委托办理某一事项或代行某一职权，包括行政、经济、法律等方面的函。

(5)请求批准函：用于向无隶属关系的有关主管部门请求批准事项，如向工商行政部门申办商业执照、向财政部门申请批款、向教育部门申请社会办学等。

二、函的写作与范例

函由标题、主送机关、正文和落款四个部分组成。

(一)标题

函的标题有两种形式：

(1)发文机关+事由+文种，如《国务院办公厅关于同意南昌市承办 2011 年第七届全国城市运动会的函》。

(2)事由+文种，如《关于同意××研究院职工全额集资建房的函》。

(二)主送机关

主送机关即受理函件的机关单位，应写全称。

(三)正文

这里以去函、复函为例分别讲述。

1. 去函正文的写法

(1)说明去函的缘由。概括交代去函的目的、根据、原因等内容。措辞要让对方比较容易接受，以引起对方的注意。

(2)去函内容。写明要询问、联系、商洽的问题；告知发文单位具体情况，包括所作准备工作、己方条件、要求对方协助的事务等。

(3)结语。一般以"特此致函，盼复""盼复""请复"等语词作为结语。

2. 复函正文的写法

(1)引述来函标题和发文字号，后加"收悉"二字作为复函的引据。

(2)针对来函的要求，写明自己的意见和态度。如果同意，则写明下一步的工作步骤、方式等；如果不同意，应写明根据和缘由；如果事情较为复杂，一般用分条列项的方式表述清楚。

（3）结语，常用"此复""特此函复"等作为结束语。

（四）落款

在正文右下方，写上发文机关名称和成文日期。

范　例

福建省教育厅关于报送 2022 年法治政府建设情况的函

闽教便函〔2022〕1753 号

省司法厅：

根据贵厅《关于报送 2022 年法治政府建设情况的函》要求，现将我厅法治政府建设情况函报如下：

一、关于 2022 年工作情况

2022 年来，我厅坚持以习近平新时代中国特色社会主义思想为指导，认真学习宣传贯彻党的二十大精神，坚持以习近平法治思想为指引，深入学习贯彻落实党中央关于全面依法治国的决策部署，按照《法治政府建设实施纲要（2021—2025 年）》《法治政府建设与责任落实督察工作规定》要求，扎实推进依法行政、依法治教和依法治校工作，取得明显成效。在 2022 年全国教育工作会议上，我省以《福建省全面推进依法治教，保障教育高质量发展》为题，作了典型经验介绍；教育法治工作得到多位省领导批示肯定；中央依法治省办工作简报、中国教育报、教育部简报等先后对我省教育法治工作成效做了宣传报道。普法工作已连续五届荣获"全国学生学宪法讲宪法活动最佳组织奖"，并在历届全国大赛中取得优异成绩。

（一）提高站位，切实加强组织领导。深入贯彻落实习近平法治思想和中央有关决策部署，切实加强对法治政府建设工作的组织领导。一是省委教育工委书记、省教育厅党组书记、厅长林和平积极履行法治建设第一责任人职责，高度重视法治工作，将建设法治政府摆在教育工作的重要位置，认真贯彻落实中央和省委省政府关于法治政府建设的决策部署，亲自研究协调布置，统筹推进依法行政、依法治教、依法办学以及法治宣传教育等工作。二是建立并落实厅党组学习法律法规制度和厅机关干部学法用法制度，分别组织开展厅党组理论学习中心组学习扩大会议、全省教育系统依法治教和中小学依法治校培训、厅机关干部和高校领导法治工作培训，分层次、分类型、多形式进行法治工作培训。党的二十大闭幕后，厅党组于 12 月 6 日组织召开厅党组理论学习中心组学习会，专题学习《坚持全面依法治国，推动法治中国建设》一章，提高依法行政、依法治教和依法治校水平。三是坚持把法治建设作为衡量各级领导班子和领导干部工作实绩的重要内容，将"依法行政"纳入 2022 年度厅机关处室绩效考核指标体系，加强对法治政府建设进展情况的督促、检查和考评。在中共福建省委教育工作领导小组制定的贯彻落实《深化新时代教育评价改革总体方案》工作清单中，将"建立高校领导班子述法制度和学校法律顾问制度，以及学校法治工作情况纳入学校督导评价和评优评先的内容"，建立长效机制，在全省教育系统中推进法治工作。四是联合省司法厅建立法治建设合作协作机制，找准双方在法治领域的合力点，聚焦深入贯彻落实习近平法治思想、加强法治宣传教育、加大法治人才培养力度等重点工作，建立了合作协作机制，汇聚了加强教育法治工作的智慧和合力，形成了紧密交流的合作关系，为推动全省教育系统依法治教注入了新动能。此举在全国尚属首次。

（二）完善机制，坚持科学民主依法决策。（略）

（三）加大力度，广泛开展以宪法为核心的法治宣传教育。（略）

（四）依法治教，大力推进行政执法工作。（略）

（五）主动作为，加强政策和立法工作研究。（略）

（六）与时俱进，深入推进教育领域"放管服"改革。（略）

二、存在的主要问题

我厅在开展法治政府建设工作中做了大量工作，在普法教育、人才培养，特别是保障和规范我省教育改革发展中发挥了重要作用，虽然取得了一定成效，但也存在一些困难和问题。主要表现在：

（一）教育行政执法队伍有待加强。全省除了个别县（市、区）教育行政部门设有政策法规机构外，大多数县（市、区）教育行政部门没有专门的法治工作机构或者执法机构，法治工作一般由办公室或德育科、人事科、宣传科工作人员兼任，缺乏专业化的法治和执法队伍，工作力量比较薄弱。

（二）教育法律制度供给不充分。一些重要领域的立法还有空白，一些法律制度对各方面主体的权利、义务、责任划分不清晰、不精细，一些旧的法律制度已不能适应新的要求，一些法律法规多是原则性规定和倡导性条文，缺乏可操作性。

三、关于 2023 年工作计划

2023 年，我厅将坚持以习近平新时代中国特色社会主义思想为指导，深入学习宣传贯彻党的二十大精神，贯彻落实习近平法治思想，积极履职尽责，努力推动我省教育法治建设再上新台阶。

（一）深入学习贯彻落实党的二十大精神。坚持把学习贯彻党的二十大精神作为重大政治任务，组织广大干部深入学习宣传贯彻党的二十大精神，贯彻落实习近平法治思想，进一步增强对推进法治建设重要性的认识，根据新时代福建教育的需要，持之以恒推进教育法治建设。

（二）广泛开展法治宣传教育工作。全面落实《青少年法治教育大纲》和全省教育系统"八五"普法工作方案。推进习近平法治思想融入学校教育，纳入高校法治理论教学体系，做好进教材、进课堂、进头脑工作。常态化开展"12·4"国家宪法日和"宪法宣传周"活动，实现宪法宣传教育常态化。开展第八届全省学生"学宪法讲宪法"系列活动和"百名法学家百场报告会"高校专场，增强学生法治观念。

（三）大力推进教育法治和行政执法工作。将《福建省学校安全管理条例》《福建省老年教育条例》等纳入 2023 年省政府立法计划项目，加大《福建省学前教育条例》《福建省民办教育促进条例》立法调研。全面实行权责清单制度，加强规范性文件合法性审查和党内法规前置审查工作。加强教育行政执法能力建设，开展教育系统行政执法资格考试，进一步完善教育法规库。

（四）推动各级各类学校加强法治工作。开展高校法治工作测评和创建依法治校示范校，完善高校治理体系。落实教育部《中小学法治副校长聘任与管理办法》，进一步健全中小学法治副校长工作机制。推进青少年法治教育实践基地和法治资源教室建设，提升法治实践能力，推进"法治进校园"。

（五）不断深化教育领域"放管服"改革。大力推进教育部门政务服务"一网通办"和"小学入学一件事"集成服务改革。指导用好《福建省学校权力清单》，落实和扩大学校办学自主权。持续推进"互联网+监管""双随机一公开"等工作，提升事中事后监管水平。

福建省教育厅
2022 年 12 月 28 日

资料来源:http://jyt.fujian.gov.cn/xxgk/zywj/202301/t20230103_6086177.htm。

 范 例

国务院办公厅关于
扬州大运河博物馆冠名问题的函

国办函〔2020〕106 号

江苏省人民政府:

你省《关于批准在扬州建设中国大运河博物馆的请示》(苏政发〔2019〕66号)收悉。经国务院领导同志同意，现函复如下:

在扬州建设的大运河博物馆定名为"扬州中国大运河博物馆"。

国务院办公厅
2020 年 11 月 10 日

资料来源:https://www.gov.cn/zhengce/content/2020-11/19/content_556262 2.htm。

 范 例

国务院办公厅关于同意成立《湿地公约》
第十四届缔约方大会组织委员会和执行委员会的函

国办函〔2021〕113 号

湖北省人民政府，自然资源部、国家林草局:

自然资源部关于成立《湿地公约》第十四届缔约方大会组织委员会和执行委

员会的请示(自然资发〔2021〕138号)收悉。经国务院批准,现函复如下:

一、同意成立《湿地公约》第十四届缔约方大会组织委员会(以下简称组委会),主要职责是审定大会筹备方案,指导有关部门和地方政府开展大会筹备工作,研究决定大会筹备重大事项,邀请外国政府部级官员和国际组织高级别代表参会,完成党中央、国务院交办的其他事项。

组委会主任由自然资源部部长陆昊、湖北省省长王忠林担任,常务副主任由国家林草局局长关志鸥、湖北省副省长赵海山担任,副主任由外交部副部长马朝旭、国家林草局副局长李春良、武汉市市长程用文担任,委员由中央宣传部、国家发展改革委、教育部、科技部、工业和信息化部、公安部、安全部、财政部、生态环境部、住房城乡建设部、交通运输部、水利部、农业农村部、文化和旅游部、应急部、海关总署、国际发展合作署、中国科学院、中国气象局、中国民航局等部门及湖北省、武汉市有关负责同志担任。

二、同意成立《湿地公约》第十四届缔约方大会执行委员会(以下简称执委会),主要职责是在组委会领导下,组织实施大会各项具体筹备工作。执委会办公室设在国家林草局,执委会内设机构及人员组成等由组委会根据工作需要自行确定。

三、组委会成员如需调整,由所在单位提出意见报组委会批准。大会筹办有关任务完成后,组委会和执委会自动撤销。

国务院办公厅

2021年11月3日

资料来源:https://www.gov.cn/zhengce/content/2021-11-09/content_5649915.htm。

三、撰写函应注意的问题

(一)正确运用文种

注意请求批准函与请示、复函与批复的区别:函主要用于平级单位之间、不相隶属机关之间,以及业务上有主管和被主管关系的机关之间商洽工作和询问事项。请示则用于有隶属关系的上下级机关之间就业务工作进行请示。复函用于答复上级机关、平级机关和不相隶属机关的来函,没有指导性。批复则用来答复下级机关的请示，具有明显的指导性。

(二)内容简明扼要

撰写函时应注意简明扼要、开门见山、直陈其事，将需要商洽、联系和询问的问题写清楚；写作时注意层次分明，意思清晰，切忌绕弯兜圈，含糊其词，不知所云。

(三)用语得体规范

用语应当礼貌、得体、谦和。对上级单位去函一般用恳切的语气，但不能阿谀奉承；对平级单位去函，要用词恰当得体，不使用指示性、命令式的语言；对下级单位去函，语气要谦和，不可盛气凌人。

第十节　纪　　要

纪要是"适用于记载会议主要情况和议定事项"的文种。

一、纪要的特点与种类

(一)纪要的特点

1. 客观性

要求如实记载会议情况和议定事项，包括会议存在的分歧意见和问题等。

2. 提要性

纪要不是记录，要择要而记，即集中记录会议中的重要情况、研究决定的重大问题和决策意见，概括会议的主要精神；应具备高度的概括性。

3. 约束性

纪要作为文件一经下发，就会对受文单位和有关人员起到约束作用，受文单位和个人必须遵照执行。

4. 指导性

除凭证、备案作用之外，多数纪要还具有指导工作的作用。它要传达会议情况、会议精神，要求与会单位和相关部门以此为依据展开工作，落实会议的议定事项。

5. 内部性

纪要是反映会议情况和议定事项的内部文件，只印发参会单位和与会议有关的相关单位，不需要向社会公开。

(二)纪要的种类

1. 决策型纪要

这类纪要主要用于记载和反映决策层或领导班子所制定的重大决策事项，并作为一种历史资料备案，以文件形式发布后，对下级单位具有直接的指导作用。

2. 研讨型纪要

这类纪要主要用于记载和反映各类研讨会、专业部门会、经验交流会等会议的研究讨论情况，记载时主要是归纳总结、记录各方观点和意见。

3. 协商型纪要

这类纪要主要用于记载和反映政府间、政府部门间、政府与外部组织的协商情况，以便作为今后会谈各方执行工作的依据，具有约束作用。

二、纪要的写作和范例

纪要由标题、正文、落款三个部分构成。

(一)标题

纪要的标题由会议名称+文种组成，如《苏州市平江区人民政府常务会议纪要》。

(二)正文

纪要的正文由开头、主体和结尾组成。

1. 开头

写明会议召开的时间、地点、与会者、会议主持者、会议目的及要求、会议议程等。

2．主体

要反映会议的主要精神和成果，如会议所研究的问题、讨论的意见、分析的情况、作出的决定、提出的任务措施等；要在会议记录的基础上进行整理、归纳、分析和概括，通常用"会议认为""会议强调""会议提出""会议同意"等词语引出会议成果。一般采用分条列项、分门别类的表述方式将会议结果记录下来。写作时应忠于实际会议内容，不可随意删减，更不能将撰写者的意见加入其中。

3．结尾

一般是提出希望、号召。要求有关单位和人员认真贯彻会议精神，但是否需要发出号召要视具体情况而定。

（三）落款

在正文右下方，写上发文机关名称和成文日期。纪要不加盖公章。

案　例

最高人民法院　最高人民检察院　中国海警局
依法打击涉海砂违法犯罪座谈会纪要

党的二十大作出"发展海洋经济，保护海洋生态环境，加快建设海洋强国"的战略部署，将海洋强国建设作为推动中国式现代化的有机组成和重要任务。面对严峻复杂的海洋形势与国际形势，我国作为海洋贸易和航运大国，依法打击涉海洋违法犯罪活动，加快推进海洋法治建设，是深入学习贯彻习近平新时代中国特色社会主义思想，贯彻落实习近平生态文明思想和习近平法治思想，完善涉外法治体系的必然要求。2022年7月、2023年2月，最高人民法院、最高人民检察院、中国海警局先后在福建、广东、海南、浙江四省召开座谈会，分析研判当前涉海砂违法犯罪的严峻形势，总结交流办理涉海砂刑事案件的经验做法，研究探讨办案中的疑难问题，对人民法院、人民检察院、海警机构依法打击涉海砂违法犯罪、统一法律适用标准达成了共识。

会议指出，近年来，涉海砂违法犯罪活动高发多发，威胁海洋生态环境安全，催生海上黑恶势力，危害建筑工程安全，影响海上通航安全，具有较大的社会危害性。会议要求，各部门要切实提高政治站位，牢记"国之大者"，紧紧围绕党和国家工作大局，用最严格制度、最严密法治筑牢维护海洋生态环境和海砂资源安全的执法司法屏障。会议强调，各部门要正确理解和准确适用刑法和《最高人民法院、最高人民检察院关于办理非法采矿、破坏性采矿刑事案件适用法律若干问题的解释》（法释〔2016〕25号，以下简称《非法采矿解释》）、《最高人民法院关于充分发挥环境资源审判职能作用依法惩处盗采矿产资源犯罪的意见》（法发〔2022〕19号）等规定，坚持宽严相济刑事政策，统一执法司法尺度，依法加大对涉海砂违法犯罪的惩治力度，切实维护海洋生态环境和矿产资源安全。现形成纪要如下。

一、关于罪名适用（略）

二、关于主观故意认定（略）

三、关于下游行为的处理（略）

四、关于劳务人员的责任认定（略）

五、关于涉案海砂价格的认定（略）

六、关于涉案船舶、财物的处置（略）

七、关于加强协作配合与监督制约（略）

资料来源：https://www.court.gov.cn/fabu/xiangqing/402792.html。

三、撰写会议纪要应注意的问题

（一）突出重点

在写作过程中，要抓住会议的主要议题和主要会议结果，集中反映会议的主要精神，反映多数人的一致意见，对于少数人的意见或有分歧的意见，除学术性会议外，一般不写进会议纪要。

（二）善于归纳

在充分知晓会议目的、会议主题、会议过程、领导讲话精神和各方商谈情况的基础上，要对会议内容进行整理、归纳和提炼，使之条理化、理论化，但注意不可任意增删内容或有意粉饰、拔高。

(三)语言简洁

会议纪要须使用简洁、准确的语言，但注意不要因为追求简洁而简化会议内容。使用词语时还应注意准确性，如"与会代表一致认为""部分代表认为"等词的语意是有重要区别的。写作纪要时应注意会议过程的细节问题，本着负责的态度认真记录会议的整个过程。

本章小结

党政机关公文是机关的通用文书。结合大学生的特点，本书只介绍了九种常用公文：决定、公告、通告、通知、通报、请示、报告、函和纪要。

学习党政机关公文，首先，要熟悉并掌握相关的行文规则和公文的格式，做到格式符合标准、行文正确；其次，要根据所拟写的内容、行文关系，恰当地选择文种，拟好标题；再次，要准确选择主送单位和抄送单位；最后，要能够正确撰写公文，语言要准确、简明、得体。

作为在校学生，学习中最大的"拦路虎"是实践应用和语言运用问题。缺少必要的社会常识、社会实践，平时较少接触公文，使得学生难以准确选择文种；而对事务语体的感知、体会不深，运用不熟练，则很容易使写出的文章带有明显的文艺语体的特征，给人"四不像"的感觉。

针对这些问题，本章在介绍写作知识的基础上，编入了一些例文，目的在于让大家阅读范文，以对所学知识有所印证和掌握，增加感性认识，并借以熟悉公文的语言特点。

在公文写作中，有以下四类常见错误：

1. 标题常见的错误

(1)文种选用错误。

(2)文种混用。

(3)事由不明确。

(4)书名号使用不当。

(5)三要素省略不当。

2. 主送机关常见的错误

(1)多头请示。

（2）直接送领导者个人。

（3）标点符号使用错误。

（4）收文对象不明确。

3. 正文常见的错误

（1）缘由不明确。

（2）主旨不明确。

（3）主旨不单一。

（4）结束语使用错误。

（5）语言表达有语病：不明晰、不准确、不简朴、不庄重。

（6）正文数字的使用不符合规定。

（7）结构层次序数的使用不符合规定。

4. 落款常见的错误

（1）发文机关名称没有写全称。

（2）缺少印章。

希望通过对这些问题的分析，能够进一步提高大家的鉴别与写作能力。

多读、多练是提高应用写作水平的有效途径，希望学生能结合单元综合练习及社会实践，较快地掌握公文的写作方法。

综合练习

一、单项选择题

1. 制发公文的目的和要求，一般是由＿＿＿＿＿＿确定的。

A. 撰写者本人或团体　　　　　　B. 机关党政负责人

C. 行文对象及行文内容　　　　　D. 作者的上级机关

2. 向级别与本机关相同的有关主管部门请求批准某事项应使用＿＿＿＿＿＿。

A. 请示　　　　　B. 报告　　　　　C. 函　　　　　D. 请示报告

3. 同级或不相隶属的机关之间相互行文时应采取＿＿＿＿＿＿的行文方式。

A. 逐级行文　　　　　　　　　　B. 直接行文

C. 多级行文　　　　　　　　　　D. 越级行文

4. 转发下级机关公文应用＿＿＿＿＿＿。

A. 指示性通知　　　　　　　　B. 知照性通知

C. 转发性通知　　　　　　　　D. 批转性通知

5. 受双重领导的下级机关向上行文，应当_____。

A. 给两个领导机关主送公文

B. 给负责答复的领导机关主送，另一领导机关抄送

C. 越级给更上一级机关行文，两个机关均为抄送

D. 任选其一主送，另一抄送

6. 给下级机关或本系统的重要行文，应同时抄送_____。

A. 上级机关　　　　　　　　　B. 直接上级机关和各直接下级机关

C. 直接上级机关　　　　　　　D. 其他下级机关

7. 请示可以抄送给_____。

A. 主送机关之外的其他领导机关　B. 本机关的下级机关

C. 其他比本机关级别低的机关　　D. 本机关的同级机关

8. 能够以机关名义向上级机关负责人报送文件的情况是_____。

A. 撰写的报告　　　　　　　　B. 撰写的请示

C. 上级领导直接交办的事项　　D. 撰写的意见

9. 下列不能联合行文的情况是_____。

A. 同级政府　　　　　　　　　B. 同级政府与党委

C. 政府部门与同级人民团体　　D. 政府与其下一级政府

10. 下列属于公文的文头部分的项目是_____。

A. 发文机关　　　　　　　　　B. 主送机关

C. 抄送机关　　　　　　　　　D. 印发机关

11. 落款发文机关应使用_____。

A. 全称或规范化简称　　　　　B. 规范化简称或规范化统称

C. 全称或规范化统称　　　　　D. 非规范简称

12. 发文字号指_____。

A. 文件印刷的份数序号　　　　B. 文件格式的代码

C. 文件收文标识　　　　　　　D. 由发文机关编制的该年度发文序号

13. 需要标识签发人的是_____。

A. 令、会议记录和批复　　　　B. 报告、请示和上行的意见

C. 函、通知、通报　　　　　　D. 公告和通告

党政机关公文

14. 发文字号中的年度括号是_____。

A. 方括号　　　　B. 六角括号　　　C. 大括号　　　D. 圆括号

15. 公文的主送机关指_____。

A. 负责办理和答复的受文机关　　　B. 上级机关

C. 收文机关　　　　　　　　　　　D. 同级机关

16. "附件说明"指_____。

A. 对文件进行的补充说明部分

B. 对文件正文进行的补充说明部分

C. 文件的附注

D. 对随文发送的文件或材料所作的简要说明

17. 成文日期指_____。

A. 公文生效的日期　　　　　　　B. 完成稿件的日期

C. 文件发出的日期　　　　　　　D. 开始撰稿的日期

18. 抄送机关指_____。

A. 下级机关　　　　　　　　　　B. 有必要了解公文内容的机关

C. 同级机关　　　　　　　　　　D. 多级上级机关

19. 公文用纸应采用_____。

A. 16 开型　　　B. A3 型　　　C. B5 型　　　D. A4 型

20. 批转下级公文，应使用_____。

A. 函　　　　　B. 通知　　　　C. 通报　　　　D. 意见

21. 要求下级机关办理有关事项，应使用_____。

A. 函　　　　　B. 通知　　　　C. 通报　　　　D. 意见

22. 任免一般干部，应使用_____。

A. 函　　　　　B. 通知　　　　C. 通报　　　　D. 意见

23. 传达重要精神或情况，应使用_____。

A. 函　　　　　B. 通知　　　　C. 通报　　　　D. 意见

24. 答复上级机关的询问，应使用_____。

A. 报告　　　　B. 通报　　　　C. 意见　　　　D. 请示

25. 撰写请示必须_____。

A. 一文一事　　　　　　　　　　B. 与报告合用

C. 用于汇报工作情况　　　　　　D. 用于通知事项

105

26. 向无隶属关系机关请求批准事项，应使用_____。

A. 请示　　　　B. 意见　　　　C. 通告　　　　D. 函

27. 用以答复下级机关的请示事项，应使用_____。

A. 通知　　　　B. 通报　　　　C. 意见　　　　D. 批复

28. 传达会议情况，应使用_____。

A. 通知　　　　　　　　　　B. 通报

C. 会议记录　　　　　　　　D. 纪要

29. 公文标题中除法规、_____名称加书名号外，一般不用标点符号。

A. 规章　　　　B. 指令　　　　C. 公告　　　　D. 决定

30. 按公文的行文方向来划分，"请示""报告"属于_____。

A. 上行文　　　　　　　　　B. 下行文

C. 平行文　　　　　　　　　D. 上下行都可以

二、多项选择题

1. 公文的主要功能是_____。

A. 实施领导　　B. 履行职能　　C. 处理公务　　D. 答复问题

2. 能够联合行文的机关是_____。

A. 同级政府　　　　　　　　B. 同级政府各部门

C. 上级政府部门与下一级政府　D. 上级政府部门与下一级政府部门

3. 下列几种文体中，具有公文法定效用的有_____。

A. 倡议书　　　B. 意见　　　　C. 函　　　　　D. 启事

4. 对于成文日期，以_____为准。

A. 一般文件以领导人签发日期

B. 会议文件以讨论通过日期

C. 联合发文以最后签发的领导人签发

D. 电报以发出的日期

5. 公文的主要特点有_____。

A. 鲜明的政治性　　　　　　B. 体式的规范性

C. 制发的程序性　　　　　　D. 作者法定的权威性

6. 适合请示的事项有_____。

A. 向上级汇报工作情况，请求上级指导

B. 下级无权解决或无力解决的问题，请求上级机关作出指示或帮助解决

C. 按规定不能自行处理，应经上级批准的事项

D. 工作中出现的一些涉及面广而下级无法独立解决必须请求上级机关协调和帮助的问题

7. 请示应当_____。

A. 一文一事

B. 抄送下级机关

C. 一般只写一个主送机关

D. 不考虑上级机关的审批权限和承受能力

8. 下列事项中，应该用请示行文的有_____。

A. ××县教育局拟行文请求上级拨款重建被洪水冲毁的学校

B. ××县政府拟行文向上级汇报本县旱情

C. ××集团公司拟行文请求上级批准引进牛奶加工自动化生产线

D. ××市政府拟行文向上级反映今年夏收工作情况

9. 下列标题中正确的有_____。

A. ××县人民政府关于解决新开发区原住户搬迁经费的请示

B. ××分公司关于请求批准开发新产品的报告

C. ××县人民政府关于请求将××风景区列为省级自然保护区的请示报告

D. ××公司关于解决生产车间用地的请示

10. 通报的主要特点是_____。

A. 教育性
B. 启示性
C. 指导性
D. 时效性

三、判断题

1. ××市政府拟用批转性通知把市卫生局《关于做好灾后防疫病工作的意见》发给下级机关。

判断：

理由：

2. 为避免文件"满天飞"的现象，可以集中几件事一次性向上级机关请示。

判断：

理由：

3. 报告中不得夹带请示事项，但有一种请示性报告，叫"请示报告"，可夹带请示事项。

判断：

理由：

4. 为提高办事效率，不必每一份文件都经过领导签发。

判断：

理由：

5. ××大学申请举办高级秘书研修班的报告。

判断：

理由：

6. 工作报告应在工作开始之前写，以求得上级领导的指导。

判断：

理由：

7. 通报用于反映新情况、新问题，行文强调及时快捷。

判断：

理由：

8. ××区人社局关于商洽联合举办公务员知识培训班问题，给××学院发函。

判断：

理由：

四、应用单项选择题

(一)给下面标题填写文种

1. ××大学关于增加财政拨款的_____。

A. 报告　　　　B. 请示　　　　C. 意见　　　　D. 函

2. ××市高教局关于同意××大学增加财政拨款的_____。

A. 报告　　　　B. 请示　　　　C. 批复　　　　D. 复函

3. ××市教育局关于××××年中考情况的_____。

A. 通知　　　　B. 意见　　　　C. 通报　　　　D. 通知

4. ××研究所关于召开××科研项目的规划会议的_____。

A. 通知　　　　B. 通报　　　　C. 请示　　　　D. 报告

5. ××省农业农村厅关于××××年度农村工作座谈会_____。

A. 通知　　　　B. 通报　　　　C. 纪要　　　　D. 报告

(二)分析下面公文标题的错误

1. ××厂关于购置××设备的申请　　　　　　　　　　　(　　)

A. 文种不正确　　　　　　　B. 事由不全面

C. 事由不明确,有歧义　　　D. 事由语序有错误

2. ××食品厂关于召开加强成品检验工作的通知　　　　(　　)

A. 文种不正确　　　　　　　B. 事由不全面

C. 事由语序有错误　　　　　D. 缺少"会议"二字

3. 关于举办第三期营销培训班的请示报告　　　　　　　(　　)

A. 文种不正确　　　　　　　B. 事由不全面

C. 事由不明确,有歧义　　　D. 事由语序有错误

(三)分析下面事例的错误

某县与其所属的企业管理处联合发文,就乡镇企业占用耕地一事发出通知。

(　　)

A. 文种使用错误,应使用决定

B. 违反联合发文的行文规则

C. 文种使用错误,应使用通报

D. 文种使用错误,应使用意见

五、写作训练题

(一)根据下列素材拟写文件标题。

1. 国务院同意文化和旅游部《关于加强旅游行业管理若干问题的请示》,并批示转发给各省、自治区、直辖市人民政府和国务院各部委贯彻执行。

2. ××省委定于××××年×月召开全省统战工作研讨会,特发文告知与会者所在单位。

3. 为了培养高级文秘人才,××大学准备从××××年×月起增设高级文秘专业,为此,向该省教育主管部门行文请求批准。

4. ××市人民政府为了美化环境,提高本市绿化水平,适应现代化城市建设的需要,拟在市中心修建一座具有一定规模的街心公园,为此行文至××省

人民政府，请求批准。

5. ××区人社局就商洽合作举办军转干部培训班问题致函给××区成人教育局。

6. 为了将××地区珠算协会会议基本情况、主要精神和决定事项，向上级机关作汇报并向与会单位传达贯彻，在会议记录及其他会议文件的基础上加工整理出正式文件。

7. 学校保安王××恪尽职守、智擒盗贼，保护了学校的财产安全，学校发文表彰他的事迹。

8. ××市财政局回文，批准该文化局申请拨款购买图书一事。

(二)指出下列公文中的错误，并加以修改。

病文 1：

××县关于召开经济工作会议的通知

各镇(乡)局(行)厂矿：

为总结经验，加速振兴我县经济的步伐，县政府决定在本月中旬召开经济工作会议，现将有关事项通知如下：

(一)参加会议人员为各单位主管经济工作的主要负责人；

(二)参加会议人员应认真准备有关经济工作情况及今后工作打算的材料，以便在会上汇报或交流；

(三)参会人员应带齐日常生活用品及伙食费，并于 15 日 15 时到县政府报到；

(四)会议结束后，将布置今年下半年的工作安排。以上通知，希遵照执行。

××县人民政府办公室
二〇二〇年五月

病文 2：

关于增拨办税大厅基建经费的请示

××省人民政府、××省长：

2019 年 11 月，我局派出调查组到××市税务局学习考察其办税大厅的建设情况。调查组认为办税大厅功能较齐全，适应税收征管模式的改革，方便纳税人缴纳税款。为此我局于 2020 年决定建办税大厅，并得到省人民政府的支持，在×府〔2020〕×号文"关于拨款修建办税大厅的批复"中，拨给我局 350 万元，此项资金已专款专用。

但由于建筑材料涨价，原预算资金缺口较大，恳请省人民政府拨款给不足部分，否则将影响办税大厅的竣工及我省税收任务的完成。

特此请示报告。

×× 省税务局

2020 年 10 月 10 日

六、写作练习

1. ×× 省外资局拟于 ×× 年 12 月 10 日派考察组（局长 ××× 等 5 人）到美国纽约市 ×× 设备公司检验引进设备。此事需向省政府请示。该局曾与对方签订过引进设备的合同，最近对方又来电邀请前去考察。在美考察时间需 20 天，所需外汇由该局自行解决。各项费用预算，可列详表。根据上述材料，拟写一份公文。

2. 2012 年 8 月 15 日，×× 市商业银行遭到一伙歹徒袭击抢劫。在国家财产安全受到严重威胁时，银行值班人员赵 ××、钱 ××、×× 区公安分局孙 ××、李 ×× 奋勇当先，临危不惧，与歹徒进行了殊死搏斗。孙 ××、李 ×× 在与歹徒的搏斗中受伤，最后赵 ××、钱 ×× 协助公安干警将歹徒全部制伏。为了表彰他们的英雄行为，×× 市人民政府决定给予 ×× 区公安分局孙 ××、李 ×× 等各记大功一次，授予 ×× 市商业银行职工赵 ××、钱 ×× "英勇斗争先进个人"称号，并给予奖励各 5000 元。请根据上述材料，以 ×× 市人民政府的名义写一份通报。

3. 根据下面提供的材料，请以 ×× 市商业局的名义向 ×× 省商务厅起草一份报告。

(1) 20×× 年 2 月 20 日上午 9 点 20 分，×× 市 ×× 百货大楼发生重大火灾事故。

(2) 事故后果：未造成人员伤亡，但烧毁三层楼房一幢及大部分商品，直接经济损失 792 万元。

(3)施救情况：事故发生后，市消防队出动 15 辆消防车，经过 4 个小时，才将大火扑灭。

(4)事故原因：直接原因是电焊工××违章作业，在一楼铁窗架电焊致使火花溅到易燃货品上引起火灾，但也与××××百货公司管理局及员工安全思想模糊、公司安全制度未落实、许多安全隐患长期得不到解决有关。

(5)善后处理：市商业局副局长带领有关人员赶到现场调查处理；市人民政府召开紧急防火电话会议；市委、市政府对有关人员视情节轻重，作了相应处理。

4. 根据下列素材拟写文件。要求：格式规范，内容具体，表达准确，简练通畅，语气得体。

(1)北国超市教育培训部主任对身为秘书的你说："小×，咱们超市因扩大经营，急需培训 30 名收银员。××学院会计系培训收银员素有经验，你来写正式文书，请他们给办个培训班吧。记着格式一定要规范啊。"

(2)××学院接到《北国超市关于培训收银员的商洽函》(北超函字〔2013〕5号)文件后，同意为其开办培训班，请你以该院名义回复北国超市。

第三章 事务文书

·了解事务文书各文种的概念、特点、作用、种类，重点理解和掌握其内容格式、写作要求。

·坚持理论联系实际的学习原则，多读例文、多分析、多练习，达到学以致用的目的。

第一节　计　　划

计划是党政机关、企事业单位、社会团体及个人在一定时期内，为了达到某种目标或完成特定的任务，事先拟订出具体措施和行动步骤的一种书面文件。

一、计划的特点与种类

(一)计划的特点

1. 预见性

计划是针对未来一段时间内的目标、任务而设计出的行动方案，也即为了达到目标和完成任务而设计出的行动方案。它是撰写单位、部门结合自身情况和国家政策、法规环境状况，对未来一段时间内可能出现的情况的预见。

2. 指导性

计划是为了完成任务、达到既定目标而制订的方案，它本身就具有指导性，其确定的步骤、方法、措施等，无一不服务于最终目标。因此，计划的制订总是在指引着执行者，按照目标所需的步骤、方法、措施来操作、执行。

3. 可行性

一份好的计划是按照制订者的自身状况、国家政策法规环境以及预见在未来发展中可能出现的种种变化而撰写的，它的制订是为了在特定时间内完成特定目标或任务。如果计划的制订脱离了实际情况，必然导致实施过程中困难重重，使工作进展延误，最终计划设定的目标和任务会无法顺利达成。因此，根据实际情况来制订计划，提出具体可行的步骤、方法、措施，是保证计划有效的必要条件之一。

4. 约束性

计划一旦确定并公布实施，就对特定的对象具有约束性。计划对于对象的约束性体现在其工作的方方面面，如果这种约束性由于约束对象拒不执行而得不到保证，计划就失去了制订的意义和价值，势必对目标、任务的顺利达成造成不可忽视的影响。但也有一些情况使得计划的执行必须作出改变，比如突发事件的发生、不可抗因素的存在等。

(二)计划的种类

1. 按计划的时间分类

按时间的长短，可分为长期计划、中期计划和短期计划。长期计划一般是五年，如我国的"十二五""十三五""十四五"规划等，均是长期计划，每期五年；中期计划一般是三年；短期计划一般是一年或一年之内，如年度计划、季度计划和月度计划。

2. 按计划的性质分类

按性质不同，可分为综合性计划和单项性计划。综合性计划是针对一定区域在一定时期内总体工作目标作出的计划，例如国民经济计划；单项性计划是针对某一单位、某一部门或系统的某一具体任务、项目等作出的计划，如水质净化计划。

3. 按计划的内容分类

按内容不同，可分为工作计划、生产计划、销售计划、学习计划、科研计划等。

4. 按计划的使用范围分类

按使用范围不同，可分为国家计划、地区计划、部门计划、单位计划和个人计划等。

二、计划的写作与范例

计划由标题、正文、落款三个部分组成。

(一)标题

计划的标题有如下四种写法:

(1)单位+时间+内容+文种,如《××市××××年农产品加工产业化推进计划》。

(2)时间+内容+文种,如《××××年第二季度销售计划》。

(3)时间+文种,如《××××年第二季度计划》。

(4)直接写文种,如《计划》。

(二)正文

计划的正文一般包括以下三个部分。

1. 前言

前言是一篇计划的开头部分,它的主要作用是表明计划制订的背景、指导思想和原则,交代计划制订的依据和基本情况等。

2. 任务和要求

计划所要达到的目标就是所要完成的任务,是解决"做什么"的问题,它是计划制订的依据。计划的主要内容,包括它的步骤、方式、标准、要求等,都是依据目标作出的,因此目标的制订至关重要。根据各行业、部门的不同,目标的表述方式也会有所不同。其主要有定性与定量两种写法,也可将两种方法结合起来写。在提出计划的要求时,可以采用先总后分的方式,也就是先提出总的要求,然后将其分解为若干个具体的要求。

3. 措施、步骤和方法

措施是针对某些预期问题采取的具体办法,步骤、方法则是为了保障计划目标的顺利达成,必须提前作出的程序和时间安排,可以采用分条列项的表述方式。提出的措施应具体明确,步骤和方法应具有可行性。计划的制订应该有助于人们对总的目标和阶段性的目标做到心中有数。同时,根据计划提出的措施、步骤、方法循序渐进地达成目标、任务。

(三)落款

落款处应填写计划制订单位、部门的名称或者个人的姓名并填写日期，如果在计划标题中已经明确标出了名称，则只需书写日期。

湖北省5G+工业互联网融合发展行动计划(2021—2023年)

为深化新一代信息技术与制造业融合发展，加快推动数字产业化、产业数字化，加快培育形成我省5G与工业互联网融合叠加、互促共进、倍增发展的创新态势，奋力打造5G+工业互联网发展新高地，助力制造业集群化、高端化、数字化、融合化、绿色化发展，制定本行动计划。

一、发展目标

坚持5G+工业互联网融合创新、深度赋能，通过实施"3357"计划(启动3大行动、构建3张信息网络、提升5项产业能力、重点打造7类应用场景)，力争到2023年，全省网络基础设施、产业能力体系、应用场景示范取得明显成效，初步建成全国前列、中部领先的5G+工业互联网融合创新发展新高地。

网络基础设施进一步优化。全省5G宏基站数量达到10万个，实现县以上中心城区、重点区域、重点行业的全覆盖。加快行业龙头企业内网升级改造，建设一批5G全连接工厂。完善工业互联网标识解析体系，新建15个二级节点，武汉顶级节点标识注册量达到100亿个。

产业支撑能力进一步提升。面向工业场景高实时、高可靠、高精度的需求，着力突破一批5G关键技术，加快5G+工业互联网融合产品研发和产业化。培育一批5G产业链优秀企业，建设50家企业级、行业级工业互联网平台，力争建设1~2家国家级双跨平台。提高数据驱动能力，开发一批优质高效的工业APP。创建5个左右省级、国家级5G+工业互联网融合应用先导区。

应用示范引领进一步增强。服务构建以先进制造业为主导的现代产业体系，围绕我省"51020"现代产业集群，挖掘一批5G+工业互联网典型应用场景，打造 40 个技术先进、效果明显、易于推广的 5G+工业互联网优秀应用案例。持续开展"云行荆楚"活动，新增上云标杆企业 150 家，上云工业企业达到 6 万家。

二、主要任务

(一)实施网络设施强基行动。

1. 加快 5G 网络建设。以交通枢纽、体育场馆、旅游景点等人流密集区域和经开区、高新区、国家新型工业化产业示范基地等产业密集区域为重点，加强 5G 基站建设布局。协同推进 5G 承载网、核心网建设，加速 5G 独立组网(SA)规模商用，建成覆盖广、速率高、体验好的 5G 精品网。(责任单位：省通信管理局、省经信厅，基础电信运营商，各市州县人民政府)

2. 推动企业内外网升级改造。鼓励基础电信运营商、信息技术企业与工业企业对接合作，加快工业设备数字化改造和企业(园区)网络优化升级。对工业现场"聋设备""哑设备"进行网络互联能力改造，支撑多元工业数据采集。综合运用 5G、SDN(软件定义网络)、TSN(时间敏感网络)、PON(工业无源光网络)、MEC(移动边缘计算)等技术进行内网升级，建设 5G 全连接工厂。鼓励大型龙头企业建设 5G 专网。协同推进"双千兆"网络建设，开展园区网络"全光化"升级，打造高质量企业外网。(责任单位：省经信厅、省通信管理局，基础电信运营商，各市州县人民政府)

3. 完善工业互联网标识解析体系。强化武汉顶级节点对标识、域名等网络基础资源的支撑能力，探索与 5G、区块链等技术的融合创新，加快星火·链网超级节点建设。引导省内二级节点加快运营推广，进一步推动产业链上下游企业接入节点。激发市场积极性，鼓励化工、生物医药、电力、物流、广电等重点领域企业新建一批二级节点。建设湖北省工业互联网标识解析综合应用平台，提升标识应用价值，发掘一批基于标识解析的高效协同、供需对接、产品追溯、供应链管理、全生命周期管理等典型场景，打造行业领先的标识解析标杆应用。(责任单位：省通信管理局、省经信厅、省市场监管局，各市州县人民政府)

(二)实施产业能力提升行动。(略)

(三)实施融合应用示范行动。(略)

三、保障措施

(一)强化统筹协调。由省经信厅、省通信管理局统筹协调，定期召开专题会议研究，强化部门间协作，制定 5G+工业互联网重大政策，协调解决重大问题，督促重点工程建设，强化运行监测调度。加强省、市、县在 5G+工业互联网领域的合作，强化省市联动，形成推进合力。成立 5G+工业互联网战略咨询专家委员会，对产业发展中的战略性、前瞻性问题进行指导和决策支撑。(责任单位：省经信厅、省发改委、省通信管理局、省市场监管局，各市州县人民政府)

（二）加强人才支撑。(略)

（三）加大政策支持。(略)

（四）营造发展氛围。(略)

资料来源：http://www.hubei.gov.cn/zfwj/ezbf/202201/t20220129_3986835.shtml。

三、撰写计划应注意的问题

(一)按照程序制订计划

无论做什么事，要做得好，都要讲究程序问题，制订计划也不例外。一般来说，制订计划的程序有三个阶段。

1. 调查研究阶段

制订计划，首先要进行调查，充分掌握实际情况，收集有关资料，听取各方面的意见，在此基础上进行研究。如果是制订长期计划，还要组成专门班子，由单位主要负责人牵头，邀请相关专家参加。在调查研究的基础上确定计划的目标、任务、要求，再根据目标、任务、要求制订具体的措施、办法、步骤。

2. 草拟、征求意见、审议阶段

在调查研究的基础上，开始指定专门人员拟订计划草案。第一步详细列出计划草案纲要，经领导班子讨论并通过；第二步起草计划；第三步将计划草案打印成册，分别交领导和专家讨论、审议；第四步是将修改过的计划印发所辖单位广泛征求意见，并收集整理这些意见，交领导班子审议。

3. 修改、定稿阶段

计划在每次征求意见后都会进行修改。无论是征求专家的意见，还是征求群众的意见，每征求一次意见就修改一次。对征求得来的意见在进行分析、研

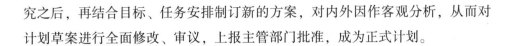

究之后，再结合目标、任务安排制订新的方案，对内外因作客观分析，从而对计划草案进行全面修改、审议，上报主管部门批准，成为正式计划。

(二)按照原则制订计划

1. 可实现性原则

制订计划应考虑确立的目标能否达到，安排的任务能否完成；否则，不仅造成人力、物力、财力的浪费，而且会挫伤群众的积极性，甚至失去民心，因此，制订计划要遵循可实现性原则。

2. 整体性原则

制订计划要遵循整体性原则，就是要有"一盘棋"的思想，即局部服从全局，下级服从上级。整体性原则，又被称为最优化原则。它体现为处理好中短期计划与长期计划的关系、局部计划与全局计划的关系、下级计划与上级计划的关系。上级计划或局部计划应依照上级或全局计划制订；当然，全局计划不是各局部计划的简单相加，而应是一种优化组合，各子系统之间功能搭配合作，协调运作，就会使整体效能最大化。

3. 可操作性原则

计划是为完成任务、实现目标而制订的行动方案。它一经制订、公布，制订计划的单位、上下各部门就必须按计划行事。因此。在计划中，无论是任务、指标、措施、步骤、办法，还是资金的使用、人员的分工、完成期限等，必须写得明确具体，具有可操作性，既要便于执行、落实计划，又要便于检查督促，有所凭据和依托。

四、为计划"正名"

在现有的应用文写作教材中。关于"计划"普遍存在着一个值得商榷的问题：什么是计划？这些教材除把"计划"解释为"安排""意见""打算"外，还有"设想""方案""要点""规划"等提法。具体问题应具体分析，将上述七种解释都等同于"计划"，是不妥的。

(一)"规划"与"计划"有明显的区别

"规划"与"计划"有明显的区别：在时间上，"计划"一般是五年以内的，而"规划"是五年以上的；在内容上，"计划"较具体，可操作性强，而"规划"则比较概括，宏观性、原则性较强，不适于具体操作。因此，"计划"和"规划"是既有联系又有区别的两种不同的文体。一般说来，可以依据"规划"来制订"计划"，但绝没有依据"计划"而制订"规划"的。

（二）"设想"不是"计划"

"设想"不是"计划"。"计划"是在调查研究的基础上，依据确定的目标或任务进行认真研讨而形成的，不仅具有严肃性，而且具有指令性。对于做什么、怎么做、什么时间完成、达到什么标准、取得什么目的，"计划"都很具体、很清楚。"计划"一经公布，就必须执行，没有特殊情况不能变更。"设想"只处于想象、假想的阶段，没有经过科学的论证，绝不能作为"计划"。

（三）"意见"的两层含义

"意见"有两层含义：一是作为一种文种，适用于对重要问题提出见解和处理办法，它与"计划"同是应用文中不同的两种文体，不能合二为一。二是单位首长或领导班子对某一事情提出的看法或想法，或是上级向下级布置一定阶段的工作任务时提出的要求或指导性意见，这也不是"计划"。

（四）"要点"与"计划"是两个不同范畴的概念

"要点"不是"计划"。《现代汉语词典》对"要点"的解释是："讲话或文章等的主要内容。"由此看来，"要点"不是应用文的一种，"计划"应有的系统性、可操作性等主要特征在"要点"中根本没有。

（五）"安排"和"打算"不是文种

"安排"和"打算"称不上是文种，尤其是"打算"，它只能算是一种"想法""考虑"，与"计划"特有的科学性、可行性、系统性等相去甚远。

（六）真正与"计划"相似的是"方案"

真正与"计划"相似的是"方案"。在日常工作中，"计划"与"方案"也可以互用，如"行动计划""作战计划"亦可称为"行动方案""作战方案"。

"计划"是国家各级行政管理机关、各党派社会团体、企事业单位或个人，在一定时期内，为达到预期目标或为完成特定的任务而事先制订的方案。由此可知，计划是由目标或任务而引起的，是目标或任务的具体化。也就是说，需要对实现目标的途径、措施、步骤、方法、手段等作出具体的设计，因此，"计划"应具有针对性、可行性、科学预见性，三者有机结合。"计划"一经公布，就具有确定性、指令性和指导性，这是"打算""设想""要点"等不具备的。因此，目前很多的应用文写作教材把上述几种"文体"列入"计划"，是不规范的，也是缺乏理论依据的。

第二节　策　划　书

根据已经掌握的相关信息，推测判断事物发展趋势，分析需要解决的问题和主客观条件，在行动之前，对指导思想、目标、对象、方针、政策、战略、策略、途径、步骤、人员安排、时空利用、经费开支、方式方法等作出构思和设计，并形成系统、完整的方案，就叫作策划。简言之，策划就是为行动谋划方案。而由此形成的书面文件，便称为策划书或策划案，有时也简称为策划。

一、策划书的特点与种类

(一)策划书的特点及作用

在现代社会中，任何成功的活动都离不开高水平的策划。具体地讲，策划的特点有以下三个方面。

1. 策划是实践活动取得成功的保证

"凡事预则立，不预则废。"预，是指预备、准备、策划。策划的过程，就是认识、分析客观现实，发挥人的主观能动性的过程。建立在科学基础上的策划，能使人的主观意志更加符合客观现实；同时，为人们的行动提供一个指南和纲领，使之不再是盲目的、紊乱的，而是有计划、有步骤、有方法的。策划提供的纲领能指引人们的实践行为走向成功。

2. 策划可以增强竞争力

在策划过程中，人们要对事物的发展趋势、自身的主观条件等进行分析，明确自己的努力方向和目标；既要符合客观实际，又要有所创新，回避和克服各种不利因素，优化组合各种有利因素，使这些因素、资源发挥更大的效用，从而增强自身的竞争力。

3. 策划可以改善管理

一个好的策划，对改善内部管理起着积极的作用。策划的过程，是发现问题、寻找对策的过程，行动目标、战略、策略、途径、方法等都在这一过程中被提出，这些要素的确立对加强和改善内部管理是很有帮助的。

(二)策划书的种类

策划书按不同的标准，可分为不同的种类。按内容分，策划书有政治策划、文化策划、军事策划、企业策划等。其中各类又可分为若干小项，如文化策划又可以分为影视策划、图书出版策划、文艺演出策划、旅游活动策划、联欢会策划等；企业策划又可分为产品策划、广告策划、企业形象策划、营销策划等。

二、策划书的写作与范例

(一)策划书的组成部分

1. 策划书名称

策划书名称应置于页面中央。尽可能具体地写出策划书名称，如《×××✕年××月××大学××活动策划书》。

也可以使用正副标题的写法，如以"培训策划书"为正标题，以"××××年××月××公司全体营销人员第三期培训策划书"为副标题；或以"××公司第三期营销培训策划书"为正标题，以"于××××年××月以全体营销人员为对象"为副标题。

2. 活动背景

这部分内容首先应根据策划书的特点在以下项目中选取内容重点阐述。具体项目有：基本情况简介、主要执行对象、近期状况、组织部门、活动开展原因、社会影响，以及相关目的动机。其次应说明问题的环境特征，主要考虑环境的内在优势、弱点、机会及威胁等因素，对其做好全面的分析（SWOT 分析)，将内容重点放在环境分析的各项因素上，对过去及现在的情况进行详细的描述，并通过对情况的预测制订计划。如环境不明，则应该通过调查研究等方式进行分析并加以补充。

3. 活动目的、意义和目标

用简洁明了的语言将目的要点表述清楚。在陈述目的要点时，该活动的核心构成或策划的独到之处及由此产生的意义(经济效益、社会利益、媒体效应等)都应该明确写出。活动目标要具体化，并要满足重要性、可行性和时效性。

4. 资源需要

列出所需人力资源、物力资源，包括使用的地方(如教室或使用活动中心)都应详细列出。可以列为已有资源和需要资源两部分。

5. 活动开展

作为策划的正文部分，表现方式要简洁明了，使人容易理解，但表述方面要力求详尽，写出每一点能设想到的东西，不要遗漏。在此部分中，不仅仅局限于用文字表述，也可适当加入统计图表等；对策划的各工作项目，应按照时间的先后顺序排列，绘制实施时间表有助于方案核查。人员的组织配置、活动对象、相应权责及时间地点也应在这部分加以说明，执行的应变程序也应该在这部分加以考虑。

这里可以提供一些参考方面：会场布置、接待室、嘉宾座次、赞助方式、媒体支持、校园宣传、广告制作、主持、领导讲话、司仪、会场服务、电子背景、灯光、音响、摄像、信息联络、技术支持、秩序维持、衣着、指挥中心、现场气氛调节、接送车辆、活动后清理人员、合影、餐饮招待、后续联络等。

6. 经费预算

活动的各项费用在根据实际情况进行具体、周密的计算后，用清晰明了的形式列出。

7. 活动中应注意的问题及细节

内外环境的变化，不可避免地会给方案的执行带来一些不确定因素。因此，当环境变化时的应变措施，损失的概率是多少，造成的损失多大，应急措施等也应在策划中加以说明。

8. 活动负责人及主要参与者

注明组织者、参与者与嘉宾的姓名、单位(如果是小组策划应注明小组名称、负责人)。

(二)策划书的写作要求

1. 策划内容要简单明了且具体

策划书正文部分关于策划实施步骤、程序的说明，既要做到具体明确，便于操作，使执行者一看就能明白，又要在表达上力求简单明了，必要时可适当地利用数字或加入一些图表来说明。

2. 要有效果与结果的预测

(1)策划的期待效果、预期效果：对于该策划实行之后所能期待的效果与预测可得到的效果，应尽可能依据足以信赖的根据来提出。同时，费用与效果所表示出来的效率，或对单位内外无形、有形的效果等，也要说清楚。

(2)对本策划问题症结的想法：不论什么策划，要达到完美是很困难的。对策划中出现的短处、问题症结不应回避，要在汇报中一一列明，并写明自己的想法。

(3)可供参考的策划案、文献、案例等：从说服的观点来看，可以把本单位或其他单位的成功例子，或文献上记载的成功案例拿来作为参考。

(4)如有第二、第三备选方案时，列出其概要：如果策划不止一个(其实这是更加科学的态度和做法)，在策划书中也应一并说明，以起到参考意义。

(5)对策划实施应注意之处及希望事项：策划书是以事实为前提编制的，有许多需要特别注意的事项，这些事项要做成备忘录，可有技巧地把它们整理出来附在策划书后面。

3. 同时准备第二方案、第三方案

当拟定策划书时，并没有硬性规定只能做一个策划案。对于同一个主题，同时作出两个或三个策划案也是可以的。当然，有时策划人员会过于自信，认为自己的工作是完美无缺的。但从企业的实践来看，在对策划进行审查时，一定会有各种不同的意见出现，所以事先准备替代方案是明智的。

有经验的策划者会预测审查者可能会提出的反对意见，或者先摸清审查者的习惯，然后再准备第二方案、第三方案。万一第一方案、第二方案都未通过，还可以利用最后一套方案来达到目的。总之，与其让第一方案一遭否决，不如事先准备好后备方案，以提高成功的概率。

4. 突出重点，切忌面面俱到

在策划过程中，过分贪求是要不得的。贪求无厌会使一个策划中纳入太多的构想，致使目标过多。当然，对一个善于思考的人来说，就某个问题产生很多的想法是个优点，但如果过多的想法被纳入策划，就会形成一种危险。要学会把构想浓缩，即使有很好的方案，只要与主题无关，应坚决删除。适当的舍弃是重要的策划技术。

范　例

××大学××周年校庆公共关系策划书

活动背景：

　　××年是××大学××岁的生日，在经历了××年的风风雨雨和历史沉淀后，××大学已形成了自己独特的历史传统和深厚的文化蕴涵。在"建设西北""开发西北"的时代呼唤中，它扎根于杨凌，在"西部大开发""志愿服务西部"的浪潮中，它已桃李满天下。

　　作为教育部直属全国重点大学以及"985工程"和"211工程"重点建设高校，××大学人始终秉着"诚、朴、勇、毅"的校训，始终瞄准高新科技前沿，坚持围绕国家和区域性重大战略需求，积极开展面向农业生产实际的应用基础性和应用性研究，始终关注"三农"，情系民生，××年来，在农业部科技领域，取得了许多傲人的成绩。

　　举办××大学××周年校庆活动主旨是为了回顾学校历史，展现办学成就，扩大知名度和美誉度。同时，增强学校凝聚力和向心力，推动学校全面、快速发展成为全国甚至世界知名的高等学府。

　　活动总主题：回首历史　展现成就　凝聚人心　谋求合作　提升品位　铸造品牌

　　活动目标：

　　(1)通过本次公关活动，向社会各界宣传××大学的发展历史、科研成果、教学成就，扩大学校在社会的影响力，塑造良好的社会形象，提升学校的认知度和美誉度。

　　(2)通过此次庆典活动，营造出学校特有的丰富的文化氛围和学术风采，加强学生对母校的认知和了解，同时，激发老师和学生的集体荣誉感和自豪感。

　　(3)提高学校自身的效益，通过校庆活动尽可能地争得社会各界的支持与赞助，为我校广大师生获得向外学习发展的机遇和优惠。同时，通过此次公关活动吸引更多优秀人才到本校发展，扩大学校的精英队伍，提升学校内部的"软件"实力，为学校获得长远发展储备力量。

活动方案：

一、启动阶段

(1)成立储备领导机构和工作机构，并确定要安排各机构的任务以及职责范围。如：校庆筹备委员会、联络接待组、活动宣传组、会议演出组、校史材料组、资料捐赠组、后勤保障组、环境与建设组、筹款与经费组、安全保卫组。

……(略)

二、筹备阶段

(一)学校内部公关活动(略)

(二)学校外部公关活动(略)

三、庆典阶段(具体方案)

(1)举行隆重而有创意的开幕式。首先进行奏国歌、升国旗的仪式和检阅学校仪仗队；接着是"百人激情腰鼓"并伴有舞狮，随后由校长宣布"××大学××周年校庆开幕式正式开始"，全场起立，高唱××大学校歌；然后，学校领导，教师代表，知名老校友代表，社会各界代表，学生代表及家长代表们先后上台发言。

……(略)

四、尾声部分

(1)做好活动结束工作，认真安排嘉宾的归程旅途，要善始善终，给嘉宾留下美好的印象。

(2)做好信息反馈工作，可进行电话调查问候，了解嘉宾对此次公关活动的评价，并让嘉宾对此次活动提出宝贵意见，以便日后改进。

(3)加强与参与此次活动的企业和赞助商沟通交流，为以后学校的长远发展奠定基础。

活动经费预算(略)

效果预测(略)

资料来源：《公共关系原理与实务(第三版)》(陶应虎主编，清华大学出版社，2015年)。

【范例简析】

本篇策划书主题集中明确，内容完备，各部分阐述明确清晰，考虑周到细致，措施切实可行，具有很强的专业特点，是一篇优秀的活动策划书。

三、撰写策划书应注意的问题

(一)主题要单一

在策划活动的时候，首先要根据企业本身的实际问题和市场分析情况作出准确的判断，并且在进行 SWOT 分析之后，扬长避短地提取当前最重要的也最值得推广的一个主题，而且也只能是一个主题。这样才能把最想传达的信息充分地传达给目标消费群体，才能引起受众群体的关注，使其比较容易记住企业所表达的信息。

(二)活动要集中

并不是只有丰富多彩的活动才能引起消费者的注意，活动必须围绕主题进行，不然，容易造成主次不分，很难达到预期的效果。而且太多的活动，不仅要投入更多的人力、物力和财力，直接导致活动成本的增加，还容易造成操作人员执行不力，最终导致策划案的失败。

(三)安排应周密

安排要做到具有良好的执行性，除了需要进行周密的思考外，详细的活动安排也是必不可少的。对活动的时间、方式、地点、人员等情况都必须仔细进行分析，在具体安排上应尽量周全。另外，还应该考虑外部环境(如天气、民俗)的影响。

(四)表述忌主观

在进行活动策划的前期，市场分析和调查是十分必要的。同样，在策划书的写作过程中，也应该避免主观想法，切忌出现主观判断与描述。因为策划案没有付诸实施，任何结果都可能出现，策划者的主观臆断将会直接导致执行者对事件和活动形式产生模糊的概念。

第三节　总　结

总结是指党政机关、社会团体、企事业单位或个人对其在一定时期内的工作、学习、生活、实验、训练等实践活动进行客观的回顾、检查、研究，从中找出经验和教训，评估得失，并把这些经验和教训加以条理化、系统化，上升为带有规律性的理性认识，然后书写成文用以指导今后的实践。

一、总结的特点与种类

（一）总结的特点

1. 材料的真实性

总结是对过去实践活动的理性认识。因此，它的观点提炼须以材料的真实性为前提，任何虚假的材料都不能真实地反映事件的本质。

2. 认识的概括性

总结的对象是前一时期的实践活动。对于这个时间范围内的活动要有整体的认识和评价，从中概括出经验和教训，为下一阶段的工作提供参考。

3. 表达的说理性

与计划相比，计划是解决"怎么做"的问题，总结是解决"做得怎么样"的问题，因而，它的说理性更强。总结的表达一般不在于叙述和说明，而主要是归纳总结出规律性的东西，是一种理性认识和表述。

（二）总结的种类

1. 按总结的性质分类

按照性质不同，可将总结分为专题总结和综合总结。专题总结往往是针对某一项工作任务或活动的情况进行总结，如消防安全整治工作总结；综合总结则是对某一阶段或时期的多项工作或活动的情况进行总结，如年度总结。

2. 按总结的范围分类

按照范围不同，可将总结分为个人总结、班组总结、单位总结、行业总结、地区总结等。

3. 按总结的内容分类

按照内容不同，可将总结分为工作总结、教学总结、学习总结、科研总结、思想总结、项目总结等。

4. 按总结的时间分类

按照时间不同，可将总结分为月份总结、季度总结、半年总结、年度总结、(一年以上的)阶段总结等。

二、总结的写作与范例

总结由标题和正文两个部分组成。

(一)标题

总结的标题可有以下几种写法：

(1)分为正、副标题，正标题写总结的内容，副标题是单位+时间+总结，如《构筑农村现代化的基础工程——中共温州市委宣传部××年加强农民素质建设工作总结》。

(2)单位+内容+文种，如《北京市人口普查总结》。

(3)时间+内容+文种，如《2008 年环境保护工作总结》。

(4)时间+文种，如《季度总结》《半年总结》。

(5)内容+文种，如《工作总结》。

(6)只写做法，如《从责任制入手落实食品安全监管工作》。

(二)正文

1. 正文的结构

(1)全文贯通式。全文根据事件发生的时间顺序围绕一个主题进行书写。这种结构适合内容比较单一、结构比较简单的总结。

(2)条文式。这种结构是用分条列项的形式对事件进行总结，以序号的方式表述，使总结条理清晰，让读者一目了然。

(3)小标题式。这种小标题式的结构，是每一个标题概括某个方面的内容。这种结构的写法适合于内容复杂、时间跨度大、包含内容丰富的总结。

2. 正文的内容

（1）概括基本情况。这一部分是总结的开头，简明扼要地介绍总结对象的基本情况，包括工作的依据、指导思想、背景、基础、基本评价等，其中要突出主要工作和工作重点，让人一目了然。

（2）概括做法、成绩和经验。这是总结的重点部分，一般要写明做了哪些工作，完成了什么任务，采取了哪些方法和措施，取得了哪些成绩。

（3）概括教训。这一部分在总结中尤为重要，工作中好的成绩固然重要，但更应格外关注避免类似错误。因此，需要在写作过程中对过去工作中出现的失误和不足进行充分的概括，说明得到的教训和体会，为日后工作提供参考。

（4）对日后工作、活动等的打算。针对前几部分的写作内容提出对日后工作、活动等的打算，阐明日后工作努力的方向。

范 例

湖北省教育厅 2022 年政府信息公开工作年度报告

根据《中华人民共和国政府信息公开条例》（以下简称《条例》）规定和《国务院办公厅政府信息与政务公开办公室关于政府信息公开工作年度报告有关事项的通知》（国办公开办函〔2021〕30 号）有关要求，现公布 2022 年省教育厅政府信息公开工作年度报告。本报告中所列数据的统计期限自 2022 年 1 月 1 日起至 2022 年 12 月 31 日止。

一、总体情况

2022 年，省教育厅坚持以习近平新时代中国特色社会主义思想为指导，深入学习贯彻习近平总书记关于教育的重要论述，深入落实党中央、国务院关于全面推进政务公开工作的系列部署和省委、省政府工作要求，按照《条例》要求，服务教育中心工作，扎实推动我厅政府信息公开工作规范高效。

（一）政府信息主动公开情况

厅党组始终高度重视政务公开工作，先后两次召开专题会议研究部署政务公开工作，推动主动公开工作规范有序。认真落实《条例》规定，对照省政府政务公开要点和法定公开内容，通过门户网站的政府信息公开专栏及其它形式，向社会发布各类主动公开文件，及时发布教育领域政策文件、部门预决算信息、行政许可和政务服务事项等信息，不断提高教育工作透明度。

（二）政府信息依申请公开情况

根据《条例》规范要求，进一步优化受理渠道，明确工作标准，规范答复流程，加强研判会商，做到规范受理、及时处理、按时答复，切实保障人民群众获取政府信息的合法权益，解决申请人的实际问题。2022年共收到申请政府信息公开116件，已全部办结。

（三）政府信息管理情况

进一步规范政府信息管理工作，不断加强政府信息的标准化制作、科学化分类、自动化检索、规范化管理。完善省教育厅政府信息保密审查和公开性审核办理流程。持续开展我厅行政规范性文件清理，做好行政规范性文件集中公开。采取网上日常巡查和定期督查相结合的方式，对政府信息公开工作进行督办检查，及时发布工作提示，不断改进工作。指导高校开展信息公开工作，坚持开展高校信息公开工作调研，抓好高校信息公开工作培训，对全省高校信息公开监测工作做到全覆盖。

（四）平台建设情况

省教育厅门户网站是政务信息公开的主平台，持续加强厅门户网站建设，完善政府信息公开专栏，综合运用政务新媒体等载体，保障信息公开内容全面、便捷高效。深化门户网站与省一体化服务平台对接，优化政务服务流程，政府服务事项全面实行"一网通办"。聚焦考试、招生、毕业生就业等群众关心的信息，门户网站设置专栏，推动相关政策文件、服务信息与各业务网站同步公开。

（五）监督保障情况

扎实履行管理职责，严格执行政府信息公开有关制度规程，落实保密审查机制、信息发布审核机制、依申请公开会商机制，保证决策、执行、管理、服务、结果公开。全年未收到关于信息公开工作方面的投诉。

二、主动公开政府信息情况

本年度发布信息289条，其中，政务动态信息124条，信息公开目录信息21条(包含政策解读2条)，媒体报道类信息144条。专题专栏维护数量6个，其中新增3个，转发新闻发布会3场。湖北省教育厅官方微信发布转发信息890余条。

（表略）

三、收到和处理政府信息公开申请情况

2022 年共收到政府信息公开申请 116 件，其中，予以公开 26 件，部分公开 6 件，不予公开 7 件，无法提供 11 件，不予处理 25 件，其他处理 41 件，已全部办结。

（表略）

四、政府信息公开行政复议、行政诉讼情况

本年度没有因政府信息公开工作被申请行政复议、被提起行政诉讼情况，具体情况见下表。

行 政 复 议					行 政 诉 讼									
					未经复议直接起诉					复议后起诉				
结果维持	结果纠正	其他结果	尚未审结	总计	结果维持	结果纠正	其他结果	尚未审结	总计	结果维持	结果纠正	其他结果	尚未审结	总计
0	0	0	0	0	0	0	0	0	0	0	0	0	0	0

五、存在的主要问题及改进情况

对照《条例》规定和省政府有关工作要求，我厅信息公开工作仍存在一些不足，主要是政府信息公开专栏内容还不够系统全面，条目还不够清晰，对教育领域政务信息公开的深度广度还需要不断加强和认真研究。

为了充分适应信息公开新形势新任务，我们将持续完善信息工作制度体系，加强对信息公开工作的统筹指导，切实提高信息公开服务水平和工作效能。聚焦教育重点工作，认真梳理、整合各类政务信息资源，抓好政务公开工作的督办落实；加强信息公开专栏建设与维护，做到及时优化、更新。

六、其他需要报告的事项

（一）2022 年度未发生涉收取政府信息处理费的申请件。

（二）建议提案办理公开情况。2022 年，我厅高度重视人大代表建议和政协提案办理工作，强化组织领导，层层压实责任，坚持问题导向，狠抓工作落实，建议提案办理工作稳步推进。全年办理的人大代表建议和政协委员提案涉及学前教育、义务教育、高中教育、职业教育、高等教育、教师队伍建设、学生身心健康、教育经费投入等多方面内容，截至目前，已全部办结。我厅将持续加强跟踪办理，切实将建议提案办理工作落到实处。

（三）政务公开工作要点落实情况（略）

（四）重点领域政府信息公开情况（略）

资料来源：http：//www．hubei．gov．cn/zfxxgknb/zcbm ＿9267/sjyt ＿9269/202301/t20230130 ＿4500340.shtml。

三、撰写总结应注意的问题

（一）要坚持实事求是的原则

总结起着回顾过去、指导未来的作用，因此其撰写必须坚持实事求是的原则。不管在对过去实践活动的回顾、检查中发现了怎样的问题，都必须客观地从中总结出经验和教训，以便更好地指导将来的工作，避免类似问题重复出现。可以说，一份好的总结是制订新的计划或者做出科学决策的重要依据。如果所写的总结没有坚持实事求是的原则，提供了虚假信息和数据，必然给工作带来重大损失。所以，要杜绝那种好大喜功、在总结中将"猫写成老虎"的现象。故总结写好后，最好通过不同的形式听取各方意见，包括专家的意见和群众的意见，避免片面化、绝对化、弄虚作假的现象发生。

（二）要点面结合、详略得当

总结要实事求是，但绝不是要求有事必录，而是要求通过分析、比较、研究，选择那些具有代表性的、能够反映事物本质的典型材料的"点"。另外，还要掌握"面"上的材料，做到点面结合，这样写出来的总结，不仅具有说服力，而且会给人留下深刻的印象。

总结并不是事实材料的简单堆积，它需要对材料进行分析、研究进而归纳出观点。在材料的运用上，应详细书写具有典型意义且有利于证明观点的材料，简单书写具有一般意义的材料。

（三）语言要朴实简洁

总结的语言要力求朴实、简洁。朴实就是要求朴素、不浮夸、不华丽，要通俗易懂。简洁就是要求简明扼要，不拖泥带水。随着现代社会生活节奏的加快，无论写哪一种文种，都应力求简短，总结也不例外。

第四节 公 示

公示是指党政机关、企事业单位、社会团体等组织、单位向社会公众或有关单位及人员公开某种信息、情况，用以征询意见、接受监督、改善工作的应用文体。

一、公示的特点与种类

（一）公示的特点

1. 公开性

所谓公开性，是指公示内容必须向社会公众、有关单位和人员及时公开，以接受他们的监督，增强决策的科学性。

2. 适用的广泛性

公示适用的广泛性表现在两个方面：一是适用主体的广泛性，不管是党政机关、事业单位，还是企业等营利性组织，都可以用公示公开某种信息和情况；二是适用内容的广泛性，公示不仅可用于干部任免、人员招聘、评选先进等公共事务，还可用于如行业收费价格公示、招标结果公示等公布信息、征求意见等常见事务。

3. 发布形式的多样性

公示可通过多种途径发布，既可以通过互联网、报纸、电视、广播等媒体发布，又可在本单位、本部门或系统内的网站上发布，或以张榜的形式贴在单位醒目的位置上发布。

（二）公示的种类

1. 按公示的功能与性质分类

按公示的功能与性质，可分为评前公示和任前公示。

评前公示就是指党政机关、企事业单位、社会团体等在评选先进、特优产品、优质工程等时，依据自荐或群众推荐，经上级有关部门或组织初步审核同意，予以公布的一种公示，也可称为"推荐公示"。

任前公示是指在对干部晋升任职前，经组织部门或人大审核通过后，通过新闻媒体向社会公示，目的是广泛征求社会各界对此人的意见，接受监督。如果有人反映问题，经核实，问题属于比较严重的，就取消对此人的职务任命。

2. 按公示的范围分类

按公示的范围，可分为内部公示和社会公示。

所谓内部公示，是指在干部人选或产品所属单位、系统、行业内部的一种公示。所谓社会公示，是指通过各种传媒，如报纸、电视、广播、网站等，向社会公开发布初选结果或最终结果的一种公示。

3. 按公示的主体性质分类

按公示的主体性质，可分为党政机关公示、社会团体公示、企事业单位公示等。

二、公示的写作与范例

公示由标题、正文、附项和落款四个部分组成。

（一）标题

公示的标题有如下四种写法：

（1）单位+事由+文种，如《××大学关于推荐"湖北师德标兵"人选的公示》。

（2）事由+文种，如《关于××××年度河北畅销品牌评选结果的公示》。

（3）单位+文种，如《湖北省人事考试院公示》。

（4）只写文种，如《公示》。

（二）正文

公示的正文包括公示依据或目的、公示内容、公示的有效期限和联系方式三个部分。

1. 公示依据或目的

公示的依据是指公示内容是基于何种程序、步骤产生的；公示的目的一般是征求意见、接受监督和改善工作。这部分的写作应简明扼要，开门见山，写明相关信息即可，不必多加表述。

2. 公示内容

公示内容就是公示单位需要社会公众、相关单位和个人了解的信息。这部分的写作应详略得当，将最重要、最核心的内容公示出来即可。

3. 公示的有效期限和联系方式

公示的有效期限要求写明确切的年、月、日，有的还具体要求到某日几时，另外发布公示单位的联系地址、邮政编码、电话号码、联系人姓名、联系电话等，以及信息反馈的方式，如来电、来函或来访，均须写明。

（三）附项

如果有需要，可在正文之后附上名单、图片、数据、资料等内容，让社会公众或相关单位及个人知晓。

（四）落款

落款写明公示单位及公示日期。单位应写单位全称，不可随意写简称。

 范 例

福州市拟认定总部企业名单公示

根据《福州市人民政府关于延续促进总部经济发展政策的通知》（榕政综〔2022〕59号）规定，经市总部经济领导小组审定，本批拟认定7家企业（名单见附件）为我市总部企业，现予以公示。

公示期为2023年11月3日至2023年11月10日。请社会各界对公示企业进行监督，如有异议，可在公示期间以书面、电话等形式向福州市发改委反映。

联系地址：福州市仓山区南江滨西大道193号东部办公区1号楼801室

联系电话：0591-83615359

福州市发展和改革委员会

2023年11月3日

资料来源：https://www.fuzhou.gov.cn/zwgk/tzgg/202311/t20231103_4711245.htm。

三、公示与公告、通告的异同

(一)公示与公告的异同

1. 相同点

两者都有将有关信息向社会公众告知的作用。

2. 不同点

(1)发文目的不同。公示的目的是征询意见、接受监督和改善工作；而公告的目的是将有关的重要事项或者法定事项向国内外告知。

(2)发文内容的稳定性不同。公示的内容具有可变性，公示可根据社会公众所提交的反馈意见，按实际情况和需要加以调整和变更；而公告是法定机关经过法定程序决策后向国内外发布的重要事项或法定事项，内容不可更改，具有很强的稳定性。

(二)公示与通告的异同

1. 相同点

两者都有告知相关信息的作用。

2. 不同点

两者的不同点在于约束力。公示的内容对受文者没有强制执行力和约束力，受文者可自愿地向发文单位进行信息反馈。而通告一经发布，一定范围内的部门、单位和个人都必须遵守、执行或周知。

四、撰写公示应注意的问题

(一)正确使用文种

在写作时，应注意公示和公告、通告的区别，更不能将公示和通知、告示等文种混淆使用。

(二)语言简洁、明确

在撰写公示时，应注意行文的简洁性，对公示的依据和公示的内容应开门见山、直入主题，不要多加议论和表述。公示的期限、联系人、来电来访方式等信息应明确具体，不可含糊不清、模棱两可。

第五节　调查报告

调查报告是对实际工作中出现的典型问题、重大事件、特殊情况等进行周密、深入的调查研究，对调查所获得的信息资料进行系统、科学的整理、归纳、分析后撰写的书面报告。

一、调查报告的特点与种类

（一）调查报告的特点

1. 客观性

调查报告按照事实说话，必须坚持求真务实的科学态度。调查的结果必须以事实为依据。

2. 系统性

调查报告的内容应丰富全面，语言表述应系统、科学。要透彻分析事件的主要问题及问题的主要方面，充分把握事件各个要素间的关系，把握整体与部分的关系，以及相互作用和相互影响的问题。

3. 目的性

调查报告多事出有因，即针对典型问题、重大事件、特殊情况等撰写，因此它的调查研究必须有明确的目的性，要将事件的原因、经过、结果等向上级机关及时、如实汇报。

4. 定量性

撰写调查报告时会接触到许多数据信息，例如调查研究的对象不仅仅局限于使用"大约""大部分"等词语，还需要通过大量使用数据、图表等量化信息的形式表现其状态、特征等，从而使表述更准确。

（二）调查报告的种类

1. 按调查报告的性质分类

按调查报告的性质，可分为基本情况调查报告、典型经验调查报告、新生事物调查报告、揭露问题调查报告、历史事实调查报告。

2. 按调查报告的调查范围分类

按调查报告的调查范围,可分为专题调查报告、综合调查报告。

3. 按调查报告的调查时间分类

按调查报告的调查时间,可分为历史情况调查报告和现实情况调查报告。

4. 按调查报告的调查内容分类

按调查报告的内容,可分为市场份额调查报告、教师待遇调查报告、工人工作环境调查报告等。

二、调查报告的写作与范例

调查报告一般由标题、署名、开头、主体和结尾五个部分组成。

(一)标题

(1)公文式标题,即调查内容或调查对象+文种,如《枣庄市农村职业成人教育工作调查报告》。

(2)问题式标题,有疑问式和反问式两种。疑问式的标题如《临泉杨小街乡:政府拆迁老百姓怎样过冬?》,反问式的标题如《每天能有95.3%的中国青年上网吗?》。

(3)暴露问题式标题,如《全球变暖的确导致南极冰层消融加速》《网银信任危机成为金融信息化面临的严峻挑战》。

(4)赞扬式标题,如《提升产业综合效益 小蜜橘做出大产业——南丰蜜橘"亩园万元"高效创建示范活动调查报告》。

(5)动员式标题,如《坚持用理论学习成果建连育人 努力开创军队基层建设新局面》。

(6)抒情式标题,如《风劲帆满正逢时——金水区政府调查报告》。

(7)比喻式标题,如《大新:泛北部湾旅游经济的一颗新星——××××年大新县旅游经济调查报告》。

(8)突出活动主题式标题,如《发挥优势调研献策为建设小康社会添砖加瓦》《张家港政府效能调查报告》。

（二）署名

为了给阅读者以真实感和责任感，调查报告一律要求署名。

从名称上讲，署名分单位署名和个人署名两种。单位署名写明单位全称，有多少个就写多少个，一一进行罗列；个人署名既可署真名，也可署笔名。

署名的位置有三种，即署名在标题中、署名在标题正下方、署名在调查报告尾端。

（三）开头

调查报告的开头又称引言，起总领或引出全文的作用。其写法灵活，形式多样。一般是交代调查对象的基本情况，或简要介绍调查的缘由、目的、方法、过程以及调查日期、人数、问卷回收状况等；也有的调查报告开头用设问或提问的方式向人们提出或披露问题，以引起社会的广泛关注和重视；还有的调查报告采用议论式开头，往往是将一段与主题有关的议论作为开头以引出正文。

（四）主体

这是调查报告的重要组成部分，它的质量决定着调查研究的成功与否。这部分可以按照如下三种结构进行书写：

1. 直叙式结构

按照时间顺序进行书写，主要按照事件发展或者调查的时间先后顺序进行叙述，逐个阶段、平铺直叙地进入结尾。

2. 分列式结构

把收集到的各种资料进行整合、分析后分为若干部分，分专题进行逐个叙述。

3. 错综式结构

把以上两种结构相结合，既有按照时间顺序进行的叙述又有专题叙述。

（五）结尾

结尾的写法比较自由，常用的写法有：

（1）对文章说明的问题给出解决对策或意见、建议，以引起相关读者的思考和关注，或者对文章说明的问题给予启示。

（2）总结全文，深化主题。在最后部分对全文主题进行提炼，从而起到强调作用。

（3）表述存在的一系列问题，思索其原因，启发读者思考。在文章末尾写上调查报告的成文时间。

治堵成效显著提升　基础设施仍待完善
——××市一季度交通出行公众满意度调查分析

为全面了解公众对我市交通现状的评价，为全市交通治堵工作提供实证依据，××市统计局于近期组织开展了××市一季度交通出行公众满意度调查。调查结果显示，公众对我市交通总体评价良好，且较2016年底有所提升。尤其治堵工作成效深受公众肯定，评价提升较为明显。但是，调查同时发现部分交通难题依然存在：如交通基础设施满意度偏低、公众对公共交通服务质量和交通秩序表示"满意"的比例有所下降以及闯红灯等不文明交通行为仍较普遍等。

一、我市交通现状分析

今年是我市正式启动五年城市交通治堵工作的第五年，治堵成效获得公众普遍肯定。数据显示，公众对我市交通总体评价"满意"的比例较上年提升2.2个百分点，对治堵工作成效表示"满意"的比例更是提升7.0个百分点。同时，调查结果也显示私家车仍是我市市民出行首选交通方式，而高峰时段人员流量过大是我市交通拥堵的首要原因。

（一）私家车成市民主要出行方式

一季度数据显示，私家车成为我市市民出行首选，选择比例高达40.0%；其次是步行、私人自行车（电瓶车），比例为30.8%；选择轨道、公交、公共自行车等公共交通方式的市民比例为25.1%，位列第三；而选择班车、出租车等其他交通方式的比例最少，仅为4.1%。

（二）公众对交通出行的总体评价略有上升（略）

（三）治堵工作成效评价显著提升（略）

（四）高峰时段人员流量过大是我市交通拥堵的首要原因（略）

二、存在的问题

虽然我市交通治堵工作取得一定成效，公众对我市交通评价有所提升，但短板犹存：基础设施满意度仅得 63.5 分；对服务质量和交通秩序表示满意的公众比例分别下降 6.1 个和 3.1 个百分点；闯红灯等不文明交通行为仍较普遍等。

（一）交通基础设施满意度偏低

调查数据显示，公众对我市城市道路和停车场等交通基础设施评价明显偏低，满意度仅为 63.5 分，位列各评分项末位，与交通秩序满意度相差 8.1 分，与公共交通服务质量满意度更是相差 17.1 分。

（二）公共交通服务质量仍待提升（略）

（三）不文明行为仍较普遍，交通秩序有待改善（略）

三、对策建议

分析调查数据发现，要改善我市交通状况，仍需从基础设施、服务质量及交通秩序三方面采取不同措施，努力营造"有序、畅通、安全、舒适、和谐"的交通环境，让百姓真正能够畅行 X 城。

（一）加强交通基础设施建设

要改善交通状况，首先必须加大交通基础设施建设。调查中，城乡居民就此提出了几条相对集中的意见。其中，城市居民认为最为主要的是"继续加大公共停车场建设"（65.3%）和"提升城市道路质量，减少维修改造次数"（60.6%）；农村居民则希望政府"做好质量监管、日常养护等方面的工作"（64.5%）和"增加公共财政投入"（62.8%）。

（二）进一步提升公共交通服务质量（略）

（三）提升公众文明出行意识，改善交通秩序（略）

资料来源：《高职高专应用写作（第二版）》（宋亦佳主编，中国财政经济出版社，2021 年）。

三、撰写调查报告应注意的问题

（一）要深入调查研究，注重材料的真实性

调查报告的写作是基于对实际工作中出现的典型问题、重大事件、特殊情

况等进行周密、深入的调查研究，对调查所获得的信息资料进行系统、科学的整理、归纳、分析，脱离了事实资料的调查报告就失去了可信度，不能反映事件的真实面貌。事实资料是调查报告成功撰写的前提和基础。因此，要重视事实资料的收集和整理，尊重事实资料的客观性、真实性。在进行材料的选取和分析时，要避免出现常见的几个问题：

(1)观点与材料脱节。

(2)材料与观点相符合，但材料不典型，说服力不强。

(3)只是简单罗列材料却没有进行分析、总结和提炼观点，未能使调查报告的材料上升到一定的理论高度。

(4)表述不当，写作调查报告应尽量通俗、朴实、生动，避免套话、空话、大话和枯燥无味的语言。

(二)认真分析材料，科学提炼观点

调查报告不仅要对实际情况进行客观陈述，也需要对实际情况进行由表及里、由浅到深的分析，提炼出具有新意的观点。在分析观点的过程中，还要进行去伪存真、去粗取精、由此及彼的深入分析，从而得出真实、科学的结论。

(三)采用典型的材料

在写作调查报告时，并不是将所有的材料都随意地罗列在文中，而是选择典型的、能够反映主要问题的材料进行陈述。全文的逻辑关系、局部与整体、局部要素之间的关系要理清，使文章详略得当、布局合理、结构严谨。

第六节　简　　报

简报是党政机关、社会团体、企事业单位向上级机关报告情况、向下级机关指导工作、通报情况或与平行机关交流经验、沟通信息时，经常使用的简短灵活的应用文体。它具有汇报工作、指导工作、协调工作的作用。

一、简报的特点与种类

(一)简报的特点

1. 简短

简报以"简"为名，即要简明扼要。其书写只需短而精，把要点叙述清楚即可，不需发长篇议论或详细描述。

2. 快速

简报以快为要，它的书写要快，传送也要快。事件一旦发生便需将简报及时制发和传递出去，使一定范围内的人员知晓信息，所以它被称为应用文中的"轻骑兵"。

3. 真实

简报具有汇报工作、指导工作、协调工作的作用，因而其反映的情况及其数据必须真实可靠。简报只有具有真实的内容，才具有可信度和说服力。

4. 新颖

简报所反映的内容一般都是新情况、新动态、新经验，使读者从中得到新启示、新认识，以便更好地服务于工作。

(二)简报的种类

1. 工作简报

工作简报用来反映最近的工作情况。在日常工作中，简报也可叫作"工作动态""情况反映"。

2. 会议简报

会议简报用来反映会议的主要精神和概况，使会议的决定、决议等快速在内部得到传达，便于大家统一认识。重要的大型会议，在会议期间还要编写发行简报。

3. 动态简报

动态简报用最短的时间报道某个部门、单位的最新动态或者是某个领域的最新变化，使其在机关系统内得到及时的交流。

二、简报的写作与范例

简报一般分为报头、正文、报尾三个部分。

(一)报头

简报的报头一般包括标题、期数、编发单位名称、制发日期等内容。

1. 标题

(1)单位+内容+文种,如《共青团基层组织建设简报》。

(2)直接写内容,如《第九批全国五四红旗团委创建单位名单》。

(3)直接写文种。

简报标题需用红字书写,字体要大,需美观大方,引人注目。另外,在左上角用黑体字标明"内部刊物,注意保存"。如根据需要,有时还在右上角写上"机密"字样,并打上括号,如[机密]。

2. 期数

写在简报名称正下方,如"第×期"或只写序数。

3. 编发单位名称

在期数的下方另起一行,靠左上方顶格写主办简报单位的名称。

4. 制发日期

同一行,居左写印发的年、月、日。另外,在编写单位和日期下一行,用红色分隔线表明上面是报头。

(二)正文

1. 新闻式写法

新闻式写法就是借用新闻的表现方式来书写。与新闻的结构相类似,简报一般包括导语、主体、结尾三部分。导语部分主要是用来说明时间、地点、人物、事件等基本情况;主体部分承接导语,用典型的材料印证导语中的提示,回答导语中的问题,要求内容充实、层次分明;结尾部分可以采用小结、议论、号召等形式对全文进行收尾。

2. 序号式写法

这种写法是将内容归类,按类别分别列出一、二、三等序号,或者是按事件先后发生的顺序安排结构，如："一、事件的起因；二、事件的过程；三、事件的结局……"

3. 列小标题式写法

这种写法是指把收集的若干信息进行分类，将类似的信息放在一起进行整合，并且列出若干小标题。小标题之间存在一定的逻辑关系，能让读者一目了然。一般说来，采用列小标题式写法的简报与采用上述两种写法的简报相比，内容更复杂。

4. 总结式写法

总结式写法就是类似总结的写法，直接把经验教训传达给读者。一般是对复杂的事件或情况进行由外到内的分析，从中找出规律性的东西，以便指导工作。

5. 集纳式写法

这种方式主要在于信息集纳，因为就其互通情况而言，简报类似于现代化管理的信息传递，不过这种信息是经过作者的主观整理后得出的。我们所讲的集纳式写法，就是把不同类问题或同类问题的相同信息集中在一起，多方面、多层次地表现某一个问题。

（三）报尾

正文写完后，用黑线将正文与报尾隔开。在横线下写明简报的报、送、发单位以及简报的份数。

范　例

情况简报（第 25 期）

××市教育局办公室编　　　　　　　　　　　20××年 8 月 1 日

××市成人中等专业学校
期末基础课统考情况

市教育局于今年 7 月 1 日和 2 日组织了全市成人中专××级第一学年下学期期末基础课统一考试，有 29 所学校参加，统考课程有语文、数学、物理、化学、地理、中共党史、生理学等 7 门。基本情况如下：

参加语文统考的有 26 所学校，考生 2 356 人，及格率为 98.4%；参加数学统考的有 19 所学校，考生 1 502 人，及格率为 91%；参加物理统考的有 19 所学校，考生 276 人，及格率为 91.3%……

这次统考时间紧，工作量大。我们对组织工作做了一些尝试，采取了"统一命题、分散制卷，统一考试、交叉巡视、集中阅卷"的办法。各校成立统考领导小组，具体负责本校统考工作；各学科中心教研组负责命题，根据教学大纲、教学进度，结合我市成人中专考生特点，编出甲、乙试卷，保证试题质量——使统考工作顺利进行。

这次统考工作还存在一些问题，主要有以下几点：

1. 分散制卷弊多利少。（略）

2. 监考工作不严不细。（略）

3. 登分工作失误多。（略）

期末统考是检查各校教学管理、提高教学质量的方法之一，必须坚持下去。我们将认真总结这次期末统考的经验教训，制定出完善措施，把今后的统考工作做得更好。

报：教育部××司、市政府办公厅

送：市属有关部、委、办、局

发：各成人中专学校(班)

资料来源：《高职高专应用写作(第二版)》(宋亦佳主编，中国财政经济出版社，2021 年)。

三、撰写简报应注意的问题

(一)要抓住主要问题集中说明

简报的篇幅比较简短，一篇价值高的简报必然会有的放矢地对事件进行反映，所以应选取那些最重要、最典型、最新鲜、最为群众关心、最受关注的问题进行分析归纳。

(二)坚持真实的原则

简报是交流经验、沟通信息的良好工具。简报反映的事件是否真实可靠。

对有关部门做出正确决策有着重大的影响。因此，在撰写简报时，要本着实事求是的精神，客观、公正、如实地反映情况。

（三）要简洁明了

简报的最大特点是"简"字，因此要简洁明了。简报要简短、明快，就要做到这三个方面：一是一文一事，不求多；二是材料精选，不求泛；三是表述清晰，不求繁。

（四）用最快的速度报道时事信息

简报要及时、迅速地反映时事信息。简报的撰写者要思维敏锐、行动敏捷，对问题反应快，对材料分析快。写作构思快，动笔成稿快，传送速度快，发稿时机把握准。

第七节 会 议 记 录

会议记录是会议记录员在开会时当场将会议情况和会议报告、发言、讨论、决议等内容如实记录下来的文书。

一、会议记录的特点与种类

（一）会议记录的特点

1. 真实性

会议记录要求对会议情况作客观真实的记录，要记录会议的原始自然状态。会议记录人只有如实记录的权利，不能进行增添、删减、加工、提炼。

2. 资料性

会议记录是分析会议进程、研究会议议程的依据，是编写会议简报和撰写会议纪要的重要资料，还可以作为原始资料编入档案长期保存，以备有需要时查阅。

(二)会议记录的种类

1. 摘要记录

一般会议只要求有重点地、扼要地记录与会者的讲话和发言及决议，不必"有闻必录"。所谓重点、要点，是指发言人的基本观点和主要事实、结论。对于一般性的例行会议，只需概括地记录讨论内容和决议的要点，而不必记录详细过程。

2. 详细记录

对于特别重要的会议或者特别重要的发言，要作详细记录。详细记录要求尽可能记下每个人发言的原话，不管重要与否，最好还能记下发言时的语气、动作表情及与会者的反应。如果发言者是照稿子念的，可以把稿子收作附件，并记下稿子之外的插话、补充解释的部分。

为了提高记录速度，保证记录的真实性，可以适当使用一些辅助工具，如录音机等，也可以使用一些自己熟悉的简称、代号、符号，待会议间歇或会后整理时再补上全称或原称。必要时，可以学习并采用速记法。

二、会议记录的写作与范例

会议记录一般由标题、会议组织概况、会议内容、结尾四个部分组成。

(一)标题

标题由会议名称加文体名称组成，即《××××会议记录》。如果使用的是专用的会议记录本，连"记录"二字也可省略，只写会议名称即可。

(二)会议组织概况

1. 会议时间
要写明确切的年、月、日，上午、下午或晚上，×时×分至×时×分。
2. 开会地点
如"××会议室""××礼堂"等。
3. 主持人的职务，姓名
如"校党委书记×××""公司总经理×××"。

4. 出席人

根据会议的性质、规模和重要程度的不同，出席人一项的详略也会有所不同。如果人数不多，可一一写明姓名；如果人数较多，可以只显示身份和人数，如"各院系党总支书记和直属党支部书记31人""各部门经理""全体与会代表"等；如果出席人身份复杂，如既有上级领导，又有本单位各部门的主要领导，还有各种有关人员，最好将主要人员的职务、姓名一一列出，其他有关人员则分类列出。

5. 列席人

包括列席人的身份、姓名，可参照出席人的记录方法，写出姓名或只写列席人员范围。

6. 缺席人

如有重要人物缺席，应作出记录，并注明缺席原因。

7. 记录人

包括记录人的姓名和部门。如"××（××办公室秘书）"。

（三）会议内容

会议内容部分随着会议的进展逐步完成，没有具体的固定模式。一般包含以下几个方面：会议的议题、宗旨、目的，会议议程，会议报告和讲话，会议讨论和发言，会议的表决情况，会议决定和决议，会议的遗留问题等。这些是一般会议都会有的项目，但侧重点会有所不同，先后次序也会有所不同。

（四）结尾

会议结束，另起一行写"散会"两字。最后，由主持人和记录人对记录进行认真校核后，分别签上姓名，以示负责。

 范　例

××学院会议记录

会议名称：××学院院长办公会议

会议时间：××××年×月×日×时×分

会议地点：第一会议室

出席人：五位副院长(全到会)

主持人：李××

列席人：院长助理王××

记录人：于××

缺席人员：张××(到省教育厅开会)

审查签字：王××

会议内容：

(1)布置安排人才培养水平评估自查工作。

(2)研究学院远程教育问题。

(3)分项讨论发言(略)。

经会议研究，决定：

一、学院评估工作由×××副院长主抓，自查评估时间为×月×日至×月×日，分三个阶段完成，自查的主要任务为……

二、由××院长负责设立××大学远程教育校外学习中心工作，教学研究部部长协助完成。

散会。

【范例简析】

这份会议记录的特点是：第一页是活页，一般将会议的组织情况事先印制成表格，开会前逐项填写即可；会议组织情况处留下空白，以便按会议的进程进行记录；这种方法使得记录时不会落项，一般用于例会。

范 例

××市城南开发区管委会办公室会议记录

时间：××××年×月×日上午

地点：管委会会议室

主持人：李××(管委会主任)

出席者：王××(管委会副主任)、周××(管委会副主任，主管城建)、李××(市建委副主任)、肖××(市工商局副局长)

列席者：管委会全体干部

记录：邹××(管委会办公室秘书)

会议议题

1. 如何整顿城市市场秩序。

2. 如何治理违章建筑、维护市容市貌。

王主任报告城市现状：……

讨论发言(按发言顺序记录)

肖××

(略)

罗××(工商局市管科科长)

(略)

与会人员经过充分讨论、协商，一致决定：

1. 由工商局牵头，居委会和其他部门配合，第一周宣传，第二周行动，监督实施，做到摊贩归点、农贸归市，彻底改变市场紊乱状况。

2. 由管委会牵头，城建委等单位配合，对全区建筑工地进行一次检查。然后召开一次施工单位会议，对违章建筑、违章工场限期改正。一个月内改变面貌。过时不改者，坚决照章处理。

散会。

主持人(签名)

记录人(签名)

××××年××月×日

【范例简析】

这是一份摘要式会议记录。它概括地记录了会议讨论内容和决议的要点，结构完整，详略得当。

 本章小结

事务文书是党政机关、社会团体、企事业单位及个人用来处理日常事务、沟通信息、总结经验、研究问题、指导工作、规范行为的实用性文书。尽管它们不是《条例》中的法定文种，但却是日常工作中使用最为普遍和广泛的文书。

　　人们工作学习的过程实际上是一个螺旋式上升的过程，在这个过程中，计划是阶段的起点，总结是阶段的终点，同时新的计划又是在前一个总结的基础上形成的。而调查报告、简报、会议记录等，则记录、反映着工作的进展情况及对工作的反省、研究。因此，写好这些文书是我们工作学习之必需。学习中要做到了解各文种的概念、特点，重点理解和掌握内容格式、写作要求。教学中应坚持理论联系实践的学习原则，多创造情景，多练习。如针对"五一"期间留校的学生，设计一个活动。可先以小组为单位进行相关情况调查，写出调查报告，然后召开筹备会议进行策划，并做好会议记录，整理出会议纪要，写出活动策划书；活动过程中要发布简报，活动结束时要及时总结，通过步步落实相关写作，在实际运用中锻炼写作能力，提高学习的趣味性、实用性，达到学以致用的目的。

　　事务文书的格式虽然不像行政公文那样程式化，但许多文种的格式也有约定俗成的共同点。在结构方面，事务文书要求开门见山、突出重点、层次分明；在语言方面，要求用语准确，不能出现歧义。

综合练习

一、单项选择题

　　1. 表述全局性的长远设想的文件，称作_____。

　　A. 规划　　　　　　B. 方案　　　　　　C. 安排　　　　　　D. 设想

　　2. 某同学在学习计划中写道："我在本学期内，除了课堂知识外，还要大量学习计算机知识，包括'C 语言与编程''网络数据库''多媒体制作'和'3D 动画'。"对该做法最恰当的评论是_____。

　　A. 该同学学习热情高，应该予以鼓励

　　B. 该学习计划脱离实际，目标任务过高，在一个学期内是完不成的，应当修改

　　C. 学习计划是给教师看的，与实际无关

　　D. 世上无难事，只要肯登攀

　　3. 对标题"××市国民经济和社会发展五年计划"修改正确的一项是_____。

　　A. ××市国民经济和社会发展五年规划

B. ××市国民经济和社会发展五年安排

C. ××市国民经济和社会发展五年打算

D. ××市国民经济和社会发展五年方案

4. 某企业厂部会议记录的记录员小王在会后整理记录时，将×××在会议上提意见比较激烈的部分进行了删除，她认为这些话太过分。对该做法最恰当的评论是_____。

A. 为了维护安定团结，鼓励在工作中朝前看，应当删去这些"消极"部分

B. 记录员有权对记录进行删改

C. 会议记录最重要的就是真实，不能随意更改、删除

D. 会议记录大体真实就可以了

二、写作练习

(一)分析写作

1. 有一篇《关键是强化管理——河南宋河酒厂调查报告》，全文有四个层次：(1)提高认识，动真碰硬，是强化管理的前提；(2)争创优质是强化管理的目标；(3)分级核算是实现强化管理的手段；(4)联利无级分配是强化管理的保证。请问：这份调查报告属于什么类型？写作这类调查报告一般应注意什么？

2. 下面是某同学为自己拟订的一份学习计划，请指出其中存在的问题。

本人学习计划

伴随着新学期的开始，我们也有了新的学习任务。为了使自己在学习上有一个美好的提高，我为自己制订了一个学习计划。

(1)专业课放首位。随着我们年龄的增大，专业课也逐渐由浅入深。根据上学期对专业课的初步学习，我懂得了只有踏实学好每一节课上讲的内容，戒骄戒躁，认真完成课后作业，才能使自己真正掌握上课所讲的内容。同时也要多请教老师和同学，多与同学交流，坚持晚上学习，以对白天的知识进行巩固，同时也对第二天所要讲的知识进行预习，争取在这一学期的考试中全科通过。

(2)尽量控制自己，减少上网时间。我是个网迷，过去因为上网时常旷课，也受到家长和老师的批评和警告，今后我会尽量控制自己，减少上网时间。网络虽然使我快乐，但也耽误了我的学习，既然认识到这一点，就应该控制自己，尽量做到非礼拜天不去网吧。

以上是我为自己制订的学习计划，本人自知控制能力差，还望老师、同学多多帮助、监督我。谢谢!

×××
××年××月××日

3. 分析下面这篇总结工作报告中存在的问题，并试作改写。

暑期实习工作总结

我是哲学与社会发展学院××级社会学的学生，从××年××月份开始学习计算机软件编程至今年7月份大概有10个月的时间了。在这10个月内，我学习了有关Java的相关课程，具备了部分软件编程的能力。今年暑假我投身到实习的大军中，找到了西安锦程东方标准公司进行实习，下面浅显地谈谈我的实习感受。

(1)感受到了公司的真实气氛

在编写程序的时候觉得其中一个地方要按我以为的怎样怎样写，后来，项目经理在测试的时候发现了问题：与其他程序员的模块衔接出现了一些乱码，即用全角的中文输入时会出现乱码状况。项目经理很气愤，把我给批了一顿。但是，当时感觉自己的想法没有错，却没有想到会出现乱码状况，此时才发现自己学得还不是很系统。项目经理的话或者说老板在公司中就是头儿，要服从，其实也是职员该做的事情。

(2)学会了沟通和处理问题的方法

和需求公司的人聊他们的需求的时候，那个人对网站的一些术语不是很懂，就需要我们用最通俗的话去和他们沟通交流，在做项目的时候得学会和同事交流沟通，相互帮助相互发现彼此的问题，团队精神在项目最后阶段得以充分体现。同时明白沟通交流的重要性，比如我的程序中我没有用过全角的汉字输入测试过，但是项目经理就查出来了，如果让其他同事帮我测试一下，说不定就可以避免这种问题。毕竟一个人的能力是有限的。同时做事情一定要细心，遇到任何事情都不要慌张。

(3)快速学习的能力也得以提升

在学习中，老师不可能把所有的东西都教会你，在学校中老师只是大概提了一些的东西甚至一点都没有提到的知识在做项目的时候却用到了。这就需要你快速的学习能力、接受能力，并且把所学到的东西快速地运用到实践中去。

实践，就是把我们在学校所学到的理论知识，运用到客观实际中去，使自己所学的理论知识有用武之地。只学习不实践，那么所学就等于零。理论应该与实践相结合。而另一方面，实践可以为以后找工作打下基础。通过这段时间的实习，我学到了一些在课堂上学不到的东西。因为在这里身处的环境不同，所接触的人与事也不相同，从中学到的东西自然就不一样了。要学会在实践中学习，从学习中实践。

通过这次工作实习让我学到了很多，而当初参加暑假工作实习的目的是对自己这一年来所学到的计算机知识、所培养的能力以实践的方式来检验，培养自己主动学习知识、分析问题、解决问题的能力和团队合作精神及协调处理事务的能力。虽然这次实习没能全面地学会，但是也让我稍稍地浅尝了滋味，让我提高很多，这次实习真是受益匪浅。

××××年××月

(二)材料写作

1. 请根据下列材料，设计调查问卷。要求格式完整，问题项中除个人信息调查项外，至少要列出 5 个调查项。

中学生对传统文化知之甚少

96%的学生不知道"四书""五经"是什么。某师范大学社会历史学院暑期实践队调查发现，大学生对中国传统文化缺乏足够的认识。

……调查显示，只有17%的学生看过《三国演义》等中国古代四大名著，知道四大名著作者的占25%，25%的学生表示一点也没看过。

当问到"四书""五经"时，只有4%的学生答对；一半以上的学生没听过"卧薪尝胆""凿壁偷光"的故事；虽然多数学生知道"孔融让梨"的故事，但他们表示不会像孔融那样做。

在对待学习方面，89%的学生认为身边的同学有弄虚作假的现象，很少认真对待；在意志品格方面，68%的学生认为中华传统美德在现代社会仍有重要作用，还有一些学生认为"只有一些作用"……

2. 根据下列材料以学生会的名义编发一份简报。可根据需要补充内容，要符合简报的格式要求，并根据逻辑顺序安排、组织材料。

（1）2006 年度评优工作顺利结束。全校共评出三好学生 126 名，优秀学生干部 48 名，社会活动积极分子 95 名，先进集体 10 个。

（2）12 月 24 日，学生科召开全校团干部会，进行了总结并公布了评优结果。

（3）在评选的过程中先组织学生学习有关文件，由班主任组织了评选工作。

（4）12 月 29 日召开了全校表彰大会，校长讲话，领导颁奖。

（5）这次评优活动在全校造成了良好的影响。

（三）实践练习

1. 结合实际为自己制订一份课外读书计划。

2. 元旦即将到来，请以小组为单位策划本班元旦联欢会。

3. 大学生涯即将结束，回忆漫长而短暂的三年，其间有成功的喜悦也有失败的痛楚，试结合自身实际拟写一篇校园生活的全面总结。

4. 大学生的日常消费水平越来越成为社会关注的一个问题，请拟制一份调查问卷，对自己所就读的学校开展一次调查。

第四章 日常文书

学习目标

· 了解日常文书的概念、特点、作用及种类；理解常用文书的写作要求。

· 掌握各类常用日常文书的结构特点及书写规则。

· 体味例文，模拟写作，培养撰写日常文书的能力。

日常文书是党政机关、社会团体、企事业单位和个人，在日常工作和生活中广泛使用的用来沟通信息、联络感情、表达意愿的实用文书。

常见的文书有书信类文书、致词类文书、应聘类文书、条据类文书和宣告类文书。它们虽不像公文那样具有法定的规范标准，但自有约定俗成的规律特点，写作时应严格遵循，不可随意增添项目。恰当的语言运用、得当的语气、简明扼要的叙述、规范的措辞和文字都不可忽视。

第一节 申 请 书

一、申请书的概念与特点

申请书是个人或单位为实现其愿望，对上级有所请求时所写的一种专用书信。

申请书表现为内容单一，主题明确，一般一事一书，即一份申请书只提出一个申请。

二、申请书的写作与范例

申请书的结构由标题、称谓、正文、结尾、落款、日期组成。

(一)标题

在申请书第一行的正中要写上申请书的名称。有的只写"申请书"字样。有的由申请事项和文种构成，如《入党申请书》等。标题的字体可以稍大，也可与正文相同。

(二)称谓

称谓也称"抬头"或"称呼"，即在标题下空一两行顶格处写上接受申请书的组织、机关、团体的名称或有关负责同志的姓名，如"××团支部""××市市场监督管理局""××同志"等，名称后面要加冒号。

(三)正文

正文一般包括以下三部分内容。

1. 申请事项

申请事项，即开篇就要向领导、组织提出申请什么。要开门见山，直截了当，不含糊。

2. 申请缘由

申请缘由，即为什么申请。通常是先说明申请的目的、意义及自己对申请事项的认识，再谈自身已具备的条件。在撰写缘由的时候站位一定要高，让人感觉是从大局出发，集体利益为先，而不是以"小我"的利益为重。

3. 决心和要求

再次提出请求，进而表明自己的决心、态度，以便组织了解写申请书的人的认识和情况。

(四)结尾

申请书可以有结尾，也可以没有。结尾一般是写"此致、敬礼"之类表示敬重的话。在正文下一行空两格写"此致"，另起一行顶格写"敬礼"，还可以写表示感谢、祝颂的话。此外，还可写些"敬祈核准""请领导批准"等语。

（五）落款

在正文的右下方，写上申请人姓名或申请部门名称(要盖章)。

（六）日期

在落款下面写上申请的年、月、日。

范　例

国家励志奖学金申请书

尊敬的院系领导：

您好！我是××××专业××班学生×××。在这一学年里，我始终要求自己保持积极向上的心态，时刻以一个合格甚至优秀的大学生的标准来要求自己，努力使自己成为一个全面发展的大学生。本人认为自己在各方面均符合国家励志奖学金的评选条件，故提出此份奖学金申请书。为使各领导有一个详细的评选参考，现将本人的基本情况介绍如下：

学习情况：在过去的一年里，每次的考试均名列专业前五名，平均成绩在90分以上，单科成绩在80分以上，两学期的量化排名均为第一。然而单凭考试成绩，并不足以说明自己是一名全面发展的当代优秀大学生。因此，我努力参加各种专业技能相关的活动，旨在提高自己，并取得了一系列的成绩：

1. 在第五届"南方测绘杯"测量比赛中获优秀奖；

2. 在××学院第二届"职业技能竞赛月"获"办公自动化"一等奖；

3. 在××学院第二届"职业技能竞赛月"获"手工制图"三等奖；

4. 在××学院第二届"职业技能竞赛月"获"道路工程制图"三等奖。

生活情况：因为家庭经济条件有限，家里提供的生活费只能覆盖基础的花销。因此，上一学年我申请到勤工助学岗位，以补贴自己的生活费。然而，随着现在信息化水平的高速发展，接触信息设备较迟的我遇到了非常大的挑战。为满足专业及未来发展的需求，我利用暑假、寒假勤工俭学，给自己添置了一台笔记本电脑，空余时间就学习CAD等工作所需的电脑软件技术，努力使自己将来可以成为一名合格的工程人员。

校园工作情况：进入大学以来，由于各方面的优势及全班同学师生的肯定，我被大家选为"学习委员"，对此，我深感荣幸，也乐意担当。在校园工作方面，我努力做好同学们跟老师之间的桥梁，加强同学们与老师的交流；鼓励大家参加各种"技能活动"，力求加快每个同学以及全班整体素质的提高。因为，只有当每一个同学的素质提高了，整个班级才能有质的飞跃。

在这一学年中，我在各个方面都取得了巨大的进步，因此提出本奖学金申请书。在此，我要特别感谢院系领导和各位老师的悉心教诲，以及同学们在工作和生活上对我的支持和帮助。在今后的日子里，我要以更加严格的标准来要求和鼓励自己，以求更优异的表现。

以上为本人的基本情况，敬请各位领导审核。

此致

敬礼

申请人：××

××年××月××日

【范例简析】

这是一个大学生关于国家励志奖学金的申请书，格式完备，内容完整。申请人通过学习情况、生活情况和校园工作情况三方面把申请的事情和理由陈述清楚，使读者能够清楚了解申请者的具体情况。但值得注意的是，此类申请书要求申请人如实阐述自己的真实情况，切忌夸大其词，不切实际。

三、撰写申请书应注意的问题

申请书写作时的具体注意事项如下。

(1)申请事项要具体、清晰，一文一事。

(2)理由要充分、合理，实事求是，不能虚夸和杜撰，否则难以得到上级领导的批准。

(3)申请语言诚恳有分寸、朴实准确，简洁明了。

第二节 倡 议 书

一、倡议书的概念与特点

倡议书是个人或集体提出建议并公开发起，希望共同完成某项任务或开展某项公益活动所运用的一种专用书信。

对象的广泛性和群众性是倡议书的根本特征。

二、倡议书的写作与范例

倡议书一般由标题、称呼、正文、结尾和落款五部分组成。

(一)标题

倡议书的标题一般有三种形式：

(1)发出倡议者+倡议内容+文种，如《××大学诚信考试倡议书》。

(2)倡议内容+文种，如《把遗体交给医学界利用的倡议书》。

(3)只写文种，如《倡议书》。

(二)称呼

倡议书可依据倡议的对象而选用恰当的称呼。如"广大的青少年朋友们""广大的妇女同胞们"等。有的倡议书也可不用称呼，而在正文中指出。

(三)正文

倡议书的正文内容包括以下两个方面。

(1)写明倡议的背景、原因和目的。因为发出倡议是要读者响应的，只有交代清楚倡议活动的原因、目的、意义，人们才会理解和信服，才会自觉地响应和行动。这些因素交代不清就会使人觉得莫名其妙，难以响应。

(2)写明倡议的具体内容和要求。这是正文的重点部分。倡议的内容一定要具体化。开展怎样的活动，做哪些事情，具体要求是什么，它的价值和意义都有哪些，均需一一写明。最好分条开列，这样才显得清晰、明确。

（四）结尾

结尾要表示倡议者的决心和希望，有的还写出某种建议。

（五）落款

落款即在右下方写明倡议者单位、集体或个人的名称或姓名，署上发出倡议的日期。

 范 例

"光盘行动"倡议书

亲爱的同学们：

有关数据显示，饥饿是人类的头号杀手，每 6 秒钟就有 1 名儿童因饥饿死亡，饥饿平均每年夺去 1000 万人的生命。与此形成鲜明对比的是另一组数据：我国每年浪费粮食约 500 亿公斤，接近全国粮食总产量的十分之一。即使按保守推算，每年最少倒掉约 2 亿人一年的食物或口粮。如果每天浪费的粮食回收 5%，就可以多救活 400 万饥民。

节约是一种美德，节约是一种智慧。近日，随着全国主流媒体对"舌尖上的浪费"大加挞伐，一项倡导将盘中餐吃光、喝净、带走的"光盘行动"正在全国兴起，并得到许多民众、餐饮业经营者、公益组织的热烈响应，为此，我们号召全体同学积极参加到"光盘行动"中来。"谁知盘中餐，粒粒皆辛苦。"我们不能忘记勤俭节约的传统美德，更不能忘记全国仍有 1 亿多贫困人口。

同时，我们还要爱护我们吃饭用的餐具，拒绝因为不爱护餐具而造成浪费，拒绝因为一时方便而引起的"带筷带碗回寝室"的行为，不要因为贪图小便宜而贬低自己引以为豪的行为。

我们倡议，树立节约光荣、浪费可耻的思想观念，厉行节约，反对浪费。

我们倡议，吃饭时吃多少买多少，不剩饭剩菜。吃光碗里的最后一粒米、盘中的最后一棵菜。

我们倡议，以"光盘"为荣，以"剩宴"为耻。就餐点菜时，适度适量，吃饱为好。剩饭要打包，减少奢侈浪费。

我们倡议，同学们既要做"光盘行动"的实践者，也要做"光盘行动"的推动者。让更多的人了解"光盘行动"，参与"光盘行动"。

我们倡议，爱护餐具，让餐具回家，在使用餐具时质变我们作为大学生的品质，在对餐具的态度上升华我们的行为美德。

加入"光盘行动"，爱护餐具，拒绝浪费，珍惜粮食。今天不剩饭，从我做起。我是"光盘"我光荣！加入我们，你愿意吗？

××学院青年志愿者协会

××年××月××日

【范例简析】

此倡议书第一、二段写明了倡议的背景、原因和目的。数据对比使人触目惊心，极具说服力。倡议事项"光盘行动"是正文的重点部分，五个简洁有力的排比段将内容和要求清晰列出，使响应者听起来明明白白。感情真挚，富于鼓动性，有立竿见影的实际效用。

三、撰写倡议书应注意的问题

倡议书写作时的具体注意事项如下。

(1)倡议书的内容要有新时代精神，要切实可行，不能违背国家的方针政策。

(2)倡议书的背景目的要写清楚，理由要充分。

(3)倡议书的措辞要确切，情感要真挚，同时要富于鼓动性。

(4)倡议书的篇幅不宜太长。

第三节 慰 问 信

慰问信是党政机关、社会团体、企事业单位或个人向遭受灾难或获得成绩的单位、团体或个人表示问候、慰勉、关切和鼓励的一种应用文书。

一、慰问信的特点与种类

(一)慰问信的特点

1. 针对性

慰问信一般是针对对方遭受了灾难或取得了成绩的事实而发出，要特别注意慰问信的情境，针对不同的事由，会有不同的写作方法。

2. 抒情性

慰问信用生动的语言表达自己真切的情感。慰问信的字字句句都表露出对收信人亲切、诚挚的慰问和关怀，言辞一定要恳切，使对方得到宽慰。

3. 鼓励性

不管是对灾难还是对成绩，除了对对方表示慰问外，慰问信还表达对对方的鼓励。鼓励他们战胜困难，再接再厉，借此传达催人奋进的勇气与动力。

(二)慰问信的种类

1. 按慰问信的发送形式分类

按照发送形式的不同，慰问信可分为慰问信、慰问函和慰问电等。

2. 按慰问信的内容分类

按内容的不同，可将慰问信分为三种：

(1)对获得成绩者的慰问信。向做出贡献的集体或个人表示慰问，鼓励他们戒骄戒躁，继续努力。

(2)对遭受灾难者的慰问信。向由于某种原因而遭到重大损失或巨大灾难的集体或个人表示同情和安慰，鼓励他们战胜暂时的困难，努力改变现状。

(3)节日慰问信。在中国的传统佳节，如端午节、中秋节时，对仍然坚守在工作岗位上的人员和军人等表示慰问，向他们的奋斗和奉献精神致以敬意。

二、慰问信的写作与范例

慰问信包括标题、称谓、正文、祝愿语和落款五个部分。

（一）标题

慰问信的标题一般有以下几种形式：

（1）慰问方+慰问对象+文种，如《安徽省药学会致全省药学会会员和药学科学技术工作者的慰问信》。

（2）慰问对象+文种，如《致邹韬奋夫人沈粹缜的慰问信》。

（3）慰问方+文种，如《省委省政府发出的慰问信》。

（4）只写文种，如《慰问信》。

（二）称谓

另起一行顶格书写称谓，后接冒号。称谓为慰问对象的单位名称或个人姓名。

（三）正文

正文部分应包括以下三项内容。

1. 缘由

即写慰问信的缘由，简要写明慰问事件的时间、发生过程及影响，接着写表示慰问的话，如"向你们致以节日的问候和亲切的慰问"或"致以崇高的革命敬礼"等。

2. 慰问

可以表明慰问方的身份，并且对事件中发挥积极作用的慰问对象表示肯定和适当的赞扬。对慰问对象的先进思想和事迹，或是战胜困难、舍己为人、不怕牺牲的可贵品德和高尚风格给予充分的肯定，指出今后的奋斗方向，并向对方表示慰问和学习。

3. 勉励

勉励慰问对象，要有克服困难的信心和决心，要有努力奋进的勇气。

（四）祝愿语

换行写上表示敬意、鼓励之情的话语，例如"向您表示衷心的慰问""请接受我们诚挚的慰问和衷心的祝愿""祝取得更大的成绩"等。

(五)落款

署名为单位名称或个人姓名,在署名正下方写上成文日期。

 范 例

致四川地震灾区的慰问信

四川省人民政府:

惊悉贵省汶川县遭受 7.8 级强烈地震,给人民群众的生命财产带来极为严重的后果,我们对同胞们的遭遇感同身受。作为港区全国人大代表和香港市民,我们的心与灾区人民的心紧紧联系在一起。我们对灾区人民群众表示深切的慰问,也相信在国务院及贵省政府带领下,一定能克服灾害带来的种种困难。

请接受我们诚挚的慰问和良好的祝愿!

香港特别行政区第十一届全国人大代表

2008 年 5 月 13 日

资料来源:《中国人大》2008 年第 10 期。

三、撰写慰问信应注意的问题

(一)对象要明确

慰问的对象要明确,针对不同的慰问对象、不同的慰问事件,要恰如其分地表达慰问之情。如果慰问多个对象,要注意对象的完整性,以免遗漏。

(二)重点在鼓励

慰问信的作用在于问候、鼓励对方,有的时候慰问要点到即止,如在对遭受灾难的人们进行慰问的时候,对于他们的损失只要适当地提及即可。为了避免再次让对方伤心,不宜过于强调损失和伤亡。因此,应尽量把重点放在鼓励上,让慰问对象鼓起信心和勇气,充满希望地面向未来。

(三)要表达真情实感

慰问信的用词要表达真情实感。慰问信在勉励遭受灾难者或鼓励获得成绩的单位、团体、个人时，措辞要得体、准确、实在，语言贴切、诚恳，做到以情动人，恰如其分且有感染力。

第四节 贺 信

贺信是向个人或组织在取得胜利、创造佳绩、举行婚礼及庆祝生日等喜庆活动时，表示良好祝愿的一种礼仪文书。贺信的使用非常广泛，大到国家之间，小到百姓之间，均可使用该文种。

一、贺信的特点与种类

(一)贺信的特点

1. 祝贺性

贺信是对他人或组织的成绩、胜利、婚姻、诞辰等喜庆活动表示良好的祝愿和祝贺的一种专用书信。它在社交礼仪中不可缺少，是促进友谊的良好介质，能够给人以支持和鼓励。

2. 及时性

被邀请者一旦收到对方发来的喜讯，或者是喜庆活动召开的消息，就应该及时发出贺信，应在第一时间让对方知道自己对其的关注和重视，让对方感受到自己的庆祝、赞扬之情。

(二)贺信的分类

1. 按贺信收发双方的关系分类

按贺信收发双方的关系不同，可分为上级对下级的祝贺、同级之间的祝贺、下级对上级的祝贺、单位对个人的祝贺、个人对单位的祝贺、单位之间的祝贺、个人之间的祝贺等。

2. 按贺信的内容分类

按贺信的内容不同，可分为公务贺信和私人贺信。

3. 按贺信出现的形态分类

按贺信出现的形态不同，可分为公开的贺信和私下的贺信。

二、贺信的写作与范例

贺信一般由标题、称谓、正文、祝愿语、落款五个部分组成。

(一)标题

标题有四种写法：

(1)发信人名称+收信人名称+文种，如《市委、市政府给淄博晚报社全体干部职工的贺信》。

(2)收信人名称+文种，如《给王丽女士的贺信》。

(3)发信人名称+文种，如《国务院贺信》。

(4)只写文种，如《贺信》。

(二)称谓

顶格书写受祝贺人名称，后接冒号。

(1)祝贺对象为单位或机关的，则写上单位或机关全称，如"中共济南钢铁集团总公司委员会""济南钢铁集团总公司""贵州日报报业集团及集团全体干部职工"。

(2)祝贺对象为个人的，则可用"姓名"后接"先生""女士"等称呼。

(3)祝贺对象为正在召开或即将召开的会议的，则写上会议名称，如"××××年第×届国际食品安全高峰论坛会议"。需要注意的是，当祝贺对象为两个或两个以上的单位和会议时，可以使用由单位代转祝福给会议的形式作为称谓，如"温州市委、市政府并转第二届世界温州人民代表大会"。

(三)正文

正文部分应包括以下四个方面的内容。

1. 祝贺事项

表明要祝贺的事项，充分肯定和赞扬对方取得的成绩或胜利，或者是向对方开展的喜庆活动表示热烈祝贺。

2. 阐述意义

对祝贺事件的意义进行阐述，说明为何值得庆祝。

3. 表明祝贺者的身份

表明祝贺者的身份，表达祝贺之情。如果祝贺者较多，则一一列出，如在祝贺信里代表哪些人表示祝贺。写明祝贺者的心情，由衷地为其感到喜悦。

4. 提出殷切希望

鼓励对方，提出殷切希望。

（四）祝愿语

祝愿语如果是"此致，敬礼"，则一般分两行写，上一行空两格写"此致"，下一行顶格写"敬礼"。也可以写上"祝明天更加辉煌""祝健康长寿"等祝福语。

（五）落款

祝愿语下另起一行靠右写上贺信发出单位的名称或发出人的姓名，另起一行在名称或姓名正下方写上成文日期。

范　例

贺　信

中国科学院系统科学研究所高小山所长：

欣闻系统科学所即将迎来成立三十周年所庆。我特向您，并通过您向全所同志们表示祝贺！

三十年来，贵所在系统工程、运筹管理、自动推理、系统控制等方面取得了突出的成绩。希望贵所进一步顺应系统科学发展的大趋势，在开创巨系统的科学与技术上取得新进展，为继续推动我国系统科学的发展做贡献！

钱学森
二〇〇九年十月二十三日

资料来源：https://www.antpedia.com/news/61/n-50661.html。

三、撰写贺信应注意的问题

(一)不可千篇一律

根据祝贺者和祝贺事项的不同，贺信的书写也会不同，不可千篇一律。

(二)要出自真情实感

书写贺信要饱含深情。用语应真挚热情，言辞恳切，不要敷衍了事。

(三)要一文一事

贺信篇幅不宜过长，事项以单一为佳，尽量一文一事。

第五节　介　绍　信

一、介绍信的特点与种类

(一)介绍信的特点

介绍信是把己方的同事或业务关系介绍给对方，以便进行联系和沟通的常用信函。它有介绍和证明的双重作用。

(二)介绍信的种类

1. 书写式介绍信

书写式介绍信也称为普通介绍信，用一般公文信纸书写。其格式如下：

(1)标题。书写式介绍信的标题一般是在第一行居中写上"介绍信"三个字，有些也可省略。

(2)称谓。称谓在第二行，要顶格写，要写明联系单位或个人的单位名称(全称)或姓名，称呼后要加上冒号。

（3）正文。正文要另起一行，空两格写介绍信的内容。介绍信的内容要写明如下四点：

①要说明被介绍者的姓名、年龄、政治面貌、职务等。如被介绍者不止一人，还需注明人数。其中，政治面貌和被介绍者的年龄有时可以省略。

②写明要接洽或联系的事项，以及向接洽单位或个人所提出的希望和要求等。

③要在正文的最后注明本介绍信的使用期限。

（4）结尾。介绍信的结尾要写上"此致""敬礼"等表示祝愿和敬意的话。

（5）署名。出具介绍信的单位名称写在正文右下方，并署上介绍信的成文日期，加盖单位公章。这种介绍信写好之后，一般装入公文信封内。信封的写法与普通信封相同。

2. 填写式介绍信

填写式介绍信是一种正式的介绍信，铅印成文，内容格式等已事先印制出来，使用者只需填写姓名、单位及事项，另加盖公章即可。

填写式介绍信又可细分为两种：一种为带存根的介绍信，另一种为不带存根的介绍信。

带存根的介绍信通常一式两联，存根联由开介绍信的一方留档备查，正式联由被介绍人随身携带。格式统一制作的介绍信使用时简单方便，只需填写个别内容，可以提高工作效率，是公用介绍信使用较多的一种。

不带存根的介绍信内容格式与带存根的介绍信在正文的印制上无甚差别，也是随用随填，只是不留存根而已。

带存根的印制式介绍信一般由存根联、间缝和正式联三部分组成。

（1）存根部分。

①存根部分的第一行：正中写"介绍信"三个字，字体要大；紧接"介绍信"的字后，用括号注明"存根"两个字。

②第二行：在右下方写"××字×号"字样。如市教委的介绍信就写"市教字××号"，县政府商业局的介绍信可写"县商字××号"。"××号"是介绍信的页码编号。

③正文。正文要另起一行写介绍信的内容，具体由以下几项构成：被介绍

对象的姓名、人数及相关的身份内容介绍，还要写明前往何处、何单位；具体说明办理什么事情、有什么要求等。

④结尾。结尾只注明成文日期即可，不必署名，因为存根仅供本单位在必要时查考。

（2）介绍信的间缝部分。

存根部分与正文部分之间有一条虚线，虚线上印有"××字第××号"字样。这里可按照存根第二行"××字×号"的内容填写。要求：数字要大写，如"壹佰叁拾肆号"；字体要大些，以便从虚线处截开后，字迹在存根联和正文联各有一半。同时，应在虚线正中加盖公章。

（3）正式联部分。

①第一行正中写"介绍信"字样，字体要大。

②在第二行右下方写"××字第××号"字样，内容按照存根联填写。

③称谓：要顶格写，写明所联系的单位或个人的称呼或姓名。

④正文：应另起一行，空两格起再写介绍信的具体内容。其内容与存根内容相同，主要写明持介绍信者的姓名、人数、要接洽的具体事项、要求等。

⑤结尾：写明祝愿或敬意的话。一般要写些诸如"请接洽""请指教""请协助"等类的话，后边还要写"此致""敬礼"。最后要注明该介绍信的有效期限。

⑥署名：在右下方要署上本单位的全称，并加盖公章；同时另起一行署成文日期。这类介绍信写好后，也应装入公文信封内。信封的写法与普通信封相同。

二、介绍信的写作要求与范例

介绍信的具体写作要求如下：

（1）不得虚假编造，冒名顶替。

（2）要简明扼要，不可太长。

（3）务必加盖公章。查看介绍信时，也要核对公章和介绍信的有效期限。有存根的介绍信，其存根联和正式联内容要完全一致。存根底稿要妥善保存，以备日后查考。介绍信书写不得涂改，要书写工整。有涂改的地方，可加盖公章。

介绍信(存根)

✕✕字第✕✕号

兹介绍✕✕✕✕同志✕人前往✕✕✕✕✕✕✕✕✕✕✕✕✕✕✕✕联系✕✕✕✕✕✕✕。

✕✕✕✕年✕月✕日

------✕✕字第✕✕号------

介 绍 信

✕✕字第✕✕号

✕✕✕:

兹介绍✕✕等同志✕人,前往你处联系✕✕✕✕✕✕✕✕✕✕✕✕✕✕✕,请予接洽。

此致

敬礼

✕✕✕✕(公章)

(有效期✕✕天)✕✕✕年✕月✕日

【范例简析】

这是带存根的介绍信。间缝正中加盖公章,间缝中间的"✕✕字第✕✕号"字样,号码要大写,便于裁开后存根联和正文联各留一半字迹。存根与介绍信内容应完全一致。

带存根的介绍信,也可以是存根部分在上半页,其余部分在下半页。

 范 例

介 绍 信

_____:

今介绍_____同志等_____人,前往贵公司洽谈有关_____

· 174 ·

_____事宜，请予接待。

　　此致

敬礼！

××公司(盖公章)

××年××月××日

　　【范例简析】

　　这是不带存根的介绍信，联系人或单位的称呼要顶格写，其他按实际情况填写。

第六节　证　明　信

一、证明信的特点与种类

(一)证明信的特点

　　证明信是以行政机关、社会团体、企事业单位或个人的名义，凭借确凿的证据证明某人的身份、经历或某件事情的真实情况时所使用的一种专用书信。证明信一般也称作证明，具有凭证的作用。有的证明信有长久的证明作用，可归档。

(二)证明信的种类

　　证明信大致有三类：单位证明信、个人证明信、随身携带的证明信。其写法大致相同。

　　(1)单位证明信是指以组织名义所发的证明信。这类证明信，可以证明此人的身份、经历、职务，以及同该单位的所属关系等真实情况。这种材料一般源于该单位的档案，或来自调查研究。

　　(2)个人证明信是指以个人名义所发的证明信。这类证明信，由个人书写。证明信的内容完全由个人负责。写这样的证明信，个人一定要严肃认真，仔细回忆，不得信"笔"由缰、马马虎虎。

（3）随身携带的证明信。这种证明信由被证明者随身携带，具有证件的作用。它区别于前两种的是，注明有效期。过期自动失效。

二、证明信的写作与范例

不论是哪种形式的证明信，其结构都大致相同，一般都由标题、称呼、正文和落款等构成。

（一）标题

证明信一般都单独以文种名作标题，即在第一行中间冠以"证明信""证明"等字样。

（二）称呼

称呼要顶格写在第二行，一般是写上受文单位名称或受文个人的姓名称呼，然后加冒号。有些供有关人员外出活动证明身份的证明信因没有固定的受文者，开头可以不写受文者称呼，而是在正文前用公文引导词"兹"引起正文内容。

（三）正文

正文要在称呼写完后另起一行，空两格书写。要针对对方所要求的要点写，需要证明什么问题就证明什么问题，其他无关的不写。如证明的是某人的历史问题，则应写清人名、何时、何地及所经历的事情；若要证明某一事件，则要写清参与者的姓名、身份及其在此事件中的地位、作用和事件本身的前因后果。也就是要写清人物、事件的本来面目。

正文写完后，要另起一行，顶格写上"特此证明"四个字。也可直接在正文结尾处写出。

（四）落款

落款即署名和写明成文日期。要在正文的右下方写上证明单位或个人的名称或姓名，成文日期写在署名下另起一行，然后由证明单位或证明人加盖公章或签名、盖私章，否则证明信将是无效的。

证明信的写作要求如下述范例所示。

范 例

证 明 信

××公司：

你公司××同志，原系我院××级会计电算化专业学生，在校期间，学习认真刻苦，积极进取，乐观向上，多次被评为校级三好学生和优秀班干部，××年被授予省级"优秀三好学生"称号。

特此证明

××学院(印)

××年××月××日

【范例简析】

此证明信为证明某人的身份、经历、有关事实真相，措辞确切肯定，格式规范标准，正文后有"特此证明"字样。

三、证明信的写作要求

(1)实事求是，严肃认真，要言之有据。

(2)对于随身携带的证明信，一般要求在证明信的结尾注明有效期。

(3)语言要准确，不可含糊其辞。不能用铅笔、红色笔书写，若有涂改，必须在涂改处加盖公章。

第七节 开 幕 词

一、开幕词的含义与特点

(一)开幕词的含义

开幕词是会议讲话的一种，指在比较庄重的大中型会议开始时，由与会主要领导或会议主持人宣告会议开始、说明会议议程、阐述会议宗旨的致辞。它旨在阐明会议的指导思想、宗旨、重要意义，向与会者提出会议的中心任务和要求，对会议有着重要的指导作用。

(二) 开幕词的特点

1. 宣告性

开幕词的内容主要是阐述会议的指导思想、宗旨、重要意义，向与会者提出会议的要求，或对会议的成功表示祝愿。适用于较为隆重的会议，一般性会议可以不致开幕词。

2. 指导性

开幕词所提出的会议宗旨是大会的主导思想，所阐明的目的、任务、要求等，引导着会议的进程，对会议有着重要的指导作用。会议结束以后，与会者传达会议精神时，开幕词也是其重要的内容之一。

3. 标志性

开幕词是大会正式召开的标志，主要领导亲临大会并致开幕词，能够显示组织者对大会的重视。

另外，开幕词还具有简明、通俗的特征。开幕词要求简洁明了，短小精悍；通俗易懂，生动活泼，口语化，适合口头表达。

重大会议的开幕词往往对会议召开的历史背景、意义或会议的中心议题等作重点阐述，其他问题则从略。一般性开幕词只是对会议的目的、议程、基本精神、来宾等作简要概述。

二、开幕词的写作与范例

开幕词一般由标题、称谓、正文和结束语四部分组成。

(一) 标题

开幕式标题的写法有以下四种形式：

(1) 由"会议全称+文种"组成，如《中国共产党第十六次全国人民代表大会开幕词》。

(2) 由"致辞人姓名+大会名称+文种"组成，如《×××同志在×××大会上的致辞》。

（3）有的采用复式标题。主标题揭示会议的宗旨、中心内容，副标题与前两种标题的构成形式相同，如《我们的文学应站在世界的前列——中国作家协会第四次代表大会开幕词》。

（4）只写文种"开幕词"三字。开幕词标题中如果没有时间和致辞人姓名，则应在标题的下一行居中书写时间和致辞人姓名。

（二）称谓

开幕词是礼节性致辞，称谓是礼节、礼貌的体现。称谓要根据会议的性质和出席会议的人员来确定，一般用泛称，顶格书写，后面加冒号。如"同志们""各位代表、各位来宾""各位老师、各位同学""运动员同志们"等。如果是党的会议，称呼比较简单，就是"同志们"三字。如果是国际会议，要按照国际惯例来排序，较常见的是"各位嘉宾、女士们、先生们"。称呼的选用要涵盖全体人员，不能遗漏。也可以在称呼后面再加上礼节性的问候，如"大家好""晚上好"。

（三）正文

正文包括开头、主体和结尾三部分。

（1）开头部分。

开头部分的主要内容是宣布会议开幕。

一般的写法是：开门见山地宣布会议开幕，宣布会议名称要写全称，以示庄重。也可以对会议的规模、意义、召开的背景、出席会议人员情况和会议筹备情况作简要的介绍，并对会议的召开以及与会人员的到来表示热烈的祝贺和热情的欢迎，以渲染会议气氛，激发与会者的热情。写作时，应单列为一个自然段，与主体部分区分开来。

（2）主体部分。

这一部分内容是开幕词的核心部分，通常包括以下三方面的内容。

一要阐述会议召开的意义，通过对以往工作情况的概括、总结和对当前形势的分析，说明会议是在什么形势、背景下，为解决什么问题或达到什么目的而召开的。二要阐明会议的指导思想，提出会议的任务，概括会议的议程和安排。三是为保证会议的顺利进行，向与会者提出会议的要求。

（3）结尾部分。

通常用祝词发出号召和希望，预祝会议顺利、圆满成功。

4. 结束语

一般采用"预祝大会圆满成功！"等作为结束语。

正文写作要紧扣会议中心议题，语言简洁，篇幅不宜过长，对会议各项内容只作原则性交代。语言要有感染力。

范　例

在"中国国际××展览会"开幕式上的讲话

（××年××月××日）

女士们、先生们：

早上好！由新加坡××有限公司主办、中国××协会与我分会所属的上海市国际贸易信息和展览公司承办的"中国国际××展览会"今天在这里开幕了。我谨代表中国国际贸易促进委员会上海市分会、中国国际商会上海分会表示热烈祝贺！向前来上海参展的西班牙、比利时，以及我国台湾地区、香港特别行政区、澳门特别行政区、其他各省的中外厂商表示热烈的欢迎！

本届展览会将集中展示具有国际水准的各类××产品及生产设备，为来自全国各地的科技人员提供一次不出国的技术考察机会；同时，也为海内外同行共同切磋技艺创造了条件。

朋友们，同志们，上海是中国最重要的工业基地之一，也是经济、金融、贸易、科技和信息中心。上海作为长江流域乃至全国对外开放的重要窗口，将实行全方位的开放。我国政府已将浦东的开发开放列为中国今后十年发展的重点，上海南浦大桥的正式通车，标志着浦东新区的开发已经进入实质性的启动阶段。上海将进一步改善投资环境，扩大与各国各地区的合作领域。我真诚地欢迎各位展商到上海的开发区和浦东新区参观，寻求贸易和投资机会，寻找合作伙伴。作为上海市的对外商会——中国国际贸易促进会上海市分会将为各位朋友提供卓有成效的服务。

最后，预祝"中国国际××展览会"圆满成功！感谢大家！

【范例简析】

这篇开幕词结构完整，各部分写作规范。开幕词简明扼要地介绍了此次展览会的内容、意义和作用，同时还突出了主办地的环境优势和美好的发展前景，充分体现了东道主热情好客的真挚情怀。语言感情色彩浓烈，为大会营造了良好的气氛。

三、撰写开幕词的基本要求

（1）重点突出，详略得当。写作时应该把握会议的性质，掌握会议的主题、精神，全面了解会议的情况，重点阐述会议的意义、任务和要求，而对于会议本身的情况，如筹备情况、会议议程等，则要概括说明，点到为止。

（2）明快流畅，富于号召力、鼓动性。在开幕词的写作中，常见的问题是书面化有余而口语化不足，语言冗长难懂，影响了表达效果，削弱了开幕词应有的号召力和鼓动性。因此，在写作中要注意：语言要明快流畅，礼貌得体；语气要热情友好，感情热烈；尽量使用口语，具有口语色彩，体现出开幕词的号召力和鼓动性。

（3）篇幅不宜过长，语言要概括，文字要简练。

第八节　欢　迎　词

一、欢迎词的概念

欢迎词是在迎接宾客的仪式上或开会、举办宴会开始时，主人对宾客或会议代表的到来表示热烈欢迎的讲话稿。

二、欢迎词的写作与范例

欢迎词一般由标题、称呼、正文和结尾四部分组成。

（一）标题

标题一般由致辞人、致辞场合、文种三个要素构成，如《×××在××会议开幕式上的欢迎词》，有时也可只写"欢迎词"三字。

（二）称呼

顶格写对欢迎对象的称呼，后加冒号。出于礼仪的需要，称呼要用尊称，在姓名后要加上职衔(有时也可以只称职衔)，并加上"先生"或"同志"等称谓语，而在姓名(或职衔)前则要加上"尊敬的""亲爱的""敬爱的"等表示亲切的词语。对在场的其他主、客人员，一般要用"女士们、先生们"或"朋友们、同志们"等泛称。如果欢迎(送)的宾客是一个代表团，一般也用泛称。

（三）正文

开头要写辞词人以什么身份、代表谁、对谁表示欢迎，接着写来访或召开此次会议的意义、作用，或者述说两国或两个单位之间的友谊、交往，对过去合作成就的回顾或对此次活动的希望等。

（四）结尾

祝愿宾客来访或会议圆满成功，祝愿宾客与会议代表在访问期间、会议期间过得愉快。

 范 例

欢 迎 词

女士们、先生们：

值此××厂30周年厂庆之际，请允许我代表××厂，并以我个人的名义，向远道而来的贵宾们表示热烈的欢迎。

朋友们不顾路途遥远专程前来贺喜并洽谈贸易合作事宜，为我厂30周年庆更添了一份热烈和祥和，我由衷地感到高兴，并对朋友们为增进双方友好关系做出努力的行动，表示诚挚的谢意！

今天在座的各位来宾中，有许多是我们的老朋友，我们之间有着良好的合作关系。我厂建厂30年能取得今天的成绩，离不开老朋友们的真诚合作和大力支持。对此，我们表示由衷的钦佩和感谢。同时，我们也为能有幸结识来自全国各地的新朋友感到十分高兴。在此，我再次向新朋友们表示热烈欢迎，并希望能与新朋友们密切协作，发展相互间的友好合作关系。

"有朋自远方来，不亦乐乎"。在此新朋老友相会之际，我提议：

为今后我们之间的进一步合作，为我们之间日益增进的友谊，为朋友们的健康幸福，

干杯！

资料来源：《新编应用文写作实用教程》（袁雪良、刘静、张小莹主编，北京邮电大学出版社，2012 年）。

【范例简析】

这篇欢迎词，第一、二段说明了现场举行的是何种仪式，并对来宾的到来表示衷心的感谢和热烈的欢迎。第三段对宾主双方的合作给予了高度评价，并对未来双方的前景作出展望。最后，以举杯的方式表达对宾客的美好祝愿。全文结构清晰、思路流畅，语言表达得体大方。

第九节 答 谢 词

一、答谢词的特点与分类

答谢词是在喜庆宴会、欢迎或欢送会、授奖大会等场合，或对曾经帮助过自己的有关团体表示感谢的致辞。

答谢词有两类：一类是在交往活动开始时，先由主人致欢迎辞，接着由客人致答谢辞；另一类是在交往活动结束后，客人对主人的盛情接待与安排表示感谢，具有辞别的性质。

二、答谢词的写作与范例

答谢词的特点、结构和基本写作要求，与欢迎词基本相同。

答谢词的写作要考虑以下几点：

（1）答谢词要求有对应性。即对主人一方的欢迎词、欢送词或授予荣誉称

号仪式上主方的讲话和热情接待的事实，有针对性地表示衷心感谢。主人已经致辞在前，作为客人不能"充耳不闻"，要注意与致辞的某些内容照应，这是对主人的尊重。即使预先准备了答谢词，也要在现场紧急修改补充，或因情因境临场应变发挥。要使用比如"感谢""致"之类热情洋溢、充满真情的词语。这样，才可以使主客双方的感情得到进一步加深。

（2）答谢方往往是在异地作客，要充分了解当地的民情、风俗、尊重对方习惯。

（3）要注意篇幅力求简短。答谢词属于应酬性讲话，而且往往是在一次公关礼仪活动刚开始时发表的，下面还有一系列的活动等着进行。因此篇幅要力求简短，不宜冗长拖沓，以免令人生烦，只要表达出答谢之情即可。另外，答谢方可以在答谢词中表达自己的意愿，以获得对方的支持。

 范 例

在接收救灾粮仪式上的答谢词

亲爱的××领导，远道而来的客人们：

今天，我们怀着无比激动、无比振奋的心情，在这里迎接××红十字会给我们县师生捐赠救灾粮的亲人。

今年7月以来，我国遭受了百年未遇的大旱灾。7、8、9三个月，炎阳连天，滴雨不下，池塘干涸，溪河断流，田地龟裂，禾苗枯死，真是赤地千里！我们虽奋力抗灾，但自然灾害的肆虐，使10多万人饮水困难，30多万亩颗粒无收。我们县的中小学生，就有一万多名因受灾辍学，还有几万名同学靠教师、亲属的接济度日。然而，党和政府没有忘记我们，兄弟县市的乡亲没有忘记我们，省市领导多次亲临，视察灾情，组织救援，市县国家干部职工争相解囊，捐粮捐钱。今天，我们又接到了你们无私捐助的大批救灾粮食。"一方有难，八方支援"，团结互助，无私奉献，只有在今天优越的社会主义制度下，只有在我们伟大的社会主义中国才能办到！

谢谢你们，远方的亲人！我们全县人民，一定从你们的援助中汲取力量，奋发图强，重建家园；我们全县中小学生，一定会努力学习，奋勇登攀，以崭新的成绩，来报答党和人民的关怀，报答你们的深情厚谊！

【范例简析】

先表接受援助的激动心情，历数接受援助的原因，凸显雪中送炭的恩情，使得谢意和决心都显得真诚而热烈。

第十节 求 职 信

求职信是指求职者为了获得社会团体、企事业单位等的某个职位，借用书面形式，对自身的能力、条件、特长、意愿等进行展示的专用书信。

一、求职信的特点与种类

(一)求职信的特点

1. 目的性

求职信的直接目的就是谋取某个职位。求职者如果要借求职信向特定单位或部门表达获得某个职位的意愿，就需要事先对该单位、部门及其职位有充分的了解。在对其充分了解的基础上，在求职信中将自身与所谋职位要求相匹配的条件进行充分阐述，使用人单位对求职者产生兴趣，并认为其适合相应的职位。

2. 自荐性

要让用人单位通过一封求职信对自己产生兴趣并且认为自己是合适人选，求职者就需要毛遂自荐，就应该在求职信中充分地展示自己。通常求职者必须在求职信里全面、深刻地介绍、包装自己，以便用人单位通过求职信全面地了解自己。

求职信在推荐自己时，应着重从三个方面入手：一是自己的基本条件，重在介绍自己的年龄、性别、学历、工作经历、职称、职务、著作、发明创造、特长等，这是求职者必要的自荐条件。二是求职者的内在条件，它是对基本条件的补充说明，是求职者和其他求职者最重要的区别之处，也是求职信的核心部分。内在条件主要向用人单位表明自己拥有的专业知识和工作经验、专业技能和成就、与职位要求相关的特长、兴趣和爱好及能力等，它重在说明求职者能帮助用人单位解决急需解决的困难和问题，能独当一面地工作，能胜任招聘岗位的要求。三是求职的诚意，求职信要充分坦露对用人单位的敬慕与向往，以诚感人，以诚取信。

3. 真实性

求职信要真实地反映求职者的情况，用词用句要真实、朴素、不浮夸，既不夸大事实也不妄自菲薄，平实的语言常常更能取得招聘单位的信任和关注。

（二）求职信的种类

1. 按求职信的投递方式分类

按投递方式的不同，求职信可分为泛发性求职信和专递性求职信等。

2. 按求职信的诉求目标分类

按诉求目标是否明确，求职信可分为自荐信和应聘信等。

3. 按求职信的使用载体分类

按使用载体的不同，求职信可分为纸质求职信和电子求职信等。

二、求职信的写作与范例

求职信一般包括标题、称谓、问候、正文、致敬语、落款、附件七个部分。

（一）标题

（1）求职者姓名+文种，如《董方丘的求职信》。

（2）只写文种，即《求职信》。

（二）称谓

如果称谓对象是个人，则称呼可以用敬辞+姓名+职务，例如"尊敬的××经理""尊敬的××先生"等，不可直接称呼对方姓名或职务；如果称谓对象是单位或部门，则只写该单位或部门的规范化名称，如"××公司"。

（三）问候

在称谓对象是个人的求职信中，一般要换行空两格写上"您好"等问候语。

（四）正文

正文部分应包括以下三方面内容。

1. 求职的原因

这一部分需开门见山，并且要简洁，以免对方觉得语句啰唆而失去继续阅读的兴趣。首先表明求职信息的来源、渠道，如"我从××处得知贵公司需要××职位人员一名"，这样显得求职者是应邀而来，不会唐突；其次表达自己的求职意愿，如"我愿意在贵公司担任该职位"等；最后写自身具备的与单位职位相符的条件，希望得到就职机会。

2. 自身具备的条件和能力

这是求职信的重点，它是求职者的个人资料，包括个人一般情况与专业、特长、爱好、经验等。具体包括四个方面的内容。

（1）个人基本状况：姓名、性别、年龄、籍贯、民族、学历、职务、职称、政治面貌等，可视情况增删。

（2）求职者的学历、经历与成绩，尤其是与应聘职位有关的受教育专业和工作经验。应列出学历，主修、辅修与选修课程及成绩，社会实践经验，个人生活经历等，要突出重点，简明扼要。

（3）本人的专长、技能、兴趣、性格等。

（4）应聘的理由，主要是指应聘者对应聘单位的兴趣与要求，适合或希望谋求什么样的职位等。如果在开头部分已经提到，可以适当删减。

3. 再次强调求职意愿

再次强调求职意愿，希望得到录用机会，并期盼尽快得到招聘单位的回复，如"可否录用，敬盼回音""如需面试，请惠赐通知，我必准时赴试"等。

（五）致敬语

一般在正文后或另起一行空两格写上"此致"，然后换行顶格写上"敬礼"，也可用"祝贵公司兴旺发达""顺后安康""深表谢意"等做致敬语。

（六）落款

署上求职者的姓名，在姓名正下方写上成文日期。

(七)附件

可在求职信后附上相关的文本资料,例如户口证明、身份证、毕业证书、荣誉证书、工作履历表、个人自传、职称证书等,并附上电话、电子信箱等联系方式。

范 例

求 职 信

尊敬的经理先生:您好!

几天前,我从✕✕招聘网的热点招聘信息栏中了解到贵公司需要招聘两名业务销售经理,我很愿意一试,故冒昧地给您写信。

我所学的专业是市场营销,今年7月将从✕✕学院毕业。在大学期间我曾多次从事兼职。在大学就读的第一个暑假,我曾为贵公司做过商品促销工作。在此期间,贵公司产品的良好质量和优越性能给我留下了深刻印象。我由于促销成绩不错亦受到有关人士好评,鉴于此,我希望能到贵公司工作,以自己的微薄能力为贵公司扩大业务做出贡献。

本人身体健康,吃苦耐劳,爱好广泛,谦虚好学,乐于助人,有良好的环境适应能力和人际交往能力;学习成绩优良,外语和计算机操作能力较强,多次被评为优秀团员、三好学生、模范干部(附上在校期间的成绩记录及获奖情况,请参阅)。

久闻贵公司深值信赖且有发展潜力,神往已久,希望贵公司给我一个努力工作、施展才华、发挥潜能的机会。如需面试请告之,我必准时赴试。

此致

敬礼!

自荐人:✕✕✕

✕✕✕✕年✕✕月✕✕日

三、撰写求职信应注意的问题

(一)措词应恰当,用语要委婉

在撰写求职信时,措词应恰当,用语要委婉,不夸张不自负,不目空一切,也不过分谦虚。介绍自身条件时,要突出主要条件,且要用诚心打动对方,而不是把自己夸得天花乱坠。

(二)格式要正确

写求职信不可随心所欲,求职者不应为了表现自己而把求职信写得花样百出。要遵守正确的格式要求,这不仅是对招聘单位的尊重,也会让对方觉得求职者是做事严谨、认真的人。

(三)要突出重点

求职信不可能做到面面俱到,因此就需要求职者有针对性、有重点地进行自我介绍。不仅要了解自身的优势,还要了解对方的需求,要有个性和针对性地进行撰写。可以重点写与招聘单位相关的信息,以吸引对方的关注。

(四)要换位思考

用人单位需要什么样的人才?看重人才哪个方面的能力?在撰写求职信前应该对这些问题进行思考。在对用人单位的情况及其人才需求方面进行一定了解后,再动笔书写,这样可以有的放矢地展示自己,以提高求职的成功率。

第十一节 启 事

一、启事的特点与种类

(一)启事的特点

启事是机关团体、企事业单位及公民个人有事情需要向公众说明或请求有关单位、广大群众帮助时所写的一种说明事项的实用文体。

启事是一种使用频率极高的文种，属于事务文书中的告知类应用文。其内容广泛，几乎涉及日常工作、生活的方方面面。其特点主要体现在以下五方面。

1. 公开性

当事人希望有更多的公众了解启事的内容，并给予帮助，因此，启事具有公开性。

2. 普通性

无论是部门还是个人，都可以公开自己请求协助办理的事情，即启事具有普遍性。

3. 对等性

启事对公众没有强制性，不具备约束力；公众对启事的内容和要求可关注也可不关注，可介入也可不介入，即启事具有对等性。

4. 事务性

启事通常为解决某项实际工作或问题所用，本身不具备法规性和约束性，属事务文书中的一次性使用文书。

5. 多样性

启事用途广泛，从发文者来看，既可以是行政机关、企事业单位、社会团体，也可以是个人；从社会效用来看，既可以是大型的商业性广告，也可以是琐碎的纯事务性的告知。因此，启事具有多样性。

(二)启事的种类

启事涉及内容广泛，根据启事的不同作用和目的，可分为以下四种。

(1)寻领类启事。如寻人启事、寻物启事、招领启事等。

(2)征召类启事。如征文启事、征婚启事、招聘启事等。

(3)声明类启事。如声明作废、声明无效、声明无关等。

(4)告知类启事。如更名启事、结婚启事、开业启事等。

二、启事的写作与范例

启事一般包括标题、正文、落款和日期四个部分。

(一)标题

启事的标题写在首行正中。启事的标题通常有以下六种构成方式。

(1)发文者+发文事由+文种,如《××技术进出口公司招聘启事》《××银行迁址启事》等。

(2)发文事由+文种,如《××国际马拉松比赛紧急启事》《征集广告语启事》《寻人启事》等。

(3)发文者+文种,如《××房管所启事》。

(4)文种,如《启事》。

(5)缓急程度+文种,如《紧急启事》。

(6)只有发文事由,没有文种,但内容与写作方法仍属于启事一类。如《寻找车祸目击者》《征婚》《招商》《招租》等。

(二)正文

启事的正文根据不同种类有所不同。一般包括原因、目的、要求、条件、待遇、特征等。例如,寻物启事要写明所遗失物品的名称、数量、特征,遗失的时间、地点,联系人、联系电话、地址及答谢方法等。如果是招聘启事则要写明招聘目的、招聘对象、招聘条件、应招办法等。

(三)落款

启事的落款写在正文右下方,包括公布启事的部门名称或个人姓名。启事的落款有以下三种形式。

(1)标题上有发文单位名称的,落款只署日期。

(2)标题上没有发文单位名称的,落款可署上该单位名称或发文者姓名、日期。

(3)正文内容已经写明发文单位或发文者的,也可不署名称,只署日期。

(四)日期

启事的日期是指撰写的时间,写在署名下面。

一些在报刊、电台刊登或播送的启事,发文日期以当天的时间为准,可以不再另外署时。

寻 物 启 事

本人 4 月 19 日下午 6 点左右在乘坐 528 路公交车时，不慎丢失一粉色 COCAH 包，长约 15cm，内有两张银行卡、一张身份证(后 4 位为 1261)，一串钥匙，望捡到者联系本人，必有重谢，非常感谢！

联系电话：12341736352

QQ：4720××99

联系人：李女士

2022 年 4 月 22 日

【范例简析】

寻物启事或招领启事均应写明：物品名称，大致遗失(捡到)地点、遗失(捡到)时间及物品的主要特征等，以便捡到者(遗失者)辨认信息。但需注意相关物品信息不应交代得过于详细，以防有人冒领。范例中，失主对于身份证信息的描述就非常明智。启事最后留下详细的联系方式以备联系。

范 例

东海证券有限责任公司招聘启事

一、公司简介

最早成立——国内最早成立的证券公司之一。东海证券的前身常州证券，1993 年成立于江苏常州。

最优质——国内证券业最高资信等级之一。2004 年 9 月被上海远东资信评估有限公司评为 AA——资信等级。

最年轻——国内拥有最年轻团队的证券公司之一。平均年龄 30 岁，总部硕士研究生以上学历占人员总数的 50%，其中博士、博士后共 20 多人。

最快速——国内发展速度最快的证券分司之一。几年来，营业网点从 9 个发展到 49 个，客户数量从 12 万发展到 100 万户，管理客户资产从 30 亿发展到 700 多亿，员工人数从 170 人发展到 2700 多人。

最市场化——国内最市场化的券商之一。公司拥有 49 个股东，分布在全国各大、中城市，股份分布均衡。同时，公司管理层也都是从公开市场上招聘选拔的。

最安全——国内最早实现集中交易、客户交易奖金第三方存管的证券公司之一。

最完善——国内拥有相关牌照与资格最多的券商之一。拥有中国政府颁发的所有相关牌照与资格，并有控股子公司东海期货、全资子公司东海投资有限公司。

最注重创新——国内最注重创新业务的证券公司之一，是全国首批第十家创新试点证券公司。自营及资产证券化、短期融资券、衍生产品等创新业务均走在国内前列。

二、招聘岗位

1. 副总经理/总经理助理

招聘部门：固定收益部

工作地点：北京

招聘人数：1 人

岗位职责：负责北京地区银行间债券市场销售、交易业务。

任职要求：

(1) 金融、经济、工商管理等专业硕士以上学历，特别优秀者可适当放宽条件。

(2) 两年以上银行间债券市场或交易所债券市场从业经验。

2. 债券研究员

招聘部门：固定收益部

工作地点：上海

招聘人数：2 人

岗位职责：

(1) 密切跟踪宏观经济形势、政策变化及其对固定收益市场的影响，准确判断市场运行趋势。

(2) 撰写定期或不定期研究报告。

(3) 进行国债期货、利率互换等衍生产品研究。

任职要求：

（1）国内外知名院校毕业，经济、金融等相关专业，硕士及以上学历。

（2）具有两年以上银行、保险公司、基金公司、证券公司等金融机构相关研究经验。

（3）具有扎实的经济学理论知识和宏观经济分析功底。

3．债券投资经理

招聘部门：固定收益部

工作地点：上海

招聘人数：2人

岗位职责：

(1)负责固定收益类产品投资及运作。

(2)理财资产池的建立及管理。

任职要求：

(1)国内外知名院校毕业，经济、金融等相关专业，硕士及以上学历。

(2)具有3年以上银行、保险公司、基金公司、证券公司等金融机构相关投资经验。

(3)具有扎实的经济学理论知识和宏观经济分析功底。

4．固定收益衍生品投资经理

招聘部门：固定收益部

工作地点：上海

招聘人数：2人

岗位职责：负责利率互换、国债期货等固定收益类衍生品投资及相关业务。

任职要求：

(1)国内外知名院校毕业，经济、金融，数学等相关专业，硕士及以上学历。

(2)具有两年以上银行、保险公司等金融机构相关投资经验。

(3)具有扎实的金融学理论知识和量化投资分析能力。

5．交易所固定收益投资经理

招聘部门：固定收益部

工作地点：上海

招聘人数：1人

岗位职责：负责交易所市场固定收益投资及相关业务。

任职要求：

(1)国内外知名院校毕业，经济、金融、数学等相关专业，硕士及以上学历。

(2)具有 3 年以上券商、基金等金融机构相关投资经验；熟悉公司债、可转债、封闭或基金、LOF、分离债等交易所市场固定收益类主要投资品种。

(3)具有扎实的经济学理论知识和宏观经济分析功底。

6. 副总经理/总经理助理

招聘部门：债券发行部

工作地点：上海、北京

招聘人数：2 人

岗位职责：

(1)负责固定收益类融资项目的承揽。

(2)规划、管理债券发行业务运作。

(3)建立和维护与监管机构的关系，协调各种资源。

任职要求：

(1)硕士以上学历，40 岁以下，特别优秀者可适当放宽条件。

(2)有 3 年以上投行或债券承销相关工作经验。

(3)拥有广泛的人脉关系和企业客户基础，具有较强的业务承揽能力，有债券承销项目资源者优先。

7. 项目经理

招聘部门：债券发行部

工作地点：上海、北京

招聘人数：3~4 人

岗位职责：

(1)协助固定收益类融资项目的营销。

(2)债券发行、结构融资等产品设计及承做工作。

任职要求：

(1)本科以上学历，35 岁以下。

(2)有 1 年以上投行或债券承销相关工作经验。

(3)文字功底强，有扎实的财务会计知识和证券法律法规知识。

（4）善于与人沟通，组织协调能力强，拥有一定的人脉关系和企业客户基础，有债券承销项目资源者优先。

三、应聘方式

1. 有意者可将个人简历以电子邮件、信函及网站投递的方式，按下方联系方式发至我公司。

联系人：王宇

联系电话：021-××××××××

E-mail：dhtouzi@longone.com.cn

地址：××市××区东方路 971 号××大厦 14A

邮编：200×××

2. 对初选合格者，我们会以电话或邮件形式通知面试时间。

3. 所有应聘者的个人资料恕不退还，我们承诺对您的个人信息予以保密。

××××年 3 月 14 日

【范例简析】

市场经济迅速发展的今天，招聘方和应聘方都盼望能找到最适合自己的"那一个"。网罗天下英才是每个招聘单位所希望的。这则招聘启事于标题中点明招聘公司的名称，便于读者在林林总总的招聘启事中迅速达到目标。正文开头对公司简介的八个"最"，尽陈公司优势，非常吸引求职者的眼球。对于招聘岗位的叙述，从职位到部门到工作地点、招聘人数、岗位职责、任职要求等，条理清晰，信息详细，便于求职者结合自身条件进行相应选择，使招聘、应聘双方都能做到有的放矢，降低了盲目性，为进一步的人才筛选提供了良好的条件。启事中对招聘方式的罗列，详细而又简洁明了。

三、撰写启事应该注意的问题

（一）事项完备，条理清楚

各类启事基本上应条理分明地告知有关事项的时间、地点、人物、原因、结果、请求事项、联系地址、联系方法等，如有附带的经济报酬，也应写明具体的数额，使所有的告知内容一次性表达完毕，并保证启事效力。

(二)语言精练,篇幅短小

在事项完备、条理清楚的前提下,要注意言简意赅,短小精悍。

第十二节 声 明

一、声明的特点与种类

(一)声明的特点

声明是就重要事项向社会公众作出公开说明并表明立场、观点、态度的一种常用应用文。这种应用文无论国家机关、企事业单位、人民团体或个人均可使用。

声明一般有以下几种作用:(1)表明立场、观点、态度的作用;(2)警告、警示的作用;(3)保护自己合法权益的作用。

(二)声明的种类

声明有两大类别。

一类是正式文件,如《中华人民共和国外交部声明》(2022年8月2日)。这类声明往往是针对某重大事件、重要问题的外交专用公文。

另一类声明是任何机关单位、团体组织、个人均可使用的事务性文书。这类声明具有自诉性、告知性和针对性的特点。按不同事务内容分,其种类很多,如遗失声明、正名声明、除名声明、表明关系声明、委托授权声明等。这些声明都以自诉(说)的形式出现,为社会各界广泛使用。在这里介绍的是第二类声明。

二、声明的写作与范例

声明一般由标题、正文、落款(署名和日期)组成。

（一）标题

（1）发文单位名称+文种，如《金盾出版社声明》。此外，尚有在文种前加修饰语的声明，如《严正声明》《郑重声明》《××××股份有限公司严正声明》等。

（2）只写文种，如《声明》。

（二）正文

一般由事由、事项、结尾组成。结尾往往用"特此声明"作结。有的声明也可以省略结尾，讲清事由、事项即止。一般用直陈的写法，直接写清楚需要有关方面或有关人知道的事情。表述要通俗，文字要简约。

（三）落款

落款包括署名和日期，写在正文右下方。由于声明具有权威性、严肃性，因此写作时必须简洁有力，用词准确，态度鲜明。

范　例

声　　明

近年来，不断有不法分子假冒晋城煤业集团的名义或谎称能帮助招收为晋城煤业集团的正式工为由，大肆进行诈骗活动。为此，我公司从维护广大群众切身利益、维护社会和谐稳定出发，在《太行日报》等媒体上多次发表声明，澄清事实。但是，近来仍有群众上当受骗。为了使大家对晋城煤业集团的劳动用工方式有更清楚的认识，增强防范意识，我公司再次声明如下。

一、晋城煤业集团人力资源管理中心是晋城煤业集团劳动用工（包括招聘录用员工）主管部门。晋城煤业集团所属各单位（不含省外子公司）的劳动用工都要经人力资源管理中心审批、备案。人力资源管理中心的信息系统中有每一位员工的基本信息。

二、晋城煤业集团招聘录用员工的主要方式有：

1. 自2003年以来，实行就业准入制度，改变了招工方式，变"招工"为"招生"。即根据企业需要每年定时向社会发布招生简章，经过严格的审查程序，从当年参加高考、中考的学生中招收符合条件的进入晋城煤业集团技工学校学习，毕业考核合格后录用到生产操作岗位。

2. 根据企业的发展战略、生产经营情况，招聘煤、气、电、化等主体专业及急需专业的全日制普通高等院校毕业生。

3. 晋城煤业集团每年按照省安置办下达的安置指标，接收安置复员军人就业。

4. 晋城煤业集团职工子女中的全日制普通高等院校大专及以上学历毕业生可优先办理求职登记，但不承诺就业岗位，必须竞聘上岗。

5. 因需照顾孤寡老人或解决两地分居调入的人员。

6. 解决企业发展过程中因占用耕(土)地等问题而录用的人员。

三、晋城煤业集团所属各单位因季节性用工(如锅炉工、绿化工)、完成一定工作任务用工的要求，经人力资源管理中心审批后，由人力资源管理中心和用工单位共同招用劳动合同期限不超过三年的短期合同工，期满后终止劳动合同，不再续签。

四、晋城煤业集团在招聘录用员工过程中，除报名费、体检费外不收取其他费用。报名费、体检费两项合计不超过300元，并且由求职者在办理相关手续时当面缴纳。

五、晋城煤业集团从不委托任何机构和个人办理有关招聘录用员工事宜。

六、晋城煤业集团招聘录用员工的信息发布在集团公司的内、外网站的"人力资源""公示公告""最新公告"栏目中。

外网网址：www. jccoal. com

内网网址：10. 0. 17. 18

七、晋城煤业集团人力资源管理中心人才交流市场具体负责有关招聘录用员工信息的发布。

咨询电话：0356-3664××××

晋城煤业集团人力资源管理中心

2014 年 4 月 13 日

【范例简析】

这则声明是具有保护自己合法权益及警示的作用。开门见山，说明发表声明的原因，语气庄重、严肃。为彻底澄清事实，作者将本集团关于招聘录用员工的主要方式、方法及相关费用规定等一一阐明，并公布了用于查阅招录信息的网址和咨询电话等，使得骗子难再实施诈骗伎俩。格式规范，行文严谨。

遗 失 声 明

我公司于 2022 年 3 月 16 日不慎丢失开户许可证一张，核准号 Z50863××
×，编号 56××，账号 2458××，特此声明。

×× 市星河纺织公司

2022 年 3 月 28 日

【范例简析】

及时发布遗失声明可使丢失的重要证件等失效，进而保护自身利益不遭受侵害。拟写遗失声明需将证件的信息一一交代清楚，尤其是号码、失效日期等。值得说明的是，遗失声明一旦登出，原证件也就随之作废。所以发表遗失声明，必须是相关人员持有效身份证明到报社等相关部门办理。

三、声明与启事的异同

(一) 相同点

声明与启事的相同之处：两者都是将某件事公开告知人们，应用范围也都较广泛；发表方式也相同，或载于报刊，或发于广播、电视，或张贴于易见的公共场所。

(二) 不同点

声明与启事的不同之处，主要在内容的侧重点上。声明的内容只是告知人们某件事，不提出什么要求。如遗失声明只向公众或有关方面宣布某单位(或某人)遗失事物，并不要求人们帮助寻找，仅仅起到宣布作废的作用。启事则不仅向公众公开说明某件事情而且希望人们协助办理，即在告知的基础上还有所求助。如寻物启事，既告诉人们在何时何地丢失何物，又希望拾物者能告知失物下落。

 本章小结

日常文书是人们在日常的工作、学习和生活中，办理公务、处理私事时使用的一种实用性文体。由于其通俗易懂、实用性强，也有人把它称作实用文。日常文书是应用文中最为常见的，是人民群众日常交往中常用的，一般不具备专业性、官方性等特性。日常文书的特点：有特定的对象和行文目的，有较为固定的格式，有较强的时效性，语言要朴实、简明、准确。

本章介绍了日常文书的几种常用类型，它们都有各自约定俗成的格式，依据内容的需要，有各自的习惯用语，写作时要礼貌得体，意向明确。文书内容要重点突出，言简意赅，客观真实，诚恳谦虚。语言简洁明确，避免出现歧义。

 综合练习

一、填空题

1. 申请书与一般书信的不同之处在于：内容单一，一般_____，而且主题_____。

2. 申请书一般由_____、_____正文、_____、_____和_____组成。

3. 倡议书的受文对象可以根据采用倡议的对象而选用适当的称呼，如"青年朋友们"等，也可采用_____方式书写。

4. 倡议书的内容要做到_____，倡议的意义价值最好用_____的体式，使人一目了然。

5. 慰问信的正文部分应从两个部分着手，首先说明_____，其次_____。尾语部分可写上_____。

6. 贺信写作时要注意感情_____，内容要实事求是，不要_____。

7. 常见的介绍信有两种：_____、_____。

8. 证明信正文部分的最后一般都是"_____"四个字。

9. 求职信根据投递方式不同，分为_____和_____两种。

10. 求职信的特点有_____、_____和_____。

11. 求职信的结构主要包括_____、_____、_____、_____、_____和_____。

12. 启事的结构包括_____、_____、_____和_____。

二、多项选择题

1. 日常文书的特点包括_____。

A. 实用性 　　　　　　　　　B. 有惯用的格式

C. 专业性 　　　　　　　　　D. 官方性

2. 求职信的开头应该交代的情况包括_____。

A. 身份 　　　　　　　　　　B. 学历

C. 年龄 　　　　　　　　　　D. 家庭住址

3. 求职信的写作要求包括_____。

A. 态度要谦恭 　　　　　　　B. 情况要真实

C. 目标要明确 　　　　　　　D. 语言要简洁

三、写作练习

1. 以学院团委的名义写一份为灾区捐款捐物的倡议书。

2. 在母亲节到来之际，请给母亲写一封慰问信。

3. 根据下列提供的材料，拟写各类文书。

（1）××市化工厂运货汽车于5月20日晚8时，在中山东路与建华大街交叉口附近，遗失公文袋一个，内有公司买卖合同。请代写寻物启事。

（2）××药店，因房屋拆迁，从2022年1月1日起迁到××街××号照常营业。请代××药店写一份搬迁启事。

（3）××学院2018级文秘专业学生张丽捡到一个皮包，内有255元人民币，以及饭卡、图书借阅证。请代她写一份招领启事。

（4）××学院2018级学生张扬2022年6月6日下午，在学校运动场丢失手机一部。请代他写一份寻物启事。

（5）××公司不慎将公司商标注册证丢失，注册号为 12345。请代写遗失声明。

4. 元旦将至，某超市定于 2022 年 12 月 25 日至 2023 年 1 月 15 日期间做促销活动，活动期间，凡在该超市购物满 50 元就可参加活动，满 50 元赠 2023 年精美台历，满 100 元可参加抽奖，奖品分三等：一等奖苏泊尔电磁炉一台；二等奖纯棉床单三件套；三等奖金龙鱼牌 2.5 升大豆色拉油一桶。抽奖同时赠送 2023 年精美台历。请为这次活动设计一份海报。

5. 假如你是×××学院 2021 届文秘专业毕业生，女，23 岁，大专学历，在报纸上看到一则招聘启事。

因我公司业务量扩大，现诚招前台秘书。

要求：

（1）女，年龄 20 至 25 岁，大专及以上学历。

（2）具有良好的沟通及语言表达能力。

（3）良好的中、英文书面及口头表达能力。

（4）学习能力强，善于沟通，团队合作能力强。

（5）能够熟练使用各种办公软件。

你计划应聘该职位，请写一封求职信给该公司。

6. 邢斌，男，29 岁，华中科技大学电子通信专业毕业，硕士，在××××公司工作两年，曾执行点对点、端对端监测系统和 Access 数据库，为客户提供跟踪和预测价格、数量和利润的服务。他看到××公司招聘电子通信产品售前经理的信息，想去应聘。请针对他的情况拟写一份个人简历。

7. 请指出以下这则倡议书在格式和内容、语言上存在的问题。

倡　议　书

致全校师生员工：

　　水是人类赖以生存和社会向前发展不可缺少、不可替代的特殊资源。我国是一个水资源短缺的国家，水危机正向我们步步逼近。我们特向全体师生员工发出如下倡议。

　　1. 宣传节约用水的重要性，树立全民节约用水的牢固意识，从我做起，惜水、爱水、节水。

　　2. 在日常用水时注意调节水龙头水量，并及时关水；尽量将水进行多次利用，如利用洗脸水冲厕所，洗菜水浇花等。

3. 发现供水设施发生损坏或跑漏时，及时告知有关部门；遇到浪费水资源的行为，及时制止并向有关部门反映。

4. 积极响应国家号召，使用节水型器具。

5. 不向江河、湖泊等水域中扔垃圾或其他污染物，防止水污染，保持水体清洁。

希望全体师生员工迅速行动起来，以保护水资源为己任，宣传节约用水，做到节约用水，努力为建设节水型校园、节水型城市，节水型社会做出自己应有的贡献。

物理系团总支

20××年××月××日

第五章　经济文书

学习目标

·了解经济文书的含义、特点、作用和分类。

·掌握经济合同、经济活动预测和分析报告、招标书、投标书等文书的结构与写法，为现实经济生活服务。

第一节　经济合同

经济合同是平等主体的自然人、法人、其他组织之间设立、变更、终止经济权利义务关系的协议。经济合同能够保护当事人的合法权益，维护正常的市场经济秩序。

一、经济合同的特点与种类

(一)经济合同的特点

1. 平等性

经济合同的平等性体现在两个方面：一是签订合同的当事人都是平等的经济主体，一方不得将自己的意愿强加给另一方。二是签订合同的当事人在法律面前一律平等，不管是政府组织、事业单位，还是企业或个人，在法律面前一律处于平等的地位。

2. 合法性

经济合同的合法性体现在两个方面：一是指合同内容要合法，一切违反法律和行政法规的合同，违反国家利益或社会公共利益的合同都是无效的。二是手段合法，采取欺诈、胁迫等手段所签订的合同也是无效的。

3. 制约性

经济合同一旦签订就具有法律效力，当事人各方必须严格履行，因此，当事人的活动会受到合同条款的约束。

4. 格式的固定性

经济合同的格式比较固定，对合同的约首、正文和结尾的编写规范等都有所要求，且一般应采用书面形式，凡法律规定应用书面形式而不采用书面形式的经济合同可视为无效合同。

(二)经济合同的种类

1. 按合同写作形式分类

按合同写作形式的不同，可分为条款式合同、表格式合同和表格条款混合式合同。

2. 按合同内容分类

按合同内容的不同，可分为买卖合同，供用电、水、气、热力合同，赠与合同，借款合同，保证合同，租赁合同，融资租赁合同，保理合同，承揽合同，建设工程合同，运输合同，技术合同，保管合同，仓储合同，委托合同，物业服务合同，行纪合同，中介合同，合伙合同 19 种。

3. 按合同签订的时间长短分类

按合同签订的时间长短，可分为长期合同(有效期在一年以上)和短期合同(有效期不足一年)等。

二、经济合同的写作与范例

经济合同的写法分为表格式和条款式两大类。在实际使用中，也有将两种格式综合使用的。完整的经济合同一般分为约首、正文、结尾三个部分。

(一)约首

经济合同的约首包括标题、合同编号和签订地点、当事人的名称(姓名)和地址三个部分。

1．标题

(1)时间或者范围的限制+文种，如《××公司 2008 年技术服务合同》。

(2)直接写明文种，如《棉花购销合同》。

2．合同编号、签订地点

在标题的右下方写明合同编号和签订地点。合同编号可按公司和单位的惯例编写，有助于存档和查找。签订地点也可省略不写。

3．当事人的名称(姓名)和地址

写清楚双方当事人的姓名、单位、常住地等基本信息。一般写为"甲方""乙方"或"供方"和"需方"等，后文可用相应的简称代替全称。

(二)正文

经济合同的正文包括合同依据和协商内容两个部分。

1．合同依据

开头部分简要交代签订合同的依据或者目的，有的合同甚至没有这部分内容，开头就直接进入合同的具体条款。

2．协商内容

经济合同一般必须写明如下七项内容：

(1)标的。经济合同的标的是指合同当事人权利和义务所共同指向的对象，可以是货物、资金，也可以是行为，写作时必须使用科学、标准的名称，不能随意写简称。

(2)数量和质量。数量是标的的计量方法，包括数和量两个要素。除数字要准确外，还应写清计量单位、计量方法、误差范围等内容。质量方面应写明货物的品牌、品种、规格、型号等。

(3)价款或酬金。签订合同时要写明商品、服务的单价、总金额，结算标准与方式，付款程序，涉外经济合同还须注明结算货币的名称。

(4)履行期限、地点和方式。期限要具体到年、月、日；地点要写明当事人约定的合同履行地点；方式包括时间方式和行为方式两个方面，前者要写清是一次性全面履行还是分期履行，后者则要注明是送货、自提、代运还是其他交付方式。

(5)违约责任。在签订合同时，双方应约定违约责任。违约责任主要包括两种形式：一是约定一方向另一方给付定金作为债权的担保；二是约定一方违约时根据违约情况向对方支付一定数额的违约金或赔偿金，违约金、赔偿金的具体金额，国家法规、规章都有规定。不得低于法定标准，没有规定的，由当事人议定。此外，在合同中应清晰地写明违约金、赔偿金的计算方法。

（6）解决争议的方法。合同出现争议，解决的办法有协商、调解、申请仲裁、向人民法院起诉等多种方式。在写作时双方当事人应商量清楚采用何种方法，解决争议的方法应当是双方一致同意的。

（7）附则性内容。包括合同的有效期、签订份数、保存方法、未尽事宜等。有附件的合同，应注明附件的名称及份数，附件与正文具有同等的法律效力。

（三）结尾

写明当事人的名称、单位地址、法人代表或委托代理人签章、开户行及账号、联系电话、邮编、签订日期等。有担保、鉴证或公证的合同，还应注明相应的意见、日期并签字盖章。

 范　例

抵押贷款合同

贷款抵押人(以下简称甲方)：×××公司。法人代表：×××。地址：×市×区×街×号。联系电话：×××××××。

贷款抵押权人(以下简称乙方)：××银行×分行。贷款负责人：×××。地址：×市×区×街×号。联系电话：×××××××。

甲方因生产需要，向乙方申请贷款作为资金。双方经协商一致同意，在甲方以其所有的资产(以下简称甲方抵押物)作为贷款抵押物抵押给乙方的条件下，由乙方提供双方商定的贷款额给甲方。在贷款期限内，甲方拥有抵押物的使用权，在甲方还清贷款本息前，乙方为抵押权人。为此，特订立本合同。

第一条　贷款内容

1. 贷款总金额：××元整。

2. 贷款用途：本贷款只能用于××需要，不得挪作他用，更不得使用贷款进行违法活动。

3. 贷款期限：贷款期限为×个月，即自××××年×月×日起，至××××年××月××日止。

4. 贷款利率：本贷款利率及计算方法，按照中国人民银行的规定执行。

5. 贷款的支取：甲方每次提款应提前一天通知乙方，并经乙方的信贷部门审查认可方可使用。采取一次性提取方式。

6. 贷款的偿还：甲方保证在合同规定的贷款期限内按期主动还本付息。甲方归还本贷款的资金来源为本公司生产、经营及其他收入。如甲方要求用其他来源归还贷款，须经乙方同意。贷款最后还款日为××××年××月××日。

7. 本合同在乙方同意甲方延期还款的情况下继续有效。

第二条 抵押物事项

1. 抵押物名称：……

2. 制造厂家：……

3. 型号：……

4. 件数：……

5. 单件：……

6. 置放地点：……

7. 抵押物发票总金额：……

8. 抵押期限：××年

第三条 甲乙双方的义务

1. 乙方的义务：在甲方到期还清贷款后，抵押物权消失。

2. 甲方的义务：

(1)应严格按照合同规定的时间主动还本付息。

(2)保证在抵押期间抵押物不受甲方破产、资产分割、转让的影响。如乙方发现甲方抵押物有违反本条款的情节，乙方通知甲方当即改正或可终止本合同贷款，并追偿已贷出的全部贷款本息。

(3)甲方应合理使用作为抵押物的资产，并负责抵押物的经营、维修、保养及有关税赋等费用。

(4)甲方因故意或过失造成抵押物毁损，应在15天内向乙方提供新的抵押物，若甲方无法提供新的抵押物或担保时，乙方有权相应减少贷款额度，或解除本合同，追偿已贷出的贷款本息。

(5)甲方未经乙方同意不得将抵押物出租、出售、转让、再抵押或以其他方式处分。

(6)抵押物由甲方向中国人民保险公司分公司投保，以乙方为保险受益人，并将保险单交乙方保管，保险费由甲方承担。投保的抵押物由于不可抗力遭受损失，乙方有权从保险公司的赔偿金中收回抵押人应当偿还的贷款本息。

第四条 违约责任

1. 乙方如因本身责任不按合同规定支付贷款，给甲方造成经济上的损失，乙方应负违约责任。

2. 甲方如未按贷款合同规定使用贷款，一经发现，乙方有权提前收回部分或全部贷款，并对挪用贷款部分在原贷款利率的基础上加收×%的罚息。

3. 甲方如不按期付息还本，或有其他违约行为，乙方有权停止贷款，并要求甲方提前归还已贷的本息。乙方有权从甲方在任何银行开立的账户内扣收，并从过期之日起，对逾期贷款部分按借款利率加收×%的利息。

4. 甲方如不按期付息还本，乙方亦可向有管辖权的人民法院申请拍卖抵押物，用于抵偿贷款本息，若有不足抵偿部分，乙方仍有权向甲方追偿。直至甲方还清乙方全部贷款本息为止。

第五条 其他规定

1. 发生下列情况之一时，乙方有权停止发放贷款并立即或即期收回已经发放的贷款。

(1)甲方向乙方提供情况、报表和各项资料不真实。

(2)甲方与第三者发生诉讼，经法院裁决败诉，偿付赔偿金后，无力向乙方偿付贷款本息。

(3)甲方的资产总额不足抵偿其负债总额。

(4)甲方的保证人违反或失去合同书中规定的条件。

2. 乙方有权检查、监督贷款的使用情况，甲方应向乙方提供有关报表和资料。

3. 甲方或乙方任何一方要求变更合同或本合同中的某一项条款，须在事前以书面形式通知对方，在双方达成协议前，本合同中的各项条款仍然有效。

4. 甲方提供的借款申请书、借款凭证、用款和还款计划及与合同有关的其他书面材料，均作为本合同的组成部分，与本合同具有同等法律效力。

第六条 有关本合同的费用承担

有关抵押物的评估、登记、证明等一切费用均由甲方负责。

第七条 本合同生效条件

本合同系经市公证处公证并依法赋予强制执行效力的债权文书，甲、乙双方如任何一方不履行，对方当事人可根据《中华人民共和国民事诉讼法》第一百六十八条规定，向有管辖权的人民法院申请执行。自公证书签发之日起生效，公证费由甲方承担。

第八条　争议的解决

本合同在履行中如发生争议，双方应协商解决。协商不成时，双方同意由仲裁委员会仲裁(当事人双方未在本合同中约定仲裁机构，事后又未达成仲裁协议的，可向人民法院起诉)。本合同一式三份，甲、乙双方各执一份，公证处留存一份。

甲方：(章)　　　　　　　　乙方：(章)

代表人：(签字)　　　　　　代表人：(签字)

地址：　　　　　　　　　　地址：

银行及账号：　　　　　　　银行及账号：

订立时间：××××年××月××日

订立地点：××

三、撰写经济合同应注意的问题

(一)熟悉与经济合同有关的专业和法律知识

经济合同直接牵涉当事人的经济利益和法律责任，写作时要熟悉国家政策与市场行情，而且还要熟悉与经济合同有关的专业和法律知识。

(二)经济合同的条款必须完备、明确

在签订合同前应考虑详细，如标的、数量、质量、价款、付款方式、违约责任等一定要明确详细，写作时避免遗漏、残缺和含糊不清，尤其应注意基本条款的写作。

(三)文字严谨，用词确切

经济合同的行文应做到简洁、准确。在写作合同时不用议论和修饰，合同的每一个字、词都应仔细推敲，不能马虎随意，以免造成不必要的损失。

(四)正确使用标点符号

有时在经济合同中错用或误用一个标点，就可能给公司和组织带来损失，因此校对合同时应仔细斟酌，确认无误后再签订。

(五)不要随意涂改经济合同，字迹要清晰，书写要规范

现代合同一般采用电子文档或者打印文档，不要随意在打印后的文档上修改。如确实需要修改，须经双方同意，并在修改处加盖合同当事人印章。在书写各类产品名称和服务名称时应用规范标准的全称，不可随意简写。涉及关键金额或数额时，应注意使用汉字大写。

第二节　意　向　书

意向书是双方或多方就合办企业或项目的事宜，经过初步协商而达成共同意向的文书。它是双方进行实质性谈判的依据，是签订协议(合同)的前奏。

一、意向书的特点与作用

(一)意向书的特点

意向书具有如下特点：

(1)意向书用于初次发生合作关系的当事人之间，或用于初次洽谈的事项上。

(2)意向书表达的是双方当事人初步洽谈的一致同意的若干原则性意见。其内容可根据具体情况和双方意愿随时修改。

(3)意向书是协商过程中各方基本观点的记录，一旦达成正式协议，便完成了意向性的使命。意向书不像协议、合同那样具有法律效力。

(二)意向书的作用

意向书的作用如下：

（1）意向书可以用来向政府主管部门上报备案，作为立项的依据。

（2）意向书可以作为合作各方进行实质性谈判的基础和原则性依据，为正式签订协议或合同打下基础。

（3）意向书便于合作各方开展各项后续工作，如起草项目建议书和可行性研究报告等。

二、意向书的写作与范例

意向书一般由标题、正文和落款三部分组成。

（一）标题

意向书的标题主要有以下四种类型：

（1）合作单位+合作项目+文种，如《上海市×××公司、新加坡××××产业公司合作经营塑料制品意向书》。

（2）事由+文种，如《关于合作经营华天大酒家的意向书》。

（3）合作项目+文种，如《合资建立水泥厂意向书》。

（4）只写文种，如《意向书》。

（二）正文

意向书的正文内容没有固定的写法。有的写得详细一点，有的写得简略一点，有的甚至只写各方对某一事项合作的意愿，不写如何合作的具体问题。就大多数意向书来说，其正文一般由前言、主体和结尾三部分组成。

1. 前言

前言先写明各方的单位名称、商谈时间及地点、原则精神、合作事项等，然后用"现达成如下意向"或"双方达成意向如下"或"现将有关意向归纳如下"等过渡句承启下文。

2. 主体

主体写双方的意图、初步商谈后达成的倾向性认识和比较认同的事项。采用分条列项的形式写。就通常情况而言，主体部分大致写以下八个方面的内容。

（1）合作企业或项目的名称和拟定地址。

（2）合作企业或项目的规模和经营范围。

（3）各方投资金额比例。

（4）利润分配和亏损分担。

（5）原料、设备、技术、企业用地等各由何方提供。

（6）合作事项实施步骤。

（7）合作企业领导体制。

（8）合作期限。

3．结尾

结尾部分书写有关事项的说明，如意向书份数、生效日期等。

（三）落款

落款书写合作各方法定名称，各方洽谈代表签字，以及签订时间、通信联络地址、电子邮箱、电话号码等。

范　例

意　向　书

中国××厂（以下称甲方）与法国×××公司（以下称乙方），经过初步友好协商，双方于××××年××月××日在××地，就在中国×××市建立合资企业事宜达成本意向书，内容如下：

一、甲、乙双方愿以合资或合作的形式建立合资企业，暂定名为×××有限公司。建设期为×年，即从××××年至××××年全部建成。双方意向书签订后，即向各方有关上级申请批准，批准的时限为××个月，即××××年××月××日至××××年××月××日完成。然后由××厂办理合资企业开业申请。

二、总投资××万元人民币，折合×万美元。××部分投资人民币××万元（折合××万美元）；××××部分投资人民币××万元（折合×万美元）。

甲方投资××万元人民币（以工厂现有厂房、水电设施现有设备等折款投入）。

乙方投资××万元人民币（以折美元投入，购买设备）。

三、利润分配：各方按投资比例或协商比例分配。

四、合资企业生产能力：……

五、合资企业自营出口或委托有关进出口公司代理出口，价格由合资企业定。

六、合资年限为××××年，即××××年××月至××××年××月。

七、合资企业其他事宜按《中外合资法》有关规定执行。

八、双方将在各方上级批准后，再行具体协商有关合资事宜。

本意向书一式两份。作为备忘录，各执一份备查。

××厂(甲方)　　　　　　　　××公司(乙方)

代表：××(盖章)　　　　　　代表：××(盖章)

联系地址：　　　　　　　　　联系地址：

电话：　　　　　　　　　　　电话：

××××年××月××日　　　　××××年××月××日

【范例简析】

本意向书是一篇合资意向书，开头写清了签订意向书的双方的名称，然后简明扼要地说明因何事项进行了"初步友好协商"并"达成本意向书"；主体部分写明经营项目、双方的职责、双方投资比例、公司的性质和生产能力及意向书份数等内容。但投资比例和利润分配都没有确切的数目，还有"双方将在各方上级批准后，再行具体协商有关合资事宜"，这些都是颇能体现意向书写作特点的细节，落款也规范。

三、撰写意向书的基本要求

意向书的写作要求具体如下。

(1)意向书只是各方对合作事项意愿的表示，因此对合作中涉及的系列问题无须详细论述，而只作粗略的轮廓性的表述。

(2)意向书的条款要写得比较有原则，以利于求同存异，为进一步谈判创造合作氛围，同时也便于在谈判中灵活运作。

(3)意向书仅仅是各方共同意向的记录，没有法律效力，一般不写入对各方有约束性的条文。

(4)意向书中不能有与我国现行经济政策和法规相抵触的内容，也不能随意向对方承诺上级部门才能决定和职能部门才可解决的问题。

(5)措辞应严谨，既不失原则也不失热忱，以促使日后实质性谈判的成功。

第三节　协　议　书

一、协议书的概念与特点

协议书是经过协商所取得的一致意见，把这些意见用书面形式表现出来，就成为协议书。它是有关企事业单位、团体或个人共同协商订立的一种具有经济或其他关系的契约。

协议书是已订合同的补充或修订。我国的《民法典》合同编第五百一十条规定："合同生效后，当事人就质量、价款或者报酬、履行地点等内容没有约定或约定不明确的，可以协议补充；不能达成补充协议的，按照合同有关条款或者交易习惯确定。"在合同执行过程中，就某些方面出现分歧时，当事各方可协商订立协议书，经各方签章并呈报原合同鉴证机关后，成为原来合同的组成部分，与原合同具有同等法律效力。

协议书在很多民事关系中运用较多，如夫妻在婚前就各自的财产所有权达成的协议称婚前财产约定协议；夫妻离婚时对财产及抚养权等达成一致意见形成离婚协议书；收养他人的子女要有收养协议书；当事人协议将其经济合同争议提交仲裁委员会后，达成仲裁协议书；其他如转让协议书、就业协议书、购房协议书、赔偿协议书、借款协议书、工伤协议书、交通事故协议书、聘用协议书等。这些协议如建立在自愿平等的基础上，就具有合同同等的法律效力。

二、订立协议书时应当遵循的基市原则

(1)要贯彻合法原则。即协议书的内容、形式和程序，均须遵守国家的法律，符合国家政策的要求，这样才能得到国家的承认和保护。凡违反国家政策、法令和危害国家与公共利益的协议是无效的，当事人须承担由此而产生的法律责任。

（2）要贯彻平等互利、协商一致、等价有偿的原则。平等协商、自愿互利是签订协议的前提和基础，不同的机关和经济组织在职能、规模和经营能力等方面各有区别，或有领导与被领导的关系，但在订立协议时，彼此的地位是完全平等的，应充分协商、互相尊重。任何一方不得把自己的意志强加于对方，任何单位和个人也不得从中非法干预。双方取得的权利和承担的义务应当是对等的。

（3）要切实履行规定的义务，信守协议书的约束。协议一经签订，即具有法律约束力。由于故意或自己的过失造成违约，必须承担赔偿损失的责任。

三、协议书的写作与范例

协议书一般由标题、订协议单位名称、正文和落款四部分组成。

（一）标题

（1）具体名称+文种，如《××协议书》。
（2）仅写"协议书"三字。

（二）订协议单位名称

在标题下、正文之前，写明签订协议单位名称，并在双方单位名称之前注明一方是甲方，一方是乙方，便于在正文中称呼。

（三）正文

正文包括开头、主体两部分。开头主要交代签订协议的目的、原因、依据，紧接着可用程式化语言转入主体，如"现对有关事项达成协议如下"。主体要求就协议有关事宜作出明确的、全面的说明，尤其要着力写好协议双方的权利和义务。

（四）落款

落款应写明订协议双方单位的名称，并加盖公章。必要时还得写上鉴证单位和公证单位的名称，并加盖公章。最后写上签订协议的日期。

范　例

供货与服务协议书

甲方：　　　　　　　　　　　　乙方：

地址：　　　　　　　　　　　　地址：

邮政编码：　　　　　　　　　　邮政编码：

电话：　　　　　　　　　　　　电话：

传真：　　　　　　　　　　　　传真：

法定代表人：　　　　　　　　　法定代表人：

本协议是甲方经政府采购程序选择乙方作为北京市委、市政府及各委办局和直属机构(以下简称使用单位)所需信息安全产品的定点供应商，而签订的供货与服务协议。

经过甲乙双方友好协商，在平等、自愿条件下，乙方作为北京市政府的信息安全产品定点供应商，提供使用单位所需的信息安全产品及相关服务，期限为_____年_____月_____日至_____年_____月_____日。双方签订供货与服务协议如下。

一、定义

本协议中的下列术语应解释为：

1．"协议"系指北京市信息化工作办公室与供应商签署的、协议格式中载明的北京市信息化工作办公室与供应商所达成的协议，包括所有的附件、附录和构成协议的其他文件。

2．"货物"系指供应商根据协议规定须向需求方提供的一切设备、机械、仪表、备件、工具、手册和其他技术资料及其他材料。

3．"服务"系指根据协议规定供应商承担与供货有关的辅助服务，如运输、保险以及其他的服务，如安装、调试、提供技术协助、培训和其他类似的义务。

4．"采购人"系指北京市信息化工作办公室。

5．"供应商"系指根据协议规定提供货物和服务的具有法人资格的公司或实体。

6．"需求方"系指使用单位。

7. "现场"系指合同项下货物将要进行安装和运行的地点。

8. "验收"系指协议双方依据规定的程序和条件确认协议项下的货物符合技术规范的要求。

二、产品名称

根据使用单位的实际需要，乙方向使用单位提供乙方生产的＿＿＿＿＿＿＿＿＿＿
＿＿＿＿＿＿＿（"以下简称乙方产品"）并签订合同。乙方产品应符合乙方就本次政府采购所提交应答文件中的各项内容。

三、产品价格

乙方向甲方提供乙方产品的价格为：＿＿＿＿＿＿＿＿元每套。

上述价格为最高限价，在本协议有效期内，本市市级国家机关需要购买乙方产品的，由各采购单位按政府采购定点供应商的形式自行向乙方采购乙方产品、支付货款。如乙方产品销售价格低于上述价格，应及时通知甲方，使用单位采购时按两者中较低的价格结算。

乙方凭结算凭证和验收报告与需求方办理结算。

四、甲方权利和义务

1. 使用乙方提供的产品。

2. 向使用单位分发乙方产品。

3. 甲方对乙方提供产品的质量、售后服务等进行监督。

4. 甲方承诺严格按照协议所规定的授权品种、授权套数执行本协议。

5. 甲方不得非法复制、生产乙方软件产品，不得制成 CD、磁盘或其他形式的介质。

6. 甲方不得非法复制、印刷、生产乙方产品的用户手册、使用说明、使用指南及各种有关乙方产品的文字标识。

7. 按本协议约定向乙方支付货款。

五、乙方权利和义务

1. 乙方保证已授权给甲方的上述软件产品具有合法知识产权，并出示相应的知识产权证明材料。如发生知识产权纠纷，乙方有责任对于为甲方造成的经济损失进行赔偿。乙方保证采购人拥有供应商提供的产品的永久使用权。

2. 乙方保证所提供的产品达到国家(地方、行业)有关此类产品的一切法律、法规和规定的要求。

3. 乙方有责任对已授权给甲方使用单位的软件产品按应答文件和本协议的

承诺提供优惠价格的版本更新，并提供售后服务与技术支持。乙方应保证更新后的版本为乙方上述该软件产品的最新版本。

4. 乙方保证已授权给甲方使用单位的软件产品无病毒及明显错误。供应商应保证货物是全新、未使用过的原装正版产品，是用一流的工艺和最佳材料制造而成的，并完全符合协议规定的质量、规格和性能的要求。供应商应保证所提供的货物经正确安装、正常运转和保养在其使用寿命期内应具有满意的性能。在货物质量保证期之内，供应商应对由于设计、工艺或材料的缺陷而发生的任何不足或故障负责。信息安全产品的硬件部分的关键部件的质量保证期为_____年，非关键部件的质量保证期为_____年。信息安全产品的软件部分应保证 3 年免费升级。

5. 乙方提交货物和/或产品的技术规范应与招标文件规定的技术规范和技术规范附件(如果有的话)及其投标文件的规格偏差表(如果被需求方接受的话)相一致。若技术规范中无相应说明，则以国家有关部门最新颁布的相应标准及规范为准。

6. 除协议另有规定外，乙方提供的全部货物，均应采用国家或专业标准保护措施进行包装，包装应适应于远距离运输、防潮、防震、防锈和防粗暴装卸，确保货物安全无损运抵现场。由于包装不善所引起的货物锈蚀、损坏和损失，均由供应商承担。每件包装箱内应附一份详细装箱单和质量合格证。

7. 供应商除提供货物外，还应提供每台设备和仪器的中文技术资料一套，如目录检索、技术说明书、操作手册、使用指南、维修指南或服务手册和示意图、出厂合格证等。如果需求方确认供应商提供的技术资料不完整或在运输过程中丢失，供应商将在收到需求方通知后 5 日内将这些资料免费寄给需求方。

六、交货、售后服务内容和方式

乙方在与使用单位签订供货合同后 7 个工作日内免费送货上门安装、调试。乙方提供的售后服务应符合乙方就本次政府采购所提交应答文件中的各项内容。

供应商应按照"供货一览表"中需求方规定的时间表交货和提供服务。

在履行合同过程中，如果供应商遇到不能按时交货和提供服务的情况，应及时以书面形式将不能按时交货的理由、延误时间通知需求方。需求方在收到供应商通知后，应进行分析。如果同意，可通过修改合同，酌情延长交货时间。

如果供应商毫无理由地拖延交货，采购方可以解除合同，供应商将承担以下违约责任：赔偿损失。

七、检验和验收

在交货前，制造商应对货物的质量、规格、性能、数量和重量等进行详细而全面的检验，并出具一份证明货物符合协议规定的检验证书，该证书将作为申请付款单据的一部分。制造商检验的结果和细节应在证书中加以说明，供应商应对制造商的检验进行确认。供应商在交付货物时，需求方有权对交付的货物进行验收，并出具《验收合格报告》，并作为需求方向供应商付款的依据。该报告中有关质量、规格、性能、数量或重量的检验不应视为最终检验。

八、不可抗力

1. 如果双方任何一方由于战争、严重火灾、水灾、台风和地震以及其他经双方同意属于不可抗力的事故，无法按期履行协议时，履行协议的期限应予延长，延长的期限应相当于事故所影响的时间。

2. 受事故影响的一方应在不可抗力的事故发生后尽快以电报或电传通知另一方，并在事故发生后 14 天内，将有关部门出具的证明文件用挂号信形式寄给或送给另一方。

3. 不可抗力使合同的某些内容有变更必要的，双方应通过协商达成进一步履行合同的协议，因不可抗力致使合同不能履行的，合同终止。

九、适用法律及争议解决

1. 本合同的订立、效力、解释、履行及其争议的解决，均受中华人民共和国法律调整。

2. 如双方因本协议发生争议，应尽量通过友好协商解决。若不能达成一致，双方同意向协议签订地的人民法院起诉。本协议签订地点为：中华人民共和国北京市区。

十、乙方指定经销商

在本协议履行期限内，乙方可以指定 1~3 家经销商销售其产品。

十一、索赔

1. 如果货物的质量和规格与协议不符，或在质量保证期内证实货物是有缺陷的，包括潜在的缺陷或使用不符合要求的材料，需求方将有权向供应商提出索赔。

2. 除责任应由保险公司或运输部门承担的之外，需求方有权根据需求方按检验标准自己检验的结果或当地质检部门出具的质检证书向供应商提出索赔。

3. 在根据协议规定的质量保证期和检验期内，如果供应商对需求方提出的索赔和差异负有责任，供应商应按照需求方同意的下列一种或多种方式解决索赔事宜。

（略）

4. 如果在需求方发出索赔通知后 30 天内，供应商未作答复，上述索赔应视为已被供应商接受。如供应商未能在需求方提出索赔通知后 30 天内或需求方同意的更长时间内，按照本协议规定方法解决索赔事宜，需求方将从合同款或从供应商开具的履约保证金中扣回索赔金额。如果这些金额不足以补偿索赔金额，需求方有权向供应商提出不足部分的补偿。

5. 除不可抗力外，如果供应商没有按照协议规定的时间交货和提供服务，需求方可从货款中扣除违约赔偿费，赔偿费应按每迟交一周，按迟交货物或未提供服务交货价的 0.5% 计收。但违约赔偿费的最高限额为迟交货物或没有提供服务的协议价的 5%。一周按 7 天计算，不足 7 天按一周计算。如果供应商在达到最高限额后仍不能交货，需求方可考虑终止协议。

十二、协议的解除

1. 在供应商违约的情况下，需求方可向供应商发出书面通知，部分或全部终止协议。同时保留向供应商追诉的权利。（略）

2. 在需求方根据本协议规定，全部或部分解除协议之后，应当遵循诚实信用原则，全部或部分购买与未交付的货物类似的货物或服务，供应商应承担需求方购买类似货物或服务而产生的额外支出。部分解除协议的，供应商应继续履行协议中未解除的部分。

十三、破产终止协议

如果供应商破产导致协议无法履行时，需求方可以书面形式通知供应商，单方终止协议而不给供应商补偿。但需求方必须以书面形式告知同级政府采购监督管理部门。该协议的终止将不损害或不影响需求方已经采取或将要采取的任何行动或补救措施的权利。

十四、转让和分包

1. 未经采购方和需求方事先书面同意，供应商不得部分转让或全部转让其应履行的协议义务。

2. 对投标文件中没有明确分包的协议，供应商应书面通知北京市信息化工作办公室本协议中将分包的全部分包协议，在原投标文件中或后来发出的分包通知中，均不能解除供应商履行本协议的义务。

十五、协议修改

欲对协议条款进行任何改动，均须由北京市信息化工作办公室、供应商签署书面的协议修改书。

十六、通知

本协议任何一方给另一方的通知，都应以书面或传真的形式发送，而另一方应以书面形式确认并发送到对方明确的地址。

十七、计量单位

除技术规范中另有规定外，计量单位均使用国家法定计量单位。

十八、保密

与签订和履行本协议有关的一切信息，乙方负有保密的义务。未经甲方书面许可，乙方不得超过本协议约定的范围使用信息，不得将任何信息向第三方披露；否则，由此产生的一切不利后果，由乙方负责。造成严重后果的，甲方可以解除协议，并要求乙方赔偿由此造成的损失。

十九、协议生效及其他

1. 协议应在采购方与供应商签字盖章后开始生效。

2. 本协议一式4份，以中文书写，北京市信息化工作办公室与供应商各执1份，北京市政府采购办公室备案1份，采购代理机构存档1份。

3. 如需修改或补充协议内容，经协商，北京市信息化工作办公室与供应商应签署书面修改或补充协议，该协议将作为本协议的一个组成部分。

甲方：   乙方：

（盖章）   （盖章）

授权代表人：   授权代表人：

　年　　月　　日   　年　　月　　日

【范例简析】

此协议书规范标准。标题是事由加文种的双元素公文标题。首先明确订立协议的当事各方的名称以及协议书中的称呼，然后简明扼要地交代签订协议的背景并规定了该协议的期限，用"双方签订供货与服务协议如下"过渡到主体部分。主体部分具体明确地交代了协议中的定义、产品名称、价格、双方的权利和义务、售后服务、检验验收、不可抗力等内容，最后一条是有关协议的生效时间和事项说明。落款也是不可或缺的内容。

第四节 经济活动分析报告

经济活动分析报告是以提高经济效益为目的，以经济规律、党和国家的方针政策为指导，根据计划指标、会计数据、统计资料以及调查研究所掌握的情况，对本地区、本单位、本部门的经济活动状况进行综合或专题分析后，从中总结出成绩经验、发现问题、作出预测、提出建议的书面报告。

一、经济活动分析报告的特点与种类

（一）经济活动分析报告的特点

1. 系统性

经济活动分析报告重在分析，分析就要求掌握各方面的数据、资料，并运用联系的观点，对计划、执行、管理、结果等方面进行系统分析，进而成为改进工作的参考和依据。

2. 分析性

经济规律往往隐藏在各种经济现象中，只有通过分析，才能对企业经济活动状况作出正确的判断，得出令人信服的结论，为企业改善经营管理提供有价值的参考意见。

3. 专业性

经济活动分析往往是建立在经济核算和专业调研分析基础上的，这些离不开数据计算和专业分析知识，具有较强的专业性。

（二）经济活动分析报告的种类

1. 按报告内容广度分类

按报告内容广度，可分为综合经济活动分析报告和专项经济活动分析报告。

2. 按报告内容涉及对象分类

按报告内容涉及的对象，可分为生产、销售、成本、财务等方面的经济活动分析报告。

3. 按报告内容涉及时间分类

按报告内容涉及的时间，可分为定期经济活动分析报告和不定期经济活动分析报告、事前预测性分析报告和事后总结性分析报告等。

4. 按报告内容涉及范围分类

按报告内容涉及的范围，可分为宏观经济活动分析报告和微观经济活动分析报告。

二、经济活动分析报告的写作与范例

经济活动分析报告一般由标题、正文、落款三个部分组成。

(一)标题

经济活动分析报告的标题有三种写法：

(1)完整式标题，由单位名称+时限+内容范围+文种构成，如《××公司2008年生产成本分析报告》。

(2)论文式标题，一般以分析目的和材料所涉及的内容命题，如《原材料消耗情况分析》。

(3)正、副标题，正标题揭示主旨，副标题交代分析对象和内容，如《技改是关键，管理是核心——××公司三季度生产成果分析》。

(二)正文

经济活动分析报告的正文包括前言、主体两个部分。

1. 前言

这部分主要是概括性地介绍分析对象的基本情况，提出要分析的问题，阐明分析的背景和目的或直接写明分析结果或评价，让读者明白作者的写作意图和文章主旨。

2. 主体

这部分是经济活动分析报告写作的重点，一般由情况介绍、内容分析、建议和措施三个部分组成。

(1)情况介绍。主要对分析对象进行详细的介绍,主要包括各类指标完成情况、计划执行情况、各类产品消耗情况等。综合性分析报告应该注重对相关情况的详细介绍;专门性分析报告对情况介绍可相对简洁,把重点放在对情况的分析上。写作时可采取分门别类、分条列项的方式表述,在罗列图表、数据、信息等资料时,还应有较充分的说明,使读者对其运行状况有一个整体性的、大概的认识。

(2)内容分析。写作者要依据国家有关的经济政策、单位的规章制度、计划目标,运用科学的方法,对收集的数据、图像、资料等内容进行分析研究,从而对分析对象作出客观、科学的评价。分析时既要有肯定方面,也要有否定方面,及时总结经验、吸取教训,特别是对不足之处,应当实事求是地写出来,不要回避矛盾。

(3)建议和措施。在正文结尾处,需要根据分析结论提出合理的建议与改进措施。在写作时应提出可操作性强、便于理解和执行的建议或措施,建议应具体详细。

(三)落款

在末尾注明撰写人和撰写时间。

范 例

上半年金融运行分析及政策建议

货币供给的形成机制就是银行发放贷款并由此派生存款的过程。因此广义货币供应量 M2 与人民币贷款应是正相关关系。实际情况也证实了这一点,据××××年以来的 M2 和人民币贷款的同比增速(月度)进行相关性分析,M2 与人民币贷款之间的相关系数为 0.72。但是,××××年以来 M2 与人民币贷款增长情况出现一定的反差,M2 同比增速在××××年底出现小幅反弹后企稳,人民币贷款同比增速则持续回落。"宽货币、紧信贷"的反常现象是今年上半年金融运行的主要特点。

一、"宽货币、紧信贷"的具体表现

（一）货币供给总体较为宽松，但货币流通格局偏紧……

（二）信贷供给持续收缩，短期贷款与个人消费贷款明显增多……

（三）银行系统"存差"不断扩大，大量资金涌入债券市场……

（四）民间借贷"填空补缺"

二、货币政策保持中性，抓紧时机扩大直接融资

我们曾分析，"宽货币"的原因在于人民币汇率稳定导致外汇占款投放过多，"紧信贷"则源于银行顺周期偏好及资本充足率的硬性约束。这两方面因素在短期内均难以改变，"宽货币、紧信贷"格局可能会持续全年。一方面，人民币汇率调整时机未到。受××××年宏观调控影响，投资需求受到抑制，内需放缓使当前经济增长对外部需求依赖程度加大。从去年三季度起，贸易顺差对经济增长发挥了重要作用。贸易顺差占 GDP 比重由去年三季度的 2.99% 上升到今年一季度的 7.9%。如果此时采取人民币升值，将对出口造成负面影响，并进一步对经济增长产生较大的负面影响。此外，目前美联储持续加息，美元汇率出现阶段性走强，这有利于缓解人民币升值压力。从以上两点考虑，人民币汇率仍应保持稳定。另一方面，目前经济增长进入新一轮周期的调整阶段，经济景气度下降，物价稳定在较低水平，企业亏损与库存出现上升。而商业银行改革已是"开弓没有回头箭"。银行"慎贷"短期难以改变。在当前格局下，金融调控需要把握以下五点：

（一）重视"信贷偏紧"，保持货币政策中性，避免出现银根过度收紧的现象……

（二）利用"窗口指导"，继续发挥信贷政策结构调节功能……

（三）积极发展直接融资，改善融资结构……

（四）建立健全社会信用体系……

（五）合理引导民间借贷

日益扩大的民间借贷对促进地方经济发展，解决个人、企业生产及其他急需，弥补金融机构信贷不足，加速社会资金流动和利用，起到了拾遗补阙的正面作用。因此，对于民间借贷，应加强监控，合理疏导。一方面，应加强对民间借贷的监测、研究和分析，在分析社会资金流动、制定金融调控政策时，须充分考虑民间借贷的影响程度及其对政策的抵消效应，以提高货币政策的有效性。另一方面，应尽快制定完善合理的民间借贷法规和办法，正确引导民间借贷行为。鉴于目前民间借贷普遍存在且有进一步扩大的趋势，应尽快制定《民

间借贷法规》或《民间借贷管理办法》，以规范、保护正常的民间借贷行为，引导民间借贷走上正常的运行轨道。

××

××××年××月××日

三、撰写经济活动分析报告应注意的问题

(一)要从全局出发

无论是宏观经济活动分析报告还是微观经济活动分析报告，都应从宏观着眼，树立全局观念，将部门或企业的局部经济利益同国家的整体经济利益结合起来，将眼前利益同长远利益结合起来。

(二)要明确分析对象

只有明确了分析对象，才能有的放矢地去收集相关资料，并从繁杂的资料中科学分析主要问题，找到解决问题的方法和措施。

(三)要善于分析资料

在写作时不要单纯地堆砌各种数字和经济指标，而要做综合归纳分析。在写作时要注意运用科学的、先进的资料分析方法挖掘隐藏在资料后面的规律和信息，提高运用资料的效率。

(四)注意及时分析

及时分析某一段时间的经济活动，有助于及时调整单位的政策和管理方法，及时纠正错误，减少损失；否则，经济活动分析报告会因时过境迁而失去参考意义。

第五节　经济预测报告

经济预测报告是指在调查分析的基础上，按经济发展的规律去考察政策和

其他各种社会因素对一定范围内经济发展的影响，并对其发展趋势作出预测的书面材料。

一、经济预测报告的特点与种类

（一）经济预测报告的特点

1. 科学性

经济预测报告是科学分析研究的产物，是用于指导实践的预测报告，因而在经济预测报告的写作过程中要遵循经济规律，采取科学的预测方法和手段，得出符合实际情况的、科学的预测报告。

2. 针对性

经济预测报告针对的往往是特定的经济活动，目的十分明确，如产品销售趋势预测报告要详细分析产品的销售历史和现状、各地经销商的销售情况、最大竞争对手等情况，而不能漫无目的、洋洋洒洒。

3. 预见性

经济预测报告的核心是在充分掌握材料的基础上科学地预测经济走向，预见性是其生命力所在，也是管理层作出生产、销售、分配等各项决策的参考资料。

4. 时效性

在市场经济活动中，时间就是效益，只有在快速变化的市场行情中及时进行科学的经济预测，才能抓住商机，赢得市场。

（二）经济预测报告的种类

1. 按预测时间长短分类

按预测时间长短，可分为长期预测报告、中期预测报告和短期预测报告。

2. 按预测范围分类

按预测范围的不同，可分为宏观经济预测报告和微观经济预测报告。在实际商务活动中，微观经济预测报告使用得较多，它包括需求预测报告、销售预测报告、技术预测报告、资源预测报告、生产预测报告和成本预测报告等。

3. 按预测内容分类

按预测内容的不同，可分为市场需求预测报告、市场价格预测报告、消费趋势预测报告等。

二、经济预测报告的写作与范例

经济预测报告一般由标题、正文、落款三个部分组成。

（一）标题

经济预测报告的标题有两种写法：

（1）完整式标题，由预测时间+预测范围+预测对象+预测内容+文种组成，如《××××年××市电动车需求预测报告》。有时也可以省去时间和文种，如《国内洗衣机消费趋势预测》。

（2）消息式标题，如《××市下半年电器市场相对平稳》。

（二）正文

经济预测报告的正文包括概况、预测和建议三个部分。

1. 概况

这部分主要是介绍预测对象的现实状况及发展历史，包括企业目前的经营范围和方向、各类数据、资料和信息。在写作这部分时要注意从宏观上去把握，采取夹叙夹议的方法，叙述时应注意实事求是，准确且有说服力。

2. 预测

这部分要结合现实情况，运用相关的经济理论知识，用严谨的数据和科学的方法预测经济发展的趋势。可采用递进式分条列出预测结果，并进行详细的分析和解说，既要注重预测的结果，也要注重预测的过程。

3. 建议

在客观分析的基础上，有针对性地提出有利于经济发展的、切实可行的建议和对策。

（三）落款

写明撰写单位或个人，注明撰写时间。

范 例

2008年生猪市场预测报告

2007年全国生猪市场经历了历史上价格上涨速度最快、幅度最大的涨价。尤其是5月以后，全国各地活猪价格屡创新高，不仅带动养殖盈利水平不断上升，而且由于生猪短缺，导致禽蛋、禽肉、牛羊肉、蔬菜等需求增加，从而带动了整个食品体系的价格上涨，CPI指数屡创新高，给宏观经济的正常运行带来了巨大压力，通货膨胀风险增大。

随着猪价上涨带来的影响逐步扩大，经济学界、各大媒体甚至整个社会都将关注的目光转向养猪业。国务院、农业部、商务部、财政部等有关部门纷纷出台包括"补贴、保险、贷款"等各个方面的政策措施推动养猪生产，希望通过宏观调控平抑居高不下的猪价，然而猪价仍保持高位运行。

在政策和市场的双重影响下，2007年下半年母猪存栏快速恢复。母猪存栏的拐点出现在2007年5月前后。但由于5月开始的猪价狂飙导致价格屡创新高，以及政策的极大支持，使得农户的养殖积极性快速增强。因此，母猪的存栏增长速度比生猪存栏增长速度快，幅度大。2007年下半年母猪的补栏将为判断2008年甚至2009年生猪存栏结构的变化提供重要参考。

母猪存栏变化预测

后市生猪存栏的变化形势直接受前期母猪的补栏情况影响。从补充后备母猪到母猪所产第一窝猪育肥上市，至少需要4个月体成熟+妊娠期114天+150天出栏，共12个月的时间。因此，2008年生猪的存栏变化主要取决于2007年母猪的补栏、存栏变化情况。

根据对母猪、生猪补栏积极性及存栏结构变化的分析验证，母猪存栏的最低谷、拐点在2007年的5~8月，最低点母猪存栏水平远低于正常水平。5月过后，母猪补栏积极开始快速恢复，但由于前期母猪存栏下降幅度较大，2007年底母猪存栏虽有恢复，但恢复至正常水平仍需一定时间。假如母猪补栏保持2007年底的势头，预计母猪存栏量将在2008年5月前后恢复至正常水平。

其原因主要有：一、社会经济的快速发展，使得外出打工与养猪相比更具有诱惑力。目前，超高盈利下仅有30%的散养户重新回来养猪，已经充分说明这一点。这与过去相比，补栏增加的根本动力减少了许多。二、外界投资更加理性，2005年猪价高峰时，大量的外界资本进入养猪业，但经过了2006年上半年的亏损和疫病之后，"前车之鉴"使得愿意投资养猪的外界资本减少。三、现有规模养殖户(场)扩大规模较为谨慎，而散养户退出所留下的空缺恰恰需要规模养殖户(场)来补，这就使得补栏需经历一个漫长的过程。

生猪存栏变化预测

通过母猪存栏的变化分析，既然母猪存栏的拐点在2007年的5~8月，那么根据生产周期推算，2008年5~8月前，生猪的供应都难以有实质性的增长。2008年下半年生猪供应将会有一定幅度的增加，但由于母猪存栏预计2008年5月前后才能达到正常水平，那么生猪供应的"饱和状态"预计应该在2009年初之后才会出现。

生猪需求形势预测

由于2008年上半年生猪的供应很难有实质性的增长，那么这期间需求的变化将在很大程度上决定猪价的高低。2008年的一二月，我国最大的传统节日前后，猪肉的需求达到全年的最高峰，较2007年8月增加1/3，而生猪供应很难增加。因此，2008年一二月，各省"抢猪"的现象普遍增多，猪价创新高。广东部分地区活猪收购价超18元/千克的价位就说明了这一点。2008年春节过后，需求的回落有效缓解生猪供应压力，猪价开始逐渐回落。但由于2008年6月前生猪存栏难有实质性的增长，而多数地区蔬菜、水果等农产品并未到上市时间，因此，需求回落幅度有限，猪价仍将保持在一定的高位震荡。

2008年五六月前后全国各地进入夏季，大量农产品开始上市，同时，前期的母猪补栏将在此时首次反映到生猪出栏上，供应将开始有较大的增加，猪价将保持下降势头。

2008年9月前后，生猪出栏的持续增加将同时迎来需求的反弹，此时供应和需求的博弈结果将继续显示为"供应"决定价格，猪价在需求旺季持续回落。

2008年底，随着春节的临近，供应和需求的博弈将呈现胶着状态，猪价可能保持在较高价位震荡，距离均衡价位已经不远。

2009年生猪的供求形势现在预测虽然为时尚早，但根据存栏的变化分析，预计2009年第二季度，猪价有可能接近成本线。2007年下半年开始的母猪大量补栏将真正反映到2009年的生猪市场，形势不容乐观。2006年上半年的亏损在时隔2007年、2008年两年多后，将再次面临考验，这同时也昭示新一轮的盈亏周期拉开了序幕。

此轮盈利周期自 2006 年 8 月开始，至 2007 年 12 月已历经 16 个月，最高峰在 2008 年 1 月出现，此半个盈利期为 17 个月，由此保守估计，仅整个盈利期就有望突破 30 个月，2009 年上半年才有可能进入微利平衡期。当然，随着其他成本的上涨，正常区间有可能前移，微利在 2008 年底到来的可能性也存在。

应对预案

2008 年生猪市场预计还将以"红色"为主，根据"红色"警戒区预警应对方案，普通散养户不可盲目大量补栏，后市存在一定风险，生产的关键点在于控制成本及疫病。广大养殖户需谨慎扩栏，随时调整存栏结构，尤其需要控制好 2008 年底、2009 年初母猪的存栏数量以及发情配种。尽量避免亏损期到来前妊娠母猪、哺乳仔猪、育肥猪存栏量过大，导致亏损期间损失过重。争取亏损期间存栏结构以后备母猪、暂停配种的能繁母猪为主，这样可最大程度地降低亏损期的损失，成功度过 2009 年的亏损期，迎来新一轮的盈利期。

资料来源：《应用写作实训教程》（万国邦、戴五焕、王秋梅主编，武汉大学出版社，2008 年）。

三、撰写经济预测报告应注意的问题

（一）确定预测对象

只有确定了分析预测的对象，才能做到心中有数，才能做出合理的预测工作安排保证预测工作顺利进行。

（二）全面掌握信息资料

真实、全面地掌握信息资料是作出科学预测的基础。在预测过程中一定要注意运用多种方法搜集资料，并对其进行整理、选择、鉴别与提炼，为预测结论的科学性、正确性奠定基础。

（三）用科学的预测方法

常见的预测方法有专家意见法、类推预测法等。专家预测法即根据某一预测主题，反复征求各类专家意见，采取综合专家意见的方式得出预测结论。这种预测方法适用于重大预测和决策项目。类推预测法就是根据准确、系统、全面的历史统计资料，将过去的发展趋势应用到现在和未来，并用精准的数学模型预测经济发展轨迹。这种预测方法比较适用于中小型等简单决策项目。写作者应根据预测的目的、掌握资料的情况、预测精度的要求以及预测时限，选用适当的预测方法。

(四)准确表述预测结果

科学的预测需要有清楚、规范的表达形式，只有具备这些才可以更好地发挥出预测报告的作用。因此，在写作过程中要尊重写作规律和人们的阅读习惯，突出重点，抓住关键，精练语言，表述简洁。

第六节　市场调查报告

市场调查报告是市场调查研究人员运用科学的方案，对商品的生产、流通、营销活动及供求、消费信息等进行搜集、记录、整理、研究分析后所写成的书面报告。

一、市场调查报告的特点及种类

(一)市场调查报告的特点

1. 针对性

市场调查报告的写作必须有明确的目的和方向，如调查市场上的产品质量、价格、市场占有率、营销状况等。实践证明，市场调查报告的针对性越强，其指导意义、参考价值也就越大。

2. 真实性

实事求是是写作市场调查报告最基本的原则，市场调查报告中的各项数据、内容和结论等都必须是市场情况的真实反映，不能弄虚作假、伪造数据、敷衍了事。

3. 时效性

市场变化日益迅速，信息传播的手段呈多样化趋势发展，这就要求市场调查报告的撰写必须迅速、及时，否则就会落后于市场的变化。"商场如战场"，必须有及时可靠的商业情报，才能更好地指导决策，赢得商机。

4. 科学性

科学性体现在调查方法上，现代商务市场调查报告要求运用各类高科技手段、设备和科学的调查方法去收集分析数据，进而总结出科学的经济发展规律以供决策层参考。

(二)市场调查报告的种类

1. 关于商品情况的市场调查报告

这类调查报告主要是调查了解消费者对某类商品的需求情况、商品的质量和价格、商品的售后服务等方面的评价和意见，了解某类商品的市场占有率、市场走势等情况。

2. 关于消费者情况的市场调查报告

这类调查报告主要是调查了解喜爱某一种或某一类商品消费者的数量、地域分布、性别、年龄、职业、收入、消费能力、消费倾向等方面的情况。

3. 关于销售情况的市场调查报告

这类调查报告主要是调查商品的销售情况，反映商品的供求比例、市场份额、销售前景、销售渠道等方面的内容。

4. 关于市场竞争情况的市场调查报告

这类调查报告主要是调查和分析竞争对手及其产品的情况，如对手的数量、经营策略、产品的优劣等。

除此之外，还会收集商品的售后服务等方面的评价和意见，了解某类商品的市场占有率、市场走势等情况。

二、市场调查报告的写作与范例

市场调查报告一般由标题、正文、落款三个部分组成。

(一)标题

市场调查报告的标题有三种写法：

(1)调查者+调查范围+调查内容+文种，如《××关于武汉市卷烟市场情况的调查》。

（2）正、副标题，正标题为调查主旨，副标题为调查范围+内容+文种，如《儿童食品安全令人担忧——关于××市儿童食品安全的专题调查》。

（3）新闻式标题。在标题中突出调查结论的部分要素，如《市场定位准确是××的关键》。

（二）正文

市场调查报告的正文包括引言、主体、结论和建议、附件四个部分。

1. 引言

简要交代调查的缘由和目的，调查的对象和范围，调查的经过、时间、地点、过程和调查的方法，也可以概括全文的主要内容和观点。

2. 主体

在主体中应写明两项内容：

（1）介绍调查对象的基本情况。在内容上，明确介绍调查对象的基本情况，包括调查对象的市场占有率、同类产品的竞争力、营销手段、消费者喜爱偏好、消费者年龄及地域分布状况等。在写作上，可采用说明与叙述相结合的方法，在列举各类数据、资料、信息的同时，给予充分的分析说明，以增强市场报告的说服力。在写作结构上，一般采用分条列项、分门别类的方法进行写作。

（2）对基本情况的总结分析。总结分析包括原因分析、优劣对比分析、利弊分析、预测分析等，在写作时应注意分析要透彻入理、有理有据，要能揭示出隐藏在数据背后的经济规律，以供管理层科学决策。此外，还应注意写作层次清晰，思维逻辑正确，具有说理性和针对性。

3. 结论和建议

结论和建议是撰写本报告的主要目的。这部分要对引言和正文所提出的主要内容进行总结与延伸，得出结论并在此基础上提出解决问题的有效措施、方案与建议。既不可提出无证据的结论，也不要进行没有结论性意见的论证。所提方案措施要具体可行，可操作性要强。

4. 附件

在调查过程中会涉及各种原始数据、图像、资料等，为了证明调查报告的科学性和可靠性，可在结论和建议后面附上这些内容。

（三）落款

落款注明报告撰写人和报告形成的时间。若标题下已注明撰写人，落款可不写。

范　例

<h2 style="text-align:center">德兴市农机作业市场存在问题亟待解决</h2>

江西省德兴市农机站　刘书平

近年来，德兴市农业机械化水平得到了很大的提高，为了规范农机作业市场秩序，提高农机户的收益，市农机站组织专门力量，对农机作业市场进行调查。从调查的结果看，农民在农机化的进程中受益匪浅，但存在的问题也亟待解决。

一、德兴市农业机械化概况

1. 农业机械化程度不断提高

近年来，德兴市抓住国家农业机械购置补贴政策出台的良好机遇，紧紧围绕农业产业结构调整，重点发展中小型动力及配套机械，普及水稻生产全程机械化。目前，全市农机总动力达 28.77 万千瓦，比上一年增长了 13.4%；机耕面积 17.8 万亩，机耕率达 87%，机耕水平提高 6%；机收面积达 13 万亩，机收率达到 65%，机收水平提高 7%；机插面积 14600 多亩，实现了机插面积取得重大突破。目前，全市大中型拖拉机（变型拖拉机）保有量为 1000 余台，联合收割机 290 多台，手扶拖拉机 1550 多台，插秧机 20 台，茶叶修剪机 10 台，配套农具 1000 余台，小型农机具 920 多台。

在国家农机补贴政策的拉动下，农业机械特别是大型机械的增长速度较快，农机从业人员 1000 余人，农机化经营总收入 7000 万元，利润 1800 余万元，人均增收近 65 元。农机化在农村劳动力转移和促进农业增效、农民增收等方面的作用显著。全市基本形成动力配套、门类齐全、一机多用、技术先进的耕、播、收、脱、加、运的现代农机装备格局。

2. 先进适用的农业机械作业技术得到了推广与普及

农机部门结合当地山区特点，大力开展农机化新技术、新机具的推广，机械化插秧以及设施农业、畜牧养殖、农副产品加工主要环节机械化技术得到了大面积推广。通过现代化农机作业技术的推广使用，全市的农业综合机械化程度在 80% 以上。

3. 农机合作社作用得到充分发挥

一是充分发挥了农机合作社的作用，围绕农业结构调整，积极培育农田作业、农运运输、农机维修、农机供应、农副产品加工"五大"农机服务产业；本着"正确引导、群众自愿、互惠互利、统分结合"的原则，广泛吸收社员，定期发布政策、技术、信息，实行"统一调度、统一机具、统一标准、统一收费"的作业方式，搭建农机服务平台，整合农机资源，发挥整体优势；二是注重发挥市农机服务组织的新机具展示、演示、服务的窗口作用。积极开展示范作业，正确引导农民选机、购机、用机，实现服务和效益最大化；三是积极组织农机跨区作业，扩大培训农机经纪人队伍，鼓励民间合作服务组织、民间供应、销售、维修等服务队伍进一步发展。到目前，德兴市 10 万元以上的农机大户发展到 11 户，乡级农机合作服务组织 2 个，村级农机合作组织发展到 20 多个，达到建设标准化、管理规范化、经营企业化、作业规模化、生产科技化的"五化"标准的农机合作社发展到 2 个，彻底解决了一家一户办不了、办不好、办了不划算，有机户作业难、无机户难作业等问题，实现了上下贯通、左右协调联动的服务格局。

二、农业机械作业收费及柴油耗量情况

1. 机械耕地

作业费每亩 130 元左右，柴油耗量为每亩 4 升左右。

2. 机械插秧

作业费每亩 200 元左右，油耗量每亩 2 升左右。

3. 机械收获

主要为水稻联合收割，每亩作业费 150 元左右，柴油耗量每亩 5 升左右。

三、存在的问题

1. 客观因素

山区田块零散，呈不规则形分布，田土依山傍水，不利于大型机械化耕作；乡村机耕道建设滞后，满足不了农机的需求；乡村年轻劳动力缺乏，真正留在土地上耕作的劳动力大多是老弱劳动力，掌握先进农机技术难度较大；基层农机推广服务体系薄弱，从事农机推广的人员紧缺，经费不足，难以完成新形势下的农机新机具和新技术的推广工作。

2. 柴油价格上涨带动农业机械作业费上涨

由于油价上涨，作业成本增加，农机户不愿单方面承担，提高作业服务费价格，从而使油价上涨造成的负担最终转移到农民身上。如水稻机收每亩平均150元，上涨了10%；机耕平均每亩130元，上涨了13%；与其他农资如种子、化肥等价格上涨因素叠加在一起，大大抵消了政府种粮补助的社会效益，影响了农民的生产积极性。

3. 农业柴油不能保证供应，个体油贩趁机抬价

今年全国柴汽油价格调整后，国内石油企业市场供应积极性不高，最严重时各加油站(中国石油、中国石化所属)限量供应，每次每台只许加100元的柴油。不少机手经常由于柴油跟不上供给而不得不中断正常作业；与此同时，一些油贩趁机抬价，加重了农民负担。

4. 农机作业市场混乱局面亟待整顿

由于近年来农业机械拥有量不断增加，加之外地散户机手的无序进入，市场无序竞争现象比较严重，突出表现为：作业农机不足时，农户之间相互争抢，机手趁机抬价；作业农机数量相对饱和时，机手之间互相压价。

四、几点建议

1. 加强市场宏观调控

努力稳定石油产品特别是农用柴油的市场价格，最大限度维护农民的切身利益，保护来之不易的农民种粮积极性；采取切实有效措施，保证农用柴油的市场供应。国有石油企业应切实增强社会责任感，充分保证国内农业柴油的市场供应。必要的话，政府可建立专门的农用柴油供应通道，稳定市场供应。

2. 加大先进适用农机具的宣传和推广力度

一是农机生产、销售企业要积极宣传自己的先进适用产品。二是各级政府部门应建立农机宣传"绿色通道"，使农机产品在媒体上的广告宣传费用减半或免收。三是农机推广部门要利用自身优势，加强各类先进适用农业机械的推广力度，让农民群众了解、认识和使用农业机械。

3. 加大行政干预，将农业机械作业收费纳入政府指导价格范畴

适时发布调整农机作业收费指导标准，引导机手合理收费，依法处置不正当竞争者，稳定农机作业秩序，促进农机作业市场健康发展。

资料来源：刘书平. 德兴市农机作业市场存在问题亟待解决[J]. 农机科技推广，2014(9)：57-58.

三、撰写市场调查报告应注意的问题

(一)调查和搜集的材料要真实、准确

市场调查报告需要用事实说话，要如实反映市场中所存在的问题，所引用的资料、信息要真实、准确、典型和全面，这样的调查报告才具有科学性，才能作为决策的参考信息。

(二)调查应注意时效性

时效性是市场调查报告存在的前提。市场调查报告唯有迅速、及时地反映瞬息万变的市场情况，才能发挥其应有的作用，避免因时过境迁而失去现实指导意义。

(三)选用恰当的表述方法

由于市场调查报告既要反映情况，又要揭示规律、表述观点、提出解决问题的方法，所以它常常综合使用叙述、说明和议论三种表述方法。在采用综合叙述法时，选用的事实要确凿，数据和图表要准确；在选择说明方法时，文思脉络要清晰、完整，逻辑正确，层次分明；在选择议论方法时，观点要鲜明，结论与材料要统一，论据充分，符合事理的发展逻辑。

第七节　招　标　书

招标书又称"招标说明书""招标通告""招标启事""招标广告"，是招标人为了征召承包者或合作者，而将招标的项目、时间、步骤、方法等有关事项和要求公之于众，利用投标者之间的竞争达到优选投标者的一种告知性文书。

一、招标书的特点与种类

(一)招标书的特点

1. 公告性

招标书一般借助网络，以及报纸、杂志等媒体进行发布，以吸引社会各方

的广泛注意，引导竞争。

2. 规范性

招标书所涉及的各项内容必须依照国家法律和政策来制定，既受法律的约束，又受法律和政策的保护。

3. 竞争性

招标书发布的目的是吸引承包商或承购商参与竞标，以便从中选择最佳对象，争取最优利益。

(二)招标书的种类

1. 按招标形式类

按招标形式分，可分为公开和书面通知招标。

2. 按时间分类

按时间分，可分长期和短期招标。

3. 按范围分类

按范围分，可分为国内和国际招标，单位内部和向社会招标。

4. 按内容分类

按内容分，可分为兴建大型工程、采购大宗商品、承包企业、录用人才、完成科研项目等内容的招标。

二、招标书的写作与范例

招标书的结构由标题、正文、落款三个部分组成。

(一)标题

常见的标题有四种类型：

(1)招标单位+招标项目+文种，如《中国技术进出口总公司国际招标公司山西孝柳铁路第二期工程招标通告》。

(2)招标单位+文种，如《上海石油化工总厂招标通告》。

(3)招标项目+文种，如《建筑安装工程招标书》。

(4)文种，如《招标书》。

另外，因招标书内容较多，一般都要装订成册，并把标题写在封面上。为了便于存档和日后查阅，有些招标书的标题下方会注明文书编号。

(二)正文

招标书的正文结构主要包括前言、主体和尾语。

1. 前言

前言主要写招标的缘由，包括招标的背景、意义和根据等，然后用承启语"现将(招标)有关事项通告(或公布)如下"领启下文。

2. 主体

主体部分是招标书的中心，详细写明招标内容、条件、要求及有关事项，构成招标文件。主体形式多用条文式，也可用表格式。

工程建设项目招标书要写工程的内容：如工程名称、施工地点、建筑面积(若为桥梁、铁路、高速公路则为长度)、工程结构、承包方式、招标资格(要求建筑企业具有的级别)、投标日期(包括领取招标文件和送递投标书的时间)、地点、应交费用、开标日期、对投标者的要求等。

3. 尾语

尾语写明招标单位地址、联系电话、电传信号、邮政编码、联系人等。

(三)落款

在右下方写招标单位名称。

在右下方写招标书单位的撰写日期。

范 例

××学院修建教学楼招标书

经上级主管部门同意，我院将修建一栋教学大楼。由××市城乡建设委员会批准，本工程实行公开招标，择优选定承包单位，现将招标有关事项公布如下：

一、工程名称：××学院教学楼。

二、施工地点：××市××路××号。

三、建筑面积：××平方米。

四、设计及要求：见附件。

五、承包方式：实行全部包工包料。

六、投标日期：××××年××月××日。凡有投标意向、有法人资格并具有一、二、级施工执照的国内企业，请于××××年××月××日前来人或来函索取招标文件。

七、开标日期：××××年××月××日于我院行政办公楼第×会议室，在××市公证下启封开标。投标者请于××××年××月××日前将投标书及其上级主管部门的有关签证等密封投寄(以邮戳为准)或派人送交我院基建处。

招标单位地址：××市××路××号

传真：××××-×××××××

电话：××××-×××××××

联系人：王××

××学院基建处

××××年××月××日

资料来源：《应用写作实训教程》(万国邦、戴五焕、王秋梅主编，武汉大学出版社，2008年)。

三、撰写招标书应注意的问题

(1)做好市场的调查研究工作，了解市场的信息，明确招标项目的标准和条件。

(2)熟悉招标的一般程序，了解招标有关的法律法规，如《中华人民共和国招标投标法》。

(3)内容陈述一定要明确、具体。

(4)语言要简练，数据要准确，不可使用模糊词语，避免产生歧义。

第八节　投　标　书

投标书又称"投标申请书"，是指投标者在招标公告限定的时间内，按照招标单位发布的招标书中所提出的标准和条件，对自身进行审核评估后，向招标单位递交的书面材料。

投标书撰写得好坏直接影响中标结果。

一、投标书的特点与种类

（一）投标书的特点

1. 规范性

投标书的制作既要遵守国家对招投标工作的有关规定和具体办法，又要执行国家颁布的技术规范和质量标准，不能随心所欲，任意制作。

2. 可行性

对投标书承诺的各项条件(包括项目标价、规格、数量、质量及进度要求等等)，承诺单位务必保证其可行性，一旦中标，必须严格履行承诺，绝不能反悔。

3. 限定性

招投标活动一般都有严格的时间限定，必须在限期内将投标书递交招标单位，过期将视同自动放弃。同时，对投标项目的进度要求也有严格的时间限定。

（二）投标书的种类

1. 按投标形式分类

按投标形式分，可分为公开和书面通知投标。

2. 按时间分类

按时间分，可分长期和短期投标。

3. 按范围分类

按范围分，可分为国内和国际投标，单位内部和面向社会投标。

4. 按内容分类

按内容分：

(1)工程建设投标书：它是建筑企业对大型建设工程建设应标所使用的文书。

(2)大宗商品交易投标书：指大宗商品生产厂家应标承售产品所用的文书。

(3)企业承包投标书：是指应聘方承诺应聘所使用的文书。

二、投标书的写法与范例

投标书一般由标题、主送单位、正文、落款和附件四个部分组成。

(一)标题

一般由投标单位名称、投标项目名称和文种构成，或由投标单位名称和文种构成。

(1)投标形式+投标项目+文种，如《承包洗衣机厂投标书》。

(2)投标项目+文种，如《培训楼施工投标书》。

(3)文种，如《投标书》。

(二)主送单位

主送单位大多写招标单位的招标办公室。在标题下隔行顶格写上招标单位的全称。如：××铜矿培训楼招标办公室。

(三)正文

1. 引言

说明投标的依据、指导思想和投标意愿或态度。通常要写明：经过研究某某招标文件，根据自己企业或个人的条件，愿意按照招标文件的要求参与投标。继而用"现提出正式报价如下"或"承包(承租)经营方案如下"等承启语领起下文。

2. 主体

由于投标的项目不同，其正文主体的写法就不一样。即使都是工程建设投标或承包企业投标，但工程项目、规模、结构不同，企业大小不同，经营范围不同，它们各自的写法也不尽相同。现举例工程建设投标书写法如下。

工程建设投标书主要写作内容是：工程综合说明(写工程的结构)；单位标价(分别写明每平方米或每立方米或千米的造价)；总标价构成(分别写明工程每个结构部分的造价)，人工费单价，总计工数，工程人工费总计价，总标价(建筑材料费、人工费等整个工程的总造价)；主要所用材料指标(分别写明使用的钢材、水泥、木材型号、规格)；开竣工日期、总日期天数，工程进度计划，工程质量标准及施工技术组织措施（写明工程质量达到等级、操作规程、检查验收、监督管理等），要求建设单位提供的配合条件（写明要求建设单位清除施工现场障碍物，接通现场施工用的电路、水管和通信线路等）。上述的有些内容可列表说明。

3. 结尾

写投标单位的名称、法人代表、联系人地址、电话号码和传真，个人的投标书写投标者的姓名。有的写请求评标组织审核评议。

（四）落款和附件

单位的投标书，如果在尾语部分写了单位名称就可省去落款。个人的投标书写投标者的姓名。在正文右下方写投标书的撰写日期。

附件：附利于己方中标的有关材料等。

教学楼工程施工投标书（标函）

××学院基建处：

根据××学院教学楼工程施工招标书和设计图的要求，我公司完全具备承包施工条件，决定对此项工程投标，具体说明如下：

一、综合说明

工程简况（工程名称、面积、结构类型、跨度、高度、层数、设备）。

教学楼一幢，建筑面积 10700 平方米，主体 6 层，局部 2 层。框架结构：楼全长 80 米，宽 40 米，主楼高 28 米，二层部分高 9 米。基础系打桩水泥柱，现浇梁柱板。外粉全部，玻璃马赛克贴面，内粉混合砂浆采面刷涂料，个别房间贴壁纸。全部水磨石地面，教室呈阶梯形，个别房间设空调。

二、标价（略）

三、主要材料耗用指标（略）

四、总标价：13408395.20 元，每平方米造价 370.23 元。

五、工期：开工日期：××××年××月××日；

竣工日期：×××× 年 ×× 月 ×× 日

施工天数：547 天。

六、工程计划进度(略)

七、质量保证

全面加强质量管理，严格操作规程；加强各分项工程的检查验收，上道工序不验收，下道工序决不上马；加强现场领导，认真保管各种设计、施工、试验资料，确保工程质量达到全优。

八、主要施工方法和安全措施

安装塔吊一台、机吊二台，解决垂直和水平运输；采取平面流水和立体交叉施工；关键工序采取连班作业；坚持文明施工，保障施工安全。

九、对招标单位的要求

招标单位提供临时设施占地及临时设施 40 间，我们将合理使用。

十、坚持勤俭节约原则，尽可能杜绝浪费现象。

投标单位：×× 建筑工程总公司(公章)

负责人：李 ××(盖章)

电话：××××－××××××××

电报：××××

×××× 年 × 月 × 日

资料来源：《应用写作实训教程》(万国邦、戴五焕、王秋梅主编，武汉大学出版社，2008 年)。

三、投标书的写作要求

投标书的写作有如下四条要求。

(1)要有针对性，内容要紧扣招标书提出的要求。

(2)要实事求是，说明己方优势、特点应该符合客观实际。

(3)要合理合法，内容不得违反有关规定，无效标即废标。

(4)要按期递交，投标书避免逾期递交而不予受理。

第九节 商业广告文案

一、商业广告及商业广告文案

(一)商业广告

商业广告是商品经营者或者服务提供者通过一定媒介和形式直接或间接地介绍自己所推销的商品或者服务的商业广告活动。商业广告传播的是有关商品和服务的信息,有明确的广告主;商业广告是有偿服务,即广告主必须向广告经营者偿付广告设计、制作、代理服务等费用;商业广告必须通过媒体(报纸、杂志、广播、电视等)传播信息。

(二)商业广告文案

现代商业广告的表现形式多种多样,但任何形式的商业广告都离不开语言文字这个最重要的载体。目前,在运用最广泛的报纸、杂志、广播、电视、互联网等主要商业广告媒介上,传递商业广告信息的主要工具是文字、声音和图像,其中文字的表现力最为重要。一个商业广告可以没有声音和图像,但不能没有语言文字。

从广义的概念上理解,商业广告文案是指与商业广告作品有关的一切语言文字,不管篇幅长短、文字多少、结构如何,只要使用的是语言文字这个工具,都可以称为商业广告文案。也有人把商业广告文案定义为商业广告作品的全部,把广告作品中的图片、装饰、编排等内容都包括在内。

从狭义的概念上理解,商业广告文案是指有广告语、标题、正文、随文等完整结构的文字广告。其他广告企划、广告策划书等广告应用文本不在其内。

商业广告文案与人们熟悉的散文、小说等文学作品有着不同的风格、结构和语言,它涉及范围宽广,写作风格多变,需要适应不同的商业广告信息和目标,是一种有着特殊要求的语言文字形式。

二、商业广告文案的特点与种类

(一)商业广告文案的特点

1. 真实性

商业广告文案的真实性是指商业广告文案涉及的信息内容的真实。信息内容的真实是商业广告文案创作的首要原则。在《广告法》中,对广告信息内容的真实性问题作了明确的规定。同时,《广告法》对表现形式和表现风格上的真实性要求又只限于艺术真实,在表现方法上并不要求体现现实完全的真实,也可以根据诉求的需要进行某些必要的虚构,这样并不违背广告的真实性。

2. 文学艺术性

商业广告文案往往借助于文学艺术作品的样式进行广告诉求,诗歌式、散文式、辞赋式、相声式、小品文案自不必说,著名文学作品中的经典人物逸事和场景也常常用来帮助广告表达诉求,以吸引受众产生共鸣,使商业广告文案既给受众带来美的享受,又有利于实现广告的既定目标和要求。

3. 原创性

所谓原创性,即首创性,"与众不同","突破常规,出人意表",就是赋予广告以吸引力和生命力。商业广告文案的原创与否,决定着商业广告的成败。商业广告文案的写作过程是商业广告创意的物化过程。优秀的文案人员能够充分发挥想象力和创造性,能够写出新鲜、独特,让人耳目一新而又深具吸引力和说服力的优秀文案。

4. 可操作性

商业广告文案可以做得很美,但它并不是单纯供人欣赏品味的艺术品,最终需要投放到特定的广告运动中,需要通过媒介进行传播,需要通过向受众发布达成广告目的。因此,商业广告文案应该能够或便于具体操作,进而加工成商业广告作品。

(二)商业广告文案的种类

商业广告文案通常按照广告媒介的形式特征进行分类,因为不同的广告媒介不仅对商业广告文案有着不同的写作方法和形式的要求,同时也能显现出各类广告文案自身的鲜明特色。

最具形式特征的商业广告文案主要有以下五种类型。

1. 印刷广告文案

印刷广告文案主要应用在报纸、杂志、书籍、宣传样本、直邮广告等媒介，其共同特征是视觉传达，受众是通过阅读来获得广告信息的。其中，报纸、杂志的读者群比较固定，而且读者的差别比较清晰，广告文案面对的受众相对明确。印刷广告另一个特点是适于长期保存和反复阅读，加上印刷技术和材料的不断提高和更新，印刷质量越来越高，因而可以收到较好的宣传效果。

针对印制广告文案视觉媒介特征，应当在语言文字的修饰上精雕细琢、反复推敲，要经得起受众反复、仔细地阅读。文案的标语与广告画面通常一起发生作用，需要先发制人地吸引受众的注意。文案的正文是广告的主要内容，要尽可能表达清晰、准确，不留疑惑。

2. 广播广告文案

广播广告文案主要运用在有线广播和无线广播媒介，其共同特征是听觉传达，受众通过声音传递来接收广告的信息。

广播媒介不受空间限制，听众广泛，但受时间限制，转瞬即逝，内容多的广告不易记清。根据广播媒介的特征，广播广告文案应当注意简单、清晰、连贯、和谐、愉悦、可信等方面的要求，充分考虑为听觉而不是为视觉的文字语言修辞，同时还要把播音的嗓音、节奏、配乐、音响等效果考虑进去。

广播广告文案通常都采用口语语言，以与人交谈的谈话风格进行写作，特别注重语调和口气，更多地反映目标受众的说话习俗及风格，使之更容易贴近受众生活。

3. 影视广告文案

影视广告文案主要运用在电影、电视等媒介，媒介特征是集视觉与听觉、时间与空间于一身，表现形式丰富多彩，声画合一，感染力强，便于记忆。

影视广告中非语言文字的图像占主导地位，其生动、丰富的形象很容易准确、直接地为受众理解和接受，因此，影视广告文案在写作时，要有与画面情景交融的意识，将画面与语言文字融合在一起，并把活动画面作为叙述语言的一种形式。在影视广告文案中，语言文字可以有画外音、独白、对话、歌曲、字幕等多种形式，因此要充分调动各种表现手段，进行巧妙合理的安排，注意广告的整体灵活性，充分发挥其无可比拟的艺术感染力。

4. 互联网广告文案

随着互联网时代的到来，互联网广告自然而然地应运而生。互联网广告具有传统媒介无法达到的许多特点，例如，广告一经发布就可以传播到世界各地，网民可以一天 24 小时随意浏览，同时还可以链接到其他相关网页上以提供更多的信息等。

互联网广告基本上通过视觉来传达，在文案写作上与印刷广告文案相类似。但它又具有影视广告视觉传达的连续性、时间性、动画性等特征，以及自身通过点击链接来实现的交互性、灵活性、实时性等特点。因此互联网广告文案也有相应的写作要求。

互联网广告信息有两个特殊的传达形式：一是语言文字在视觉传达过程中是可变动的，不仅大小形体、上下位置可变，而且在时间快慢和字体种类上也可进行变化，这为文案写作提供了充分发挥的天地，也提出了更高的要求；二是广告信息的传达需层层递进，每一层面相互联系成为一个整体，如何吸引网民不断点击，层层深入，是互联网广告文案写作时的一个难点。

5. 户外广告文案

户外广告主要包括招贴广告、路牌广告、橱窗广告、车体广告、霓虹灯广告等，其共同特征是受众在流动状态下接收广告的信息，因而又称作"流动广告"。

户外广告文案需要尽可能抓住人们的注意力，让行色匆匆的人们在不知不觉中关注到广告的存在，进而浏览一眼或驻足片刻。户外广告文案不太注重信息量在传达过程中的完整与全面，强调的是引人注目和重点突出。最主要的特点是语言文字尽量简洁，其中标题与广告语的写作是户外广告文案的重中之重，用词一般不超过 7 个，在视觉上通常是一条线，便于在行进中阅读。

三、商业广告文案的创意

商业广告文案创意包括文案主题创意、文案结构创意、文字语言创意三个部分。

(一) 文案主题创意

商业广告文案的创意首先是主题创意。商业广告文案主题创意主要由商品特征、企业特征和消费者特征等因素构成。主题创意要正确、新颖、深刻、集中，在内容上要避免创意失真、创意不明和缺乏重点，在形式上要避免平淡无奇、毫无新意。

(二)文案结构创意

商业广告文案结构创意是指针对商业广告文案结构方式的选择和各部分的排列组合。商业广告文案结构通常分为规范式文案和灵活式文案。

规范式商业广告文案一般有标题、正文、广告语、随文四个要素。灵活式广告文案，是指没有固定格式、形式较为自由的广告文案，最常见的就是广告语，即广告口号。

(三)文字语言创意

商业广告文案的文字语言是商业广告信息的符号，是实现商业广告目标的重要工具。文字语言的创意是在商业广告文案创作时，对广告文字语言形式的概括、选择、锤炼和修饰。

文字语言是商业广告文案的写作基础，驾驭文字语言的能力是商业广告文案创意的基本功。商业广告文案中采用的文字语言通常用陈述语、口语等形式。

四、商业广告文案的写作与范例

商业广告文案指已经完成的商业广告作品的全部的语言文字部分。

一则典型的商业广告文案由广告语、标题、正文和随文四部分组成，每部分传达不同的信息，承担不同的职能，发挥不同的作用。

(一)广告语

广告语又称广告口号、广告标语，是为了加强受众对企业、商品或服务的印象，在广告中长期反复使用的一种简明扼要的口号文字。它基于长远的销售利益，向消费者传达一种长期不变的观念。广告口号有持续的促销作用，有的广告口号可持续多年使用，它们对读者来说就像老朋友一样，使读者对该商品或企业形成固定的良好印象，因而被企业视作一笔无形的巨大财富，这也是广告语与标题的主要区别。

广告语的写作要求如下。

(1)广告语一般只有寥寥几字，很少超过十个字。如 20 世纪 80 年代中期，世界著名的咖啡品牌瑞士"雀巢"咖啡进入中国市场，也带来一句世界知名的广告语"味道好极了"。

(2)便于记忆，朗朗上口。钻石生产商戴比尔斯 20 世纪 90 年代在中国的广告语"钻石恒久远，一颗永流传"就给人留下了深刻印象。

(3)阐明利益，激发兴趣。人们购买商品，都是为了从中获得某种使用价值，即"利益"。因此，有许多广告语在撰写时，往往要把商品的利益表达出来。如宝洁公司飘柔洗发水的广告语"头屑去无踪，秀发更出众"。

(4)号召力强，促发行动。广告语的一个重要作用是引发读者的行动，如"请喝可口可乐"即是典型的此类广告语。

(二)标题

标题是商业广告文案中旨在传达最为重要的或最能引起受众兴趣的信息，位于商业广告文案的醒目位置，对全文起统领作用，以吸引受众继续关注文案的其他内容的简短的语句。通常选用较其他部分更大的字号或更显眼的字体。

1. 一则好的广告标题的功能

(1)它能迅速引起读者的注意。一家公司为宣传自己的钻石戒指而用的广告标题："你曾说：'我买。'现在你会说：'我庆幸买了它。'"当读者看到此广告标题，不禁会问："他买了什么?"因而进一步阅读下面的广告内容。

(2)能够抓住自己的主要目标对象。如一则治疗鸡眼的药物广告标题："五日之内，鸡眼消失，无效退款。"它清楚地点明目标对象是鸡眼患者。

(3)能够吸引读者阅读广告正文。"谁说不可以?"奥迪轿车的这则提问式标题显然会吸引人们继续往下阅读。

2. 撰写商业广告标题的原则

(1)投读者所好，并切实地使之受益。人们阅读广告时，总是期待着有所获益，因此这种能带给读者切实利益的广告通常是最有效的。"买上海桑塔纳新车，一年内限里程免费质量担保。"这是对读者所作的维修承诺。

(2)尽量把新内容引入标题。人们往往会注意新事物的出现，观察是否有新产品问世，或者旧产品有无新用途或改进，是否有新的观念涌现等。因此，包含新闻字眼的标题最能引发人们的兴趣。标题中使用最为有效的两个词是"免费"和"新的"。

（3）标题尽可能写上商品名称。对于一些竞争激烈的消费品，其广告标题上尽可以写上商品名称，使那些只看一眼的读者知道你所宣传的商品具有的特殊标志，如"发现一瓶好水——黑松天霖水"。

（4）使用能够引起人们好奇心的词语。广告标题是为了引导读者阅读下文，将某些有着强烈吸引力的词语应用于标题将更有魅力。

（5）长度适中。标题一般强调简短，6~12 字的广告标题效果最佳。

（6）避免使用笼统或泛泛的词语。广告标题应是生动、具体、形象的，而不应使用陈词滥调。如"它带给我一流的头发"；"它使我的头发质地柔软、熠熠生辉，恰似绿草地一般清新芬芳"。这两个广告标题都是为洗发液而写的，同是强调洗发液的高质量，前者只是泛泛而谈，难以给人留下印象；后者却栩栩如生，使人不禁为之神往。

（7）慎用双关语、文学隐喻，忌用晦涩难懂的词。在现今的信息社会中，读者每天面对无数广告。人们在浏览这些密密麻麻的标题时速度很快，很少停下来推敲弦外之音。因此，必须用明白无误的语言写标题，以便把要说的话告诉读者。当然有时双关、比喻之类的修辞方法使用得当，并与插图相配合，也会得到意想不到的效果。

（8）避免使用否定词。在标题中使用否定词很危险，读者往往喜欢正面的陈述。因此在广告标题中最好说明事物是什么，而不要说事物不是什么。

（三）正文

正文指商业广告文案中旨在向受众传达大部分的广告信息、居于主体地位的语言文字。它是商业广告文案的中心和主体，是对广告标题的解释以及对所宣传事物内容的详述。

1. 正文的结构和内容

正文结构上一般分为引言、主体和结尾三部分。

（1）引言是商业广告文案标题与正文的衔接段，是正文的开头部分。它要以概括和精练的笔触，迅速生动地点明标题原意并引出下文，以吸引读者继续阅读。

（2）主体是阐述商业广告文案主题或提供论据的部分，是广告文案的中心。在引言之后，主体部分要及时点出消费者的欲求和所宣传商品的优势特点，以及这些特点与目标消费者的关系，即它可以使目标消费者明白受益点在何处，这些利益点的充足论据是什么，对消费者的保证措施又是什么等，以此来说服消费者进行购买。

(3)结尾是商业广告文案正文的结束部分。它的主要目的在于用最恰当的语言敦促读者及时采取行动。虽然结尾一般比较简短，但意义重大，绝不能掉以轻心；否则便会虎头蛇尾，功亏一篑。"要想知道如何成为一名××公司的销售代理，请拨电话：800-××-××××"就是一则简洁清晰但颇具号召力的结尾。

2. 正文的类型

根据商业广告文案正文的体裁、风格、手法等不同可将它们分为若干类型，如直述式、叙述式、证言式、描写式等。在实际撰写时，商业广告撰稿人并不是先考虑选择哪一类型，而是考虑怎样才能将商业广告文案正文写得生动有趣，令人信服。因此，写出的商业广告文案正文可能是某一种类型的，也可能是几种类型的组合。

(1)直述式就是摆事实、讲道理，让事实说服人的一种表达方式。它的特点是直接、精练地将商品的特性客观地表达出来，没有过多的修辞与描绘。直述式商业广告文案的很大魅力在于商品本身的诉求力量，它一般用于汽车、相机等结构复杂的消费品。

(2)叙述式文案是用故事形式写成的商业广告文案，它往往能将枯燥无味的商业广告变得富有趣味。这类正文要使内容像小说的故事情节那样，有矛盾冲突的出现和最后的解决，这样才能引人入胜，但叙述不宜过长。它往往是从某人遇到困难而感到苦恼开始，以找到解决办法而圆满结束，目的是告诉读者在遇到同样的困难时，采取同样的办法。

(3)证言式文案是按证明书的方式写成的商业广告文案。它需要提供权威人士或著名人士对商品的鉴定、赞扬、使用和见证等。这里的权威人士可以是确有其人，也可以是虚构的；但无论真假，他们都必须有资格为其宣传的事物作出证言。如宣传某种药品，最好选用医生身份的人物；而宣传某种家庭用具，最好选用家庭主妇，这样才具有说服力。

(4)描写式文案是以生动细腻的描绘刻画达到激发人们基本情感和欲望的商业广告文案。这类广告如果描绘得亲切感人，就会给人们一个鲜明的形象和深刻的印象。"美丽的白色沙滩，沐浴在金色的阳光里，恣情嬉戏尽情享受……美妙的风景，激动人心的奇观……世界一流的设施，高效的服务。不仅这些，最令人神往的是，你可以享受到菲律宾带给你的独有的温暖、热情和舒适。"看完这则广告，你会对美丽的菲律宾心驰神往。

（四）随文

随文又称附文，是商业广告文案的附属文字部分，是对商业广告内容必要的交代或进一步的补充。主要有商标、商品名、公司标识、公司地址、电话、价格、银行账号以及权威机构证明标识等。一则商业广告文案不一定将以上所说的随文内容全部列出，应根据商业广告宣传目标而有所选择。广告随文是广告文案的有机组成部分，具有重要的推销作用。

范 例

嗜甜的越狱人

意大利口音的两个男人点了两杯咖啡后，

便把视线对准咖啡馆的大门，

看着每一位进出的客人。

自从那位专盗埃贡·席勒画作的意大利盗贼，

第四次越狱成功后，

人们特别留意出现在身边的意大利人，

而我也不例外。

一刻过去了！

那两人已经饮了不少黑咖啡，

视线仍停在大门，

而众人也始终盯着他们，

又过了一刻，

才进门的男人夺走了所有人的目光。

倒不是他浓浓的意大利口音，

而是他点了一桌子的甜品。

"你被捕了！"

喝黑咖啡的男人和同伴忽然卡在那个男人身后。

"但，不急，请慢慢享用!"

等他把满桌的甜品吃完并代他结账后，

两个人才押着他走出咖啡馆的大门，

经过一阵的静默，

大家议论纷纷：

"为什么专偷埃贡的画?"

"盗贼为什么爱吃甜品?"

"为什么盗贼都是在同一家咖啡馆被逮进牢里?"

【范例简析】

这则广告是左岸咖啡馆的平面广告，以"越狱人"为主角，以故事叙述的形式表现了"越狱人"对咖啡的嗜好，体现了咖啡的特色。这种叙述的方式虽然长但不乏味，而且逮捕者的表现也充满着人情味，整则广告有一种别样的温情。

范 例

美国《时代周刊》广告

警察：对不起，先生，半夜三更您在这儿干什么?

夜游者：看见你太高兴了，警官先生!

警察：我问你在这儿干什么?

夜游者：我住得不远，那边，第四栋楼……门口正在修路。

警察：先生，别废话了，请回答我你在这儿干什么!

夜游者：哎，别提了。我本来已经上床睡觉了，可是突然想起来白天忘了买本《时代周刊》看看。

警察：你穿的这是什么?

夜游者：衣服? 睡衣呀! 哎哟，走的时候太慌张了。我老婆的睡衣。很可笑吧? 嘿嘿。

警察：上车吧，我送你回去。

夜游者：不行，没有《时代周刊》我睡不着觉，躺在床上看看"电影评论"，

"现代生活掠影"，这些栏目……

警察：好了，好了！快点吧，先生！

夜游者：我试着看过其他杂志，都不合胃口，您知道《时代周刊》的发行量一直在上升吗？

警察：不知道，我知道罪案发生的情况。（汽车发动声）

夜游者：像我这样的《时代周刊》读者多得很，比如温斯顿·丘吉尔，你呢？快快，不好了，快停车，你总不能让我穿着我老婆的睡衣就把我送到警察局去吧？

警察：你到家了！下车吧。（停车声）

旁白：《时代周刊》，逸闻趣谈。买一本，度过良宵。看一遍，安然入眠。

【范例简析】

这是美国《时代周刊》创作的一则幽默的广播剧式的商业广告，通过警察与夜游者之间的对话传递品牌产品的广告信息。巡夜的警察碰到一位因走得慌张而误穿了太太睡衣的男士，并误把他当成醉鬼。在这场误会性的对话中，广告设计者不失时机地通过"假醉鬼"的嘴巴，将《时代周刊》的内容（"电影评论""现代生活掠影"）、信誉（没有《时代周刊》我睡不着觉）、发行量（《时代周刊》发行量一直在上升吗）和读者群（像我这样的读者很多，比如温斯顿·丘吉尔）等，做了润物无声的宣传。内容充实，举例具有代表性，使听众在领略到夸张性的戏剧效果的同时，也对《时代周刊》产生了信任。

三、商业广告文案的写作要求

广告文案的撰写同一般文章的写作有不同的要求。它并不追求文字的华丽，也不完全要求成为受众鉴赏的对象。广告文案要服从广告传播活动的总体目标，符合广告总体设计的要求，能够在瞬间形成强烈的刺激，引起消费者的关注，使消费者产生认知、感觉，产生浓厚的兴趣，留下深刻的印象，并能具有强烈的号召力，促使消费者采取一定的购买行动。

1. 引起注意

生活在当代社会，人们每天要接触大量信息，要受到各种广告信息的刺激。一则广告能否被注意到，是广告效果能否实现的关键。因此，首先要能抓住受众的眼睛和耳朵。

2. 唤起兴趣

对目标消费者进行针对性诉求，从他们的生理和社会需要出发，调动其情感等。为达到这一要求，必须明确广告的传播对象，了解其有什么样的需求。

3. 刺激欲望

通过文字的表述，能够使消费者从喜爱某种商品，发展到产生购买此商品的欲望。要注意突出商品的特质，表明能给消费者带来的实际利益和好处等，进行诱导。

4. 加强记忆

要能让消费者记住广告的内容，广告文案应简练、易懂、有节奏，特别是广告标题、广告口号、商品和企业名称等，要突出、醒目。也可设置悬念、促使联想、进行多重刺激，以加深消费者的印象。

5. 促成购买行动

广告的目的之一是促使消费者尽快采取购买行动。所以，广告文案中也要注意含有促销的内容。如能享受优惠、得到赠品等。

第十节　产品说明书

一、产品说明书的概念

产品说明书是对产品的性能、构造、功能、使用、保养进行说明或介绍的文书。产品说明书又称商品说明书、使用说明书。这些书面的介绍、解说，有的就印在包装盒上，有的则单页或成册印刷装在包装物内。

二、产品说明书的特点和作用

(一)产品说明书的特点

1. 知识性

产品说明书的写作目的，是指导用户正确认识和使用商品。因此，一般用较大篇幅将商品的有关知识介绍给消费者，以达到指导消费的目的。

2. 实用性

产品说明书是为方便人们了解产品、使用产品，同时也是为了宣传产品而制作的。所以，说明书要围绕产品的性能、特点、功用、使用方法、注意事项和维护保养等具有实用价值的内容来写。

3. 科学性

产品说明书肩负着向读者传递知识性信息的任务，这就要求说明书必须写得准确、有科学性。内容应该实事求是，有一说一，有二说二，形容要恰当，描绘要真实，不可为达到某种目的而随意夸大或缩小，否则将失信于读者。概念务必使用精当，程序一定要介绍清楚，用语不可含糊，不能模棱两可。对所说明的事物不仅要介绍优点，还要交代应注意的事项或可能产生的问题，否则可能会贻误于人。总之，说明的内容必须符合事物的实际状况，经得起实践的验证，切忌传播缺乏科学依据的信息。只有这样，才能使读者把握说明对象的性质、特点、结构和使用要求。

4. 简明性

产品说明书常常是作为商品的附件出现的，常与商品一起包装。这就要求商品说明书必须篇幅短小，强调特征，突出重点。重点就是必须说明的、读者亟须了解的内容。说明要尽量简明扼要，对那些可有可无的字句要坚决删去，做到句句顶用，字无虚设，切忌冗长拖沓。

5. 条理性

产品说明书实用性很强，因此表达时必须条理清晰、层次分明，依据事物本身的规律或人们接受事物的习惯去撰写，方便阅读，一目了然。一般按商品操作先后顺序或结构空间顺序来撰写。

(二)产品说明书的主要作用

1. 指导作用

消费者对于那些没有使用过的或者不常用的商品的结构性能、使用方法等情况往往是生疏的，要想熟练掌握，运用自如，唯一的办法就是读懂说明书。只有按照说明书的要求操作，才能正确使用，确保安全。因此，产品说明书对读者的指导作用是直接的、现实的、不可替代的。它是厂家传递给消费者的一种技能信息，也是厂家与消费者的一种间接沟通。

2. 促销功能

产品说明书虽然不能像广告那样极尽诱导大众之能事，而且要用朴实无华的语言，实事求是地介绍商品的综合情况，但是，产品说明书无疑要介绍商品的长处和优势，生产厂家也不可能不褒扬自己的产品，只不过这种褒扬的分寸比较得体而已。在现实生活中，消费者购买商品的影响有一种连锁现象，即一个人或一家人购买了某种品牌的商品，往往影响他的近邻甚至远亲也购买同一品牌的商品。这种影响的产生除了商品的直接效果外，商品说明书的介绍也功不可没，而这种介绍的全面性和具体性是广告所不能及的。

3. 资料价值

有些产品人们不是连续使用或经常使用，时间长了对有些功能和使用方法可能会遗忘，需要重读说明书；有些产品人们用了一段时间以后可能出现故障，通过查阅说明书就能断定是自己解决问题还是需要送修。同时，电器类、机械设备类说明书的附图是维修时的重要依据。可见，妥善保管好说明书是必要的，以备日后派上用场。另外，从消费者的角度来说，一些常用的特别是同类的商品，可以通过阅读说明书进行比较，从中选择更加适合自己的品种。从宏观上说，产品说明书记载了国家和社会包括企业科学技术与生产力发展的轨迹。

三、产品说明书的写作与范例

产品说明书的内容，针对不同的产品可详可略，项目可多可少，文字可繁可简，完全依据指导消费的需要而定。

产品说明书的形式取决于说明书的内容。简短的产品说明书为了方便，就印在产品或产品的包装上，如包装纸和包装盒上。篇幅较长的说明书常装订成册，如家用电器的使用说明书。而有的产品，使用操作比较复杂，除了文字说明外，常附以图表、图例，有些图例还加以艺术处理，使得说明书图文并茂，增强了阅读的直观性，使消费者易于理解掌握。从总体上看，常见的产品说明书一般包括标题、正文和落款三个部分。

(一)标题

标题部分有三种处理方法。

(1)只写产品名称，不写标题，下面直接写说明条款和落款部分。这种形式常见于那些简单的产品说明。实际上是以产品名称代替了标题。

（2）直接写"使用说明书""产品说明书"。这种形式常见于印在产品包装盒或产品外皮上的说明书。

（3）通常采用商品名称加上文种名称的写法，如《双黄连口服液说明书》《多功能扬声电子电话机使用说明书》。

如果产品属于国家有关部门批准许可生产的，还需要将批准部门的名称（简称）、文号、专利证号等写在标题的上方或下方。

（二）正文

常见的产品说明书可分为三类：固定性产品说明书、日常消费用品说明书、食用保健类产品说明书。这几类产品说明书的正文部分（条款）大体相同，但具体侧重点有所区别。

1. 固定性产品说明书的条款

所谓固定性产品，是指那些使用期限较长的商品，如电器、仪表、机械设备之类。其条款包含产品概况、特点、规格和原理。

(1)概况，指产品的历史和现实地位。如获得过何种大奖，市场状况怎样，销售中产生过怎样的效果、信誉等，以及本产品有哪些系列，技术上有怎样的进步等。

(2)特点，指该产品的功能特色。如耗电少、噪声低、功率大等。

(3)规格，指产品型号、容量、外形尺寸、组合形式等，以及与之相关的技术参数。如电源参数、水量、额定输入功率、工作负荷等。

(4)原理，指产品的结构组合、工作方式和运行程序等。说明的详略视实际需要而定。有的产品为了便于以后维修，需要用图形表示。

2. 日常消费用品说明书的条款

日常消费用品是指那些易耗商品，如洗涤用品、化妆用品、器具器物之类。其主要条款如下。

(1)产品特征和功用。一般应介绍产品的基本制作工艺或使用何种配方，有何用途，有何效果等。

(2)产品的主要原料或主要成分。

(3)使用方法。主要介绍产品的开启、安装和操作方法。其中洗涤、化妆类用品还应当说清使用的数量，与其他物质发生关系的比例、温度，使用中的准备过程与使用时间等。

（4）适用范围。主要说明产品在人的性别、年龄以及季节、地域等方面的限定。另外，与其他物质发生关系时，对其他物质有何要求，有何限定等。

（5）注意事项。向消费者指明哪些事可以做，哪些事不能做。另外，要说明产品的保质期限。

3. 食用保健类产品说明书的条款

食用产品指主、副食品，酒水饮料，调料等。保健食品指具有特定保健功能的食品。其主要条款如下：

①产品的制作原理及特点。

②产品的功能与作用。

③产品的重要成分。

④用法与用量。

⑤注意事项。除了说明什么情况下应谨慎使用或禁止使用外，还须对如何保管、收藏等作出说明。

⑥产品的保质期、生产日期和产品的批准文号。

说明书的正文要根据被说明商品的特点而定，所运用的表达形式有以下三种：一是条款式，即采用分条列项的说明方式。其优点是内容具体、层次分明、条目清楚。通常用于简单产品的说明。二是短文式，即采用概括和叙述的方式对产品进行介绍和说明。其优点是内容完整、意思连贯。三是复合式，即综合使用条款和短文的形式。其优点是能把事物说得比较清楚、周密，既能给人一个总的印象，又能让人了解具体项目的内容。某些结构复杂、需要向使用者全面详细说明的产品，由于要说明的事项过多，也可以将说明书编成小册子，包括封面、标题、目录、概述、正文、封底等。某些软件说明书，则可以分章分节地指导消费者使用该软件。

（三）落款

落款部分主要包括以下三个方面的内容。

（1）产品生产企业和经销商企业的全称，包括注册商标。其位置可放在最后，也可以放在说明文字前面与产品名称一起醒目标示。

（2）企业地址。

（3）企业的主要联系电话、传真、邮编等通信信息。

威洁士婴儿洗衣液

· 专门为洗涤婴幼儿衣物设计的中性配方，蕴含天然椰油精华衍生成分，性质温和，去污快，特别适合婴儿较多奶渍、果渍等食物污渍的清洗。

· 采用先进的消泡技术，宝宝衣物漂洗过水容易，无残留，安全又卫生。

· 含除菌成分，去除多种细菌，特别适合清洗婴幼儿的床上用品及衣物，洗后衣物对宝宝皮肤无刺激。

· 含衣物纤维倍护成分，有助保护宝宝常用的棉质衣物，令洗后衣物恢复自然弹性，松软柔顺。

· 添加去静电成分，宝宝穿着更舒服。

· 宝宝喜爱的蜜桃香气。

使用方法：

手洗：将1/3瓶盖兑入3升水中，然后用手漂洗。

机洗：日常用量1瓶盖，清洗大量衣物时酌情增加用量。

重污渍：直接涂抹于污迹处，片刻后按常规洗涤。

适用范围：婴幼儿衣物(棉织物、毛织物、化学纤维等)的洗涤，婴儿用品(尿布、毛巾、床单、被套、玩具等)的洗涤，妈妈内衣洗涤。

注意事项：远离孩童。不能吞服。避免接触眼睛，如不慎接触，请立即用大量清水清洗；如误服，请马上喝牛奶或水，并及时就医。

产品标准号：Q/LMHS 43 合格

生产批号及限期使用日期(年月日)见瓶子标注

【范例简析】

这是一则日常消费用品说明书。"威洁士婴幼儿洗衣液"既是产品的名称，又是说明书的标题；正文部分主要介绍了威洁士婴儿洗衣液的特征、功用、主要成分、使用方法、适用范围、注意事项等；落款部分介绍了产品生产企业的全称、企业地址、邮编、服务热线。该说明书格式规范，内容充实，文字简明。

四、产品说明书的写作要求

1. 真实

真实是撰写产品说明书必须严格遵循的基本准则，也是《中华人民共和国消费者权益保护法》对产品说明书最起码的要求。产品说明书要做到真实就必须如实地介绍产品的性能、作用、操作程序、使用禁忌等，做到不虚夸、不遗漏、不隐瞒。

2. 准确

说明书有极强的实用性，而表述语言又纯粹以说明为主。要把说明对象介绍清楚，就必须准确精当，不能含混不清、模棱两可，让人不得要领。例如，某太阳能热水器的产品说明书，写着"保温效果佳""抗寒性能好"之类的广告式语句。那么，什么程度为"佳"、为"好"，都没有具体标准，因此不好把握。

3. 通俗

产品说明书随商品进入千家万户，面对文化差异极大的消费者，只有通俗才能易懂，否则，再真实、准确也无济于事。尽可能避免使用一般消费者不懂的专业术语，计量单位也应采用普通消费者能识别的，总之，要以方便消费者为原则。

4. 规范

产品说明书要符合一定的说明标准及次序，包含必不可少的说明项目。《中华人民共和国消费者权益保护法》第八条规定，"消费者有权根据商品或者服务的不同情况，要求经营者提供商品的价格、产地、生产者、用途、性能、规格、等级、主要成分、生产日期、有效期限、检验合格证明、使用方法说明书、售后服务，或者服务的内容、规格、费用等有关情况。"这些应视为产品说明书的必备项目。

本章小结

本章所讲述的几种应用文，都是在经济活动中形成和发展、为现实经济生活服务的文书。要合格地撰写出这些文书，除了掌握它们的结构特点和写作要求外，还应具备一定的专业知识，熟悉相关的经济政策和有关法律，并以之为指导。针对市场经济瞬息万变的客观规律，要求内容具有及时性，过时的信息是没有任何价值的。

一、选择题

1. 签订经济合同必须贯彻的原则是_____。

A. 平等公平　　　　　　　　　B. 协商一致

C. 等价有偿　　　　　　　　　D. 诚实信用

2. 当企业在作出重大经济决策时，要对相关问题作分析，这种分析属于_____。

A. 综合性经济活动分析　　　　B. 专题性经济活动分析

C. 简要的经济活动分析　　　　D. 定期经济活动分析

3. 经济活动分析报告与经济预测报告都是以市场调查为基础的，但经济活动分析报告侧重_____。

A. 未来分析　　　　　　　　　B. 过去和现在

C. 反映现实及未来　　　　　　D. 预测未来

4. 投标书的特点是篇幅的简短性，语气的诚恳性和_____。

A. 内容的功利性　　　　　　　B. 内容的平实性

C. 内容的创造性　　　　　　　D. 内容的严谨性

5. 对经济项目建设的必要性、可行性持肯定、否定两种态度，分析得失、利弊，提供两种建议，供企业决策者选择的经济项目可行性研究报告是_____。

A. 肯定性报告　　　　　　　　B. 选择性报告

C. 分析性报告　　　　　　　　D. 模糊性报告

二、判断题

1. 意向书可以表现出我方对关键问题的具体要求。　　　（　　）

2. 一般情况下，协议书原则性条款相对较多，具体细节较少。　（　　）

3. 用留有余地而不具体地表达数量的词语，恰恰是意向书语言准确性的

体现。 （　　）

4. 招标书和投标书都是经济文书，二者没有区别。 （　　）

5. 为了能够中标，投标方可以把标价标得过高。 （　　）

6. 标的就是指工厂生产的产品。 （　　）

7. 合同当事人的名称可以虚构，只要能履行合同就行。 （　　）

8. 价款与酬金就是甲方给乙方支付的工资。 （　　）

三、修改题

请修改下面合同中的条款，并说明修改的理由。

1. 经甲方验收，不符合质量标准，乙方应负责任。

2. 交货期限：10 月底左右。

3. 交货地点：××市机械厂附近。

4. 甲方必须提供一定的场所和必需的营业设备。

5. 卖方承担大部分短途运费。

6. 本合同的有效期，自签订之日起，到合同执行完毕止。

7. 甲方购买乙方苹果约 10 万千克，视质量好坏，按国家牌价结算。

8. 每季度结算一次。

四、病文分析

下面是一篇病文，请结合本章所学的知识，指出其存在的问题。

共建合资企业意向书

一、甲、乙两方愿以合资或合作的形式建立，定名称为××有限公司，地址在中国××市××街××号。建设期为××年，即从××××年至××××年全部建成。双方签订意向书后，即向各有关上级申请批准，批准的时限为×个月，即××××年×月至××××年××月完成。然后办理合资企业开业申请。

二、合资公司经营范围：合资公司从事××产品的生产、研究和开发。新产品在中国国内外市场销售，并进行销售后的技术服务。

合资公司的生产规模：生产初期年产×××吨；正常生产期年产×××吨。

三、合资公司为有限责任公司。合资各方按其在注册资本中的出资额比例分配利润、分担亏损和承担风险。

总投资为××万元，其中注册资本为××××万元，贷款为××万元。××部分投资××万元；××部分投资××万元。

甲方投资××万元(以工厂现有厂房、水电设施现有设备等折款投入)，占注册资本的百分之××。乙方投资××(以折美元投入，购买设备)，占注册资本的百分之××。

四、合资公司所需要的机械设备、原材料等物资，应首先在中国购买，如果中国国内不能满足供应的，可以在国外购买。

五、合资企业自营出口或委托有关进出口公司代理出口，价格由合资企业定。

六、合资年限为×年，即××××年×月至××××年×月。

七、合资企业其他事宜按《中外合资企业法》有关规定执行。

八、双方在各方上级批准后，再具体协商有关合资事宜。

九、本意向书生效后，甲、乙双方应认真遵守本意向书的规定。任何一方因不执行本意向书规定的义务，对方有向违约一方索取赔偿经济损失的权利。

十、本意向书用中文和××文写成，两种文本具有同等法律效力。

××厂(甲方)   ××××公司(乙方)

代表：   代表：

××××年×月×日   ××××年×月×日

五、写作练习

1. 根据下面的材料写份合同。

华盛茶叶公司法人代表王志勇和红叶茶厂法人代表蔡德熙于2022年3月10日签订了一份茶叶购销合同，具体货物是红叶特级绿茶，数量为500千克，每千克价格为64元，2022年6月20日之前由茶厂直接运往公司，运费由茶厂负责，检验合格后，公司于收货之日起10天之内通过银行托付货款。茶叶必须用大塑料纸袋内装，外用纸箱或麻包袋装。包装费仍由茶厂负责。茶厂地址为：××省常清县城北区，开户银行是常清县农业银行，银行账号：××××，电话××××。茶叶公司地址为海口市××路××号，开户银行为海口市工商银行，银行账号：××××，电话××××。合同签订后，如双方不履行，在正常情况下拒不交货或拒付款都须处以货款20%的罚金；迟交货或迟付款，则每天罚万分之三的滞纳金；数量不足，按不足部分的货款计赔，即按这部分货款的20%的比例赔付。若质量不合格，则重新酌价。如遇特殊情况，则提前20天通知对方，并赔偿损失费10%。本合同由常清县工商行政管理所鉴证。

2. 请你至少到三家大中型家电市场做调查，掌握相关数据，完成一份本年度家电销售的市场预测分析。

3. 根据下述材料，撰写一篇市场调查报告。

中国饮料工业协会统计报告显示，国内果汁及果汁饮料实际产量超过百万吨，同比增长33.1%，市场渗透率达36.5%，居饮料行业第四位，但国内果汁人均年消费量仅为1千克，为世界果汁平均消费水平的1/7，西欧国家平均消费量的1/4，市场需求潜力巨大。

我国水果资源丰富，其中，苹果产量是世界第一，柑橘产量世界第三，梨、桃等产量居世界前列。据权威机构预测，到2005年，我国预计果汁产量可达150万~160万吨，人均果汁年消费量达1.2千克。2015年，预计果汁产量达195万~240万吨，人均年消费量达1.5千克。

近日，我公司对××市果汁饮料市场进行了一次市场调查，根据统计数据，我们对调查结果进行了简要的分析。

追求绿色、天然、营养成为消费者喝果汁饮料的主要目的。品种多、口味多是果汁饮料行业的显著特点，××市场调查显示，每家大型超市内，果汁饮料的品种都在120种左右，厂家达十几家，竞争十分激烈，果汁的品质及创新成为果汁企业获利的关键因素，品牌果汁饮料的淡旺季销量无明显区分。

目标消费群：调查显示，在选择果汁饮料的消费群中，15~24岁年龄段的占了 34.3%，25~34 岁年龄段的占了 28.4%，其中，又以女性消费者居多。

影响购买因素：口味，酸甜的味道销得最好，低糖营养性果汁饮品是市场需求的主流；包装，家庭消费首选 750ml 和 1L 装的塑料瓶大包装；260ml 的小瓶装和利乐包为即买即饮或旅游时的首选；礼品装是家庭送礼时的选择；新颖别致的杯型因喝完饮料后瓶子可当茶杯用，所以也影响了部分消费者购买决定。

饮料种类选择习惯：71.2%的消费者表示不会仅限于一种，会喝多种饮料；有什么喝什么的占了 20.5%；表示就喝一种的有 8.3%。

品牌选择习惯：调查显示，习惯于多品牌选择的消费者有 54.6%；习惯于单品牌选择的有 13.1%；因品牌忠诚性做出单品牌选择的有 14.2%；价格导向占据了 2.5%；追求方便的比例为 15.5%。

饮料品牌认知渠道：广告，75.4%；自己喝过才知道，58.4%；卖饮料的地方，24.5%；亲友介绍，11.1%。

购买渠道选择：在超市购买，占 61.3%；随时购买，占 2.5%；个体商店购买，占 28.4%；批发市场，占 2.5%；大中型商场，占 5.4%；酒店、快餐厅等餐饮场所也具有较大的购买潜力。

一次购买量：选择喝多少就买多少的有 62.4%；选择一次性批发很多的有 7.6%；会多买一点存着的有 29.9%。

4. 为了方便学生生活，学院拟在校区内办一个小型超市。为使经营方向、规模、品种、方式等更切合实际，在做出决策之前，请你运用所学知识进行市场调查与预测，并写出在校区内开办小型超市的预测报告。

5. 某商场部分商品大量积压，销售不畅。原因有：式样陈旧，进价过高，销售方式单一等。请你对××商场进行实地考察，根据具体情况，写一份《××商场库存结构分析报告》。

6. 下面是一则广告文案的正文，请给它加上广告标题、广告语和广告随文。

年龄长一岁，身高长一截，这是我今年最深的感受，因为我曾经一年多没怎么长个。

那个时候，天是暗的，心情是沮丧的，就连最喜欢的巧克力都失去了味道，因为那种矮的感觉真的不好。就怕和同学站在一起。更怕以后长不高，从此矮下去……

可是，现在这种担心完全没有了。因为我有了中国科学院为我设计的助长方案，一年中我长高了许多，有了现在的结果，我还怕什么呢！小朋友们，你们有没有像我原来一样的烦恼？

如果有的话，就和我一样啊，先去检查，再接受指导方案。当时医生说，幸好我来得早，可以多长些呢！当时我别提有多高兴啦！瞧！我现在可是快乐得像小鸟！

7. 根据下面材料，写一份产品说明书。

石家庄某药业有限公司生产的感冒清热颗粒属于非处方药药品，主要用于风寒感冒、头痛发热、恶寒身痛、鼻流清涕、咳嗽咽干等症状，具有疏风散寒，解表清热的功能。该药品主要采用荆芥穗、薄荷、防风、柴胡、紫苏叶、葛根、桔梗、苦杏仁、白芷、苦地丁、芦根等中草药精制而成，同时辅以糖粉和糊精。

在服用时，不能吸烟、喝酒，不可以吃辛辣、生冷、油腻的食物；同时，有高血压、心脏病、糖尿病的患者不宜服用。儿童应在成人的监护下服用，年老体弱的患者及小儿应在医生的指导下服用，其他严格按照用法用量服用。服药三天后症状无改善，或出现发热、咳嗽加重，并有其他严重症状如胸闷、心悸等时应去医院就诊。因为本药为棕黄色，较为美观，而且味甜，所以极易被儿童误服。因此，本药应放在儿童不易接触到的地方。同时为避免药品发生变化，本药应密封贮藏。本药一旦性状发生改变应马上禁止服用。本药包装为盒式，每盒10袋，每袋12克。为方便患者，所有药品生产日期均写在包装盒上。

第六章 传播文书

·掌握传播文书的概念，理解传播文书的特点。

·掌握导游词、消息、通讯等传播文书的基本写法和要求。

·体味各文种的例文，模拟写作，培养撰写传播文书的能力。

第一节 传播文书概述

一、传播文书的概念

传播是指为扩大政府、单位、人物、商品或某一事件的影响，向公众进行有目的宣传的各种方式和手段的总和。而传播文书就是这种有目的地进行宣传的专用文体，其写作和发布都是赚取信息传播费用的商业行为。

二、传播文书的特点与种类

（一）传播文书的特点

1. 真实性

真实性是传播文书的生命。传播文书是报道事实和发布信息的文书，无论是报道事实还是发布信息，都必须真实。传播文书涉及的人或事，要真有其人，实有其事，引用的背景材料、数字资料也都要有根有据。对事实所作的解释要符合情理。总之，传播文书中的任何一句话都应该有事实作依据，不能凭

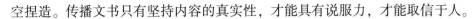

空捏造。传播文书只有坚持内容的真实性，才能具有说服力，才能取信于人。

2. 公开性

公开性是传播文书传播形式上的特点。传播文书的目的是让其所报道、介绍的人物、事件、信息等广泛传播，以在公众中造成普遍影响，让公众不但有所周知，还要有所行动。传播文书往往在公共场合发布，内容重要的还常常通过报纸、广播、电视、互联网等平台报道或发布。传播文书的公开性不能超出法律、政策允许的范围，凡是关系到国家政治、经济、军事等方面的机密，都应该严格遵守相关规定。

3. 时效性

时效性是传播文书的价值所在。传播文书只在一定的时间范围内有价值，超过了一定的时间限制，传播文书就失去了价值。传播文书要配合一定时期的工作或活动，对于新人、新事、新风尚、新情况、新问题、新经验等，必须及时捕捉，迅速反映，这样才能发挥传播文书的宣传、教育、鼓动、引导作用。否则，事过境迁，新闻成了旧闻，信息成了"骗术"，传播文书就毫无价值可言。

（二）传播文书的种类

传播文书种类很多，诸如特定集会上的演说稿、旅游文稿、消息、通讯等都属于传播文书。这里主要介绍导游词、消息和通讯。

第二节　导　游　词

一、导游词的概念与种类

（一）导游词的概念

导游人员的职责就是引导游客参观游览。在引导游客游览过程中，导游人员会主动向游客介绍旅游景点的有关情况，这些介绍实际上就是导游词。

所谓导游词就是为了使参观游览者对游览对象有一个全面正确的了解，导游人员对游览对象进行的简单讲析，即引导游客游览观光的讲解词。

导游词最大的作用就是有利于游览者对游览对象形成全面正确的了解。"祖国江山美不美，全凭导游一张嘴"。如张家界景区之"杨家寨"，内有"玉玺峰、八戒背妻、村姑敬酒"等景点，如果没有导游的介绍，很难领略个中风情。其次是宣传旅游景点的作用。导游的介绍还可以帮助游客正确游览，尤其是到一个新景点，导游的全面介绍和提醒，可以使游客少走弯路、少走冤枉路，省时省力，快乐欣赏美好景观。另外，导游的介绍可以体现对游客的尊敬，提高游客游览兴趣，增进双方感情。

（二）导游词的种类

1. 按表达方式分类

按表达方式分，导游词可分为书面文字导游词和口头演说导游词。书面文字导游词主要指在不同媒介上用书面文字的形式写作的导游词。如写在导游图、参观券、导游碑，甚至导游词专著中，如峨眉山旅游局编写的《峨眉山导游词》。口头演说导游词是指导游人员在导游过程中用口头形式表达的导游词。为保证口头演说导游词的质量，一般都是事先写好，再临场发挥。

2. 按内容分类

按内容分，导游词可分为自然景观导游词和名胜古迹导游词。

3. 按范围分类

按范围分，导游词可分为游览区导游词和游览景点导游词。

二、导游词的写法与范例

导游词的写作形式可以灵活掌握，只要达到导游的目的即可。一般包括标题、正文和结束语。

（一）标题

标题一般是对导游内容的概述，如"故宫""张家界国家森林公园""贺龙纪念馆"等。

（二）正文

包括起始语和景点介绍。起始要致欢迎语，以能抓住游客的情绪为第一要务，一定要有吸引力，在游客心中留下美好印象。景点介绍是导游词的核心、主体。根据景点实际情况，可以是概括介绍，也可以是详细说明。用概述的方法介绍目的地，帮助游客宏观了解，引发游客兴趣，重点讲解景点游览内容，这是导游词最精彩的组成部分。尤其是景区的人文景观，因其具有文化的厚重和广博，蕴含科学性、知识性、娱乐性，详细介绍可以吸引游客注意，给人以新鲜、奇异的愉悦。正文结束可以是对景观的总结，也可以抒发游览的感慨，语言应具吸引力和鼓动性，给参观者留下美好的印象。

（三）结束语

结束语是口头演说导游词不可缺少的部分。一定要表达对游客配合工作的谢意，请求游客留下宝贵意见，并致欢送之意。

范例

浙江杭州苏堤春晓导游词

各位团友，我们现在来到了苏东坡纪念馆，门口的这尊塑像就是苏东坡。瞧他，一卷诗文，两袖清风，既儒雅，又洒脱。他是四川眉山人，姓苏名轼。（苏东坡介绍略）

各位请看，这座纪念馆紧邻苏堤南端的入口处，北临小南湖，是在原湖畔别墅的基础上改建而成的，于1989年7月15日正式开放。

苏东坡于北宋后期两次来杭任职。他第一次来杭为官是在北宋神宗熙宁四年（1071）至熙宁七年（1074），任通判。通判的职位仅次于知州，相当于现在的副市长。第二次来杭任职是北宋哲宗元祐四年（1089）至元祐六年（1091），任知州。知州相当于市长。难怪杭州人喜欢说，苏东坡是杭州的老市长。

现在我们漫步在苏堤上了。这儿是苏堤的南端，我们沿着这条长堤一路往北，全程2.8千米。请各位边游览边听我介绍。

刚才我们参观了苏东坡纪念馆，知道了这是一条由人工建造起来的长堤，是苏东坡发动杭州军民以工代赋、沿湖筑堤的结果。这条长堤于1090年4月28日开工，苏东坡和两浙兵都监刘景文几乎天天到工地察看。由于上下齐心，仅用半年时间就完工了。共挖淤泥925万立方米，花了20多万人工。

请看，这是英汉对照的景名牌。汉字中的"隄"字是左耳旁的，这是旧体写法，与土字旁的"堤"相通。碑名为沙孟海书写。"苏堤"的正式命名是在苏东坡第二次离任、林希接任杭州知州的 1091 年。新任知州林希怀念他的前任，在欣赏堤上美景后，题写了"苏公堤"三字，人们简称为"苏堤"。南宋画师据景取名为"苏堤春晓"，将其列为西湖十景之冠。相对应的另一景为"平湖秋月"，景名成对，后人称为"春秋对"。就这样，以人名堤，以堤传人，苏东坡与苏堤千古流芳。顺便说一句，杭州市区有条东坡路，东坡路上有东坡剧场，杭州名菜东坡肉，据说是按苏东坡的烹制方法沿袭至今，可见杭州人对苏东坡感情之深了。

现在我们来到了苏堤的第一座桥——映波桥。由于苏堤的修筑，不仅沟通了西湖南北的交通，方便了市民，而且丰富了西湖水面的景观层次，形成了和白堤对应的西湖水域新格局。请看东面湖区。这是西湖最大的一部分湖面，称为"外西湖"。湖面波光粼粼，游船荡漾，湖中三岛如翡翠浮于水面。再请看西面湖区。这是小南湖，是西湖最小的一部分湖面。一大一小，打破平衡。小南湖的那边就是花港观鱼公园。水榭茶楼，小桥长廊，倒映在波光之中，将桥取名为"映波桥"正是恰到好处！

我们来到了苏堤的第二座桥——锁澜桥。不知各位注意到没有……

各位团友，现在我们来到了苏堤的第六座桥——跨虹桥。我们已经从苏堤南端走完了 2.8 千米来到了北端。苏堤犹如长虹卧波，走完了这座桥，仿佛跨越了长虹。这跨虹桥北堤是曲院风荷旧址。若逢夏日，就能观赏到"接天莲叶无穷碧，映日荷花别样红"的景致了。然而，苏堤更秀美的是春天。前面介绍过，苏堤特多桃树、柳树，它们是春的信使，率先告知人们春天的来临。所以，元代景名"六桥烟柳""长虹跨湖"终究还是让位于"苏堤春晓"是顺理成章的事。

好，各位团友，"苏堤春晓"的游览暂告段落。愿各位心中拥有一个永远的春天！谢谢各位！

【范例简析】

这是一篇景点演说导游词，结构完整，开篇由苏东坡纪念馆导入，然后介绍苏堤，最后表达祝愿和谢意。因为是现场解说，所以通篇语言通俗易懂，做到了口语化表达。为吸引游客，注意到了用语的趣味性；全文蕴含了丰富的知识性，并做到真实、准确，体现了融知识性、科学性、趣味性于一体；讲解具有针对性，让游客充分领略苏堤之美。

三、撰写导游词应注意的问题

(一)强调知识性

一篇优秀的导游词，必须有丰富的内容，融入各种知识，旁征博引，引人入胜。这就首先要求写作者做到广泛占有资料。同时，导游词内容要准确无误。其次，导游词不能满足于一般性介绍，还要注重深层次的内容，如诗词的融入、名家的评点、同类景物的鉴赏等，所以作者不仅要了解景区的相关知识，还要对历史文化、地域文化有一定的了解。只有在掌握丰富资料的基础上，经过精心加工，不断修改，才能把导游词写得生动形象、独具特色。

(二)讲究口语化

导游词最终落实到"说"上的特性，要求其语言通俗易懂，力求口语化，多用短句，以便说起来顺口，听起来轻松。导游词接受的对象非常广泛，年龄、职业、文化程度、兴趣爱好等不尽相同，因此语言要通俗，避免使用冷僻、专业性强的词语；不可使用方言土语，要将日常词汇和浅显易懂的书面语相结合，这样便于理解，以彰显导游语言的丰富表达力、生动形象性。

(三)要有针对性

导游词的内容必须从实际出发，因人、因时而异。要根据游客的具体情况、情绪及当时的环境进行导游讲解，不能千篇一律，写作时要有假设状况，讲解时据实而变。每个景点都有代表性的景观，每个景观又从不同角度彰显特色，导游词必须在兼顾全面的基础上突出特色，当详则详，该略则略，没有重点的导游词不是优秀的导游词。写作或讲解时不能为了显示知识丰富，一味堆砌材料，介绍内容多并不代表导游词好。介绍过程中应目的明确，统筹安排材料，力求用最生动的语言把内容简明扼要地介绍出来。

(四)突出趣味性

写作及讲演导游词时，为突出趣味性，可以采取以下手法：恰当使用多种修辞手法，使语言形象生动；编织故事情节，引发游客好奇；随机应变，临场发挥；运用幽默风趣的语言等。这些都能增加导游词的趣味性。导游词还应该随着时代的进步，不断补充新内容，以免落伍、枯燥无味。

第三节　消　　息

一、消息的概念

消息以最直接、最简练的方式报道新闻事实的一种新闻文体，以叙述为主要表达方式，对新近发生或发现的有新闻价值和社会意义的事实作出迅速及时、简明扼要的报道，是使用频率最高、最广泛的新闻体裁。狭义的新闻即指消息。

消息一共包括六要素，即何时（When）、何地（Where）、何人（Who）、何事（What）、何因（Why）及如何发生（How）。

二、消息的特点与种类

（一）消息的特点

消息是一种最讲实效的宣传形式，它一般具有内容新、事实准、报道快、篇幅短的特点。

（1）内容新。就是报道的是新鲜事、新人物、新动态、新风尚、新知识、新问题等。它要求尽可能地报道最新出现的人、事、物。

（2）事实准。就是报道有根有据，确如其事。人物、地点、时间、数字、引语、细节都准确无误，作者对事实的分析，符合客观事物的本来面目。

（3）报道快。消息是稍纵即逝的客观现象的及时记录，最讲究反应快。如果迟写慢发，新闻就会贬值或失去意义。

（4）篇幅短。就是用简洁、概括的文字，把事实要点表达出来。短是消息的鲜明特色，也是社会生活的需要。稿件短，传播媒介才能大量报道，读者才能了解更多的信息。

(二)消息的种类

根据不同的标准，可以将消息分为不同的类型。从写作体裁上分，消息可分为动态消息、综合消息、经验消息、述评消息等；从反映对象上分，可分为人物消息、事件消息；从篇幅的长短上分，可分为长消息、短消息等。

一般来说，较为通行的分法，是以写作体裁来划分。大致有以下四类：

1. 动态消息

这是消息中最常见的一种，是指迅速及时、准确精练地报道国内外重大事件、新鲜事实(包括新人、新事、新气象、新成就)的一种新闻体裁。它一般不长，表述直接而简洁。比如《我三十万大军胜利南渡长江》，全文只有190余字，却报道了一则震惊世界的重大事件。

重大新闻和简讯都属于动态消息。

重大新闻一般是国内外的重大事件，意义重大，影响深远，见报时占有显著位置。

简讯，又称短讯或简明新闻。由于它内容单一，文字简短，报刊发表时往往按其内容归类编排，前面冠以不同的栏头，如"国际短波""要闻简报""在祖国各地"等。

2. 综合消息

这是综合报道全局情况的一种消息。它常常把不同地方、不同单位的若干事实，围绕着同一个中心思想综合起来加以宣传报道。

综合消息由于报道面较宽，声势较大，概括性强，因此写作时要占有全面、充分、典型的材料，写作者要有较强的组织材料、发现本质的能力，善于围绕一个中心，将概貌的叙述和具体的事例(即"面"和"点")很好地结合起来。

3. 经验消息

经验消息也称典型报道。这类报道是指反映一些具体部门、单位贯彻执行党的路线、方针、政策，在某一方面取得明显效果和成功经验的消息报道。这类报道的目的在于以一般带动全局，进一步推动党的路线、方针和各项政策的贯彻与落实。

经验消息在写作时要求交代情况、叙述做法、反映变化、总结经验，由事实中引出结论，从个别中指明规律，因而具有普遍的指导意义。

4. 述评消息

述评消息又称新闻述评或记者述评，是一种评论性较强的消息。这类消息仍以叙事为基础，在叙事中进行评论，它要求有述有评，夹叙夹议，叙事概括扼要，评论"一针见血"。如《中原我军占领南阳》，就是运用边述边评、夹叙夹议的方式，评述了我军占领南阳的重大意义。

写作述评消息，一定要以事实为基础，防止脱离事实空发议论。同时，议论要少而精，恰到好处，起到"画龙点睛"的作用。进行述评时要做到旗帜鲜明，说理深刻，分析透彻。

三、消息的基本要求

（一）要完全真实

真实性是新闻的生命，是无产阶级新闻学的根本原则。消息不是文学创作，不允许臆想虚构，不但基本事实要真实，就是细节也要真实。

（二）要用事实说话

消息不仅要向读者报道事实，而且要通过事实向群众传达真理，表达观点，发表意见。用事实说话是消息写作的基本方法。

（三）要有新鲜的内容

消息的内容一定要"新"，离开"新"，就没有特点。所谓"新"包括：过去还没有的新事物、新经验、新情况、新创造；正在生长壮大，广大群众迫切地需要知道新近的事物；一件事物在新的条件下，新的情况下的新发展、新变化、新特点。

（四）必须客观、全面、公正

写消息首先要从事实出发，不能从主观出发；其次，看问题要全面，防止片面性，不能说好就锦上添花，说坏就无以复加，要有"一分为二"的观点；最后，话要说得公正、合理、恰如其分，坚决杜绝吹拍恶习。

四、消息的写法与范例

(一)消息的结构

消息的结构包括标题、电头、导语、主体、背景、结尾等部分,其中,标题、导语和主体一般不可缺少。

1. 标题

标题是对消息内容的高度概括,是画龙点睛之笔。好的标题,能够为消息增添色彩,能够引起读者注意,激发阅读兴趣。

消息的标题可以有单行标题、双行标题和三行标题。无论采用几行标题,正题都必不可少。正题也叫主题、母题,是标题的主体部分,概括消息的主要事实和思想,或者直接揭示消息的主要内容或意义,让读者一目了然。引题在正题前面,也叫眉题、肩题,交代事件产生的背景、介绍事件的起因、意义,或烘托气氛,引出正题。副题在正题后面,也叫辅题、子题,对正题加以补充、说明。

(1)单行标题。只有一行标题,即正题。例如:

中央企业产业链融通发展链行动启动

(《光明日报》2023 年 9 月 15 日)

(2)双行标题。由正题和引题或副题构成。例如:

全市技能人才达 273 万,其中高技能人才占比 30.8%(引题)
天津着力培养新时代高技能人才队伍(正题)

(《人民日报》2023 年 9 月 18 日)

(3)三行标题。由正题、引题和副题构成。这种标题,信息量丰富,宣传声势大,常常用于报道重大事件。例如:

习近平宣布:杭州第十九届亚洲运动会开幕!(引题)
亿人汇成"数字火炬手　亚运圣火第三次在中国点燃"(正题)
蔡奇丁薛祥及亚洲各地的领导人和贵宾等出席开幕式,
45 个国家和地区代表团在一片欢腾中入场(副题)

(《解放日报》2023 年 9 月 24 日)

2. 电头

电头是说明发布消息的机关、地点和时间的文字。电头是消息的标志，一般冠以"本报讯"或"××通讯社××××年××月××日电"等，位于消息导语的前头，也称消息头。

3. 导语

导语是紧接电头(即"新华社某地某日电"或"本报讯"的字样，以黑体字标明)之后的第一句话或第一段文字，这是消息的开头。消息的导语要简明扼要地叙述消息中最主要、最新鲜的事实，要概括全文的基本内容，以引起读者的注意或兴趣。

一般的消息都有导语。那些篇幅较长、有若干个段落的消息，第一段话是导语。而较短的不分段的消息，往往第一句话是导语。简讯文字很少，一般没有导语。

导语的写法多种多样，常见的有以下三种：

(1)叙述型导语。用叙述的方法，把新闻中最重要、最新鲜的事实简明扼要地写出来。其中又可分为直陈式和概括式。

直陈式导语：从全部新闻信息中撷取最能突出新闻价值的信息，以直接陈述的方式写作，简洁明了。例如：

(新华网北京4月21日电)记者从中国地震局了解到，截至21日8时，四川省雅安市芦山县地震共记录到余震1165次，其中3级以上余震67次，包括5~5.9级3次，4~4.9级16次，3~3.9级48次。(2013年4月21日)

概括式导语：用高度概括的语言，对事实要素做综合性的概述。例如：

(黑龙江日报讯)失地后的哈尔滨市南岗区王岗镇红星村壮大集体经济，带领农民共同富裕，不仅解决了失地农民的就业问题，村民们除了工资，每年还有股金收入。(2011年7月4日)

(2)描写型导语。抓住典型事项，运用白描的写作手法，真实地重现新闻场景。其画面感和现场感非常强，能给受众身临其境之感。例如：

(羊城晚报讯)"嘶"——一声骏马的长鸣，揭开了2001年中国武术散打王争霸赛总决赛的序幕。两匹高头大马信步走进场内，两面红、黑方大王旗更是引人注目；接着，战鼓擂响、白衣侠女雪花飞剑、各路绿林高手比武的武侠小说的意境，顷刻间展示在观众面前；著名歌手屠洪刚的一曲《霸王别姬》更是将全场气氛推向了高潮。(2001年12月26日)

(3)议论型导语。在叙述新闻事实的同时，对事实做画龙点睛式的评价。常见的表现形式有：或先叙述事实，然后进行议论；或先作评论，再写出评论的根据，即事实。例如：

(人民日报讯)随着美国司法部秘密窃取美联社记者和编辑长达2个月的电话通话记录的曝光，美国政府与新闻界的斗争掀开了帷幕。当然这不是第一次，但也有可能是被定义为"水门事件"的一次。西方的新闻自由在"绝对"二字面前越发站不住脚。(2013年5月18日)

导语的形式很多，但它们并不是死板的公式，不应被形式束缚。一则消息的导语究竟应该怎样写，归根结底还要根据文章的具体内容而定。

写作导语常犯的毛病主要有两个：一是过繁，概括提炼不够，把消息中许多具体材料不分主次地全部塞入导语。二是过简，看不出主要的、新鲜的事实，因此也就无法担负起导语的职责。

4. 主体

主体是在导语之后对消息内容作具体叙述或说明的部分，也是发挥主题、表现主题的决定性部分。主体的结构顺序如下：

(1)时间顺序。按事物的自然发展、时间先后安排结构，可以由远及近，也可以由近及远。

(2)逻辑顺序。按事物的内在联系、问题的发展逻辑安排结构。逻辑关系有主次关系、因果关系、总分关系、并列关系和点面关系等。

(3)时间顺序和逻辑顺序相结合。

写作主体部分的具体要求如下：

(1)线索清楚、层次分明。主体部分要叙述的内容比较多，但不能因为内容多，就忽视了线索的条理和层次的安排。为避免结构混乱、层次不清的现象，作者在动笔之前，必须有一个通盘考虑。

按照时间的先后来安排消息结构，可使层次清楚，读者对事件的全过程能有一个鲜明、完整的印象。

按照事物的内部联系来安排消息结构，有助于反映事物的内在规律，揭示事物的本质和意义，有较强的说服力。

(2)以叙述为主，用事实说话。消息是事实的报道，事实是消息的基础。写作消息要选择典型的、有说服力的事实来表达主题。对事实的表述主要通过叙述手法来实现。

消息以叙述为主，但也不排斥其他表达方式的运用。为了加强消息的指导性和针对性，有时可以在叙述事实的基础上加进"画龙点睛"式的议论。有时为了增强消息的感染力，也可以作简洁的描写。

(3)通俗易懂、生动耐看。消息报道的对象是事实，而最能勾画事实的语言总是平易的、朴素的，因此"通俗易懂"就应是新闻语言的首要要求。但是，消息的主体部分包括的内容一般比较多，而篇幅又不宜太长，作者要用有限的文字表达丰富的内容，就要在语言上仔细斟酌，稍不留意，就会干瘪、呆板、乏味。

在写作消息主体时，一定要认真分析事物的矛盾及其特点，运用各种叙述方法，穿插适当的描写、抒情、议论，并且长句、短句相结合。力求写得通俗易懂，生动活泼，波澜起伏，引人入胜。

5. 背景

所谓消息的背景，是指新闻发生的历史、原因和环境。背景说明新闻事件发生的具体条件、性质和意义。它是为充实新闻内容、烘托和发挥主题服务的。背景材料是消息的从属部分，一般穿插在消息的主体部分中，有时也穿插在导语或结尾当中。

可以作为消息背景的有以下三类材料。

(1)对比性材料。所谓对比性材料就是对报道的事物进行前后、左右、正反、今昔等各方面的对比，用以突出所报道的内容的重要意义。例如：

25 年前(1954 年)，美国和朝鲜在现在的大同江畔巨大的平壤体育馆矗立的地方互相射击与投弹。

星期四晚上，两国再次正面对抗，这次使用的武器是乒乓球拍，互相打给对方的是赛璐珞球，战场是第 35 届乒乓球赛场地。

1979 年，第 35 届世界乒乓球锦标赛在朝鲜平壤举行，合众国际社记者在报道美国队和朝鲜队的一场对打时，插进了一个背景材料，这个背景材料间接说明了在那场比赛中，朝鲜观众拼命为本国运动员助威的部分原因。记者在报道中谈道："美国人被偏袒一方的二万五千名观众不停顿的喊叫声所压倒，败于朝鲜人的左右两侧抽杀。朝鲜队以 5∶0 击败新升到甲级队的美国队。"

(2)说明性材料。所谓说明性材料是指那些介绍政治背景、地理环境、历史演变、思想状况、生产面貌、物质条件等的材料，可以用以说明事物产生的原因、条件和环境。例如：

武汉餐饮业较为发达，全市有近 4 万家餐饮企业，国际连锁店占 3.3%，国内连锁店占 6.5%，省内地区连锁店占 6%；中小企业占 84%；年产值 500 多亿元，常态从业人员 45 万余人，占全市从业人口的 20%。

在这段背景材料中，记者对武汉市餐饮业的经营现状、从业人员的数量进行了说明，突出了餐饮行业工资上浮 30% 的意义。

（3）解释性材料。所谓解释性材料，是指对人物的出身、经历，产品的性能、特色以及专用术语、技术性知识作必要的介绍或解释所用的材料。例如：

本次获欧盟授权的非洲菊新品种"秋日"由花卉所历经 5 年选育而成，其花色为橘红色，色彩独特，单株年产量高达 30 枝，瓶插期长达 15 天，耐储运，抗疫病，属标准型切花品种。该品种仅在 6 个月内就通过欧盟植物新品种测试中心严格的 DUS 测试。获授权后，"秋日"在出口欧盟时，不但无须缴纳高昂的专利保护费，还能受到欧盟品种权的保护。

这段背景材料介绍了菊花品种"秋日"，对"秋日"独特的花色、年产量、花期等特性进行了描述，属于名词术语的解释。

6. 结尾

消息的结尾是消息的最后一句话或最后一段话。好的结尾，能加深读者对主要事实的感受，让读者得到更多的启发和教育。

结尾的写法也是多种多样的，常见的有以下三种：

（1）拾遗补阙。或补充新闻事实、背景材料，或回应导语。如《火车站见证兰考经济变迁》（《河南日报》2012 年 12 月 3 日）的结尾就是补充背景资料：

"2011 年，兰考县财政一般预算收入完成 5.1 亿元，同比增长 76%，由 2008 年的全省排名第 103 位上升到第 42 位；固定资产投资完成 63.5 亿，增长 30.7%，增幅居全省 10 个直管县第一位。"

（2）画龙点睛。概括中心，突出主题。1991 年，在入侵科威特一周年之际，伊拉克人都在悄悄地遮掩这场曾经搅得翻天覆地的事件。对此，路透社记者在消息《这边喧闹那边静，同是纪念两样情》（路透社巴格达 1991 年 8 月 2 日电）的结尾写道：

"巴格达街头到处都是萨达姆·侯赛因各种着装的画像，有人戏称：这个 400 万人口的城市有 800 万张面孔。"

借口传话，巧妙地暗示了巴格达市民的精神状态和萨达姆统治这个国家的手段，一针见血，堪称神来之笔。

（3）别开生面，借题发挥。1997 年 7 月 1 日，香港回归。接载查尔斯王子和末代香港总督彭定康回国的英国皇家游轮"不列颠尼亚号"驶离维多利亚港湾，消失在南海的夜幕中。新华社的报道《别了，"不列颠尼亚"》（新华社 1997 年 7 月 1 日播发）以史家之笔记录了这一历史性时刻：

"从 1841 年 1 月 26 日英国远征军第一次将米字旗插上港岛，到 1997 年 7 月 1 日五星红旗在香港升起，一共过去了 156 年 5 个月零 4 天。大英帝国从海上来，又从海上去。"

这不仅是一个精彩的消息结尾，更是一句代表历史趋势的结论。

有些消息没有结尾，这是因为主体部分已经写清楚，无须再写结尾。

范 例

比利时艺术家搞怪　高楼外筑巨型鸟巢

据中国日报报道　近日，英国第二大城市伯明翰出现了一幅奇景：一幢高楼外距离地面 30 米高的墙上竟然悬挂了一个巨大的鸟巢！千万别以为这是某种巨型鸟类的巢穴，这其实是一位比利时行为艺术家的"大作"！

据法新社报道，这位总是充满"奇思妙想"的艺术家名叫本杰明·韦尔东克，他称自己这个作品为"巨燕巢"。韦尔东克用 90 公斤水泥、60 公斤沙子，还用了 12 桶胶将许多白桦枝、柳树枝、橡树枝粘在一起，最后打造出了这个"巨燕巢"！说实话，它看上去还蛮像个鸟巢的。

韦尔东克还打算在 30 米高空的"巨燕巢"中为下面的人群做些表演，他甚至想在这个鸟巢中待上一个星期！

【范例简析】

这则消息标题别致而又醒目，有夺人"眼球"之感，把最有特色、情趣部分的内容体现出来。正文文字简洁，内容新颖、独特，有吸引力，拉近了作者与读者的距离。

第四节 通 讯

一、通讯的概念

通讯是以叙述和描写为主要表现方法，及时地反映人物和事件的新闻体裁。通讯和消息一样，是报刊、广播中经常使用的一种重要文体。

"通讯"一词本身就体现出信息的传递和交换的意思，它是人与人之间联系交往的普遍手段之一。我国古代的书信、官府邸报、军情文书等就属于广义通讯的范畴。以书面文字报道异地他国的事件、风物人情的通讯则发生于近代，并逐渐为报刊所采用，成为一种固定的常用新闻文体。

在我国早期的报纸上，"新闻"指本地消息，"通讯"指外埠消息，以示区别。其实，通讯就是消息的丰富和延伸，是为了满足读者对新闻事件或人物更充分、更详尽了解的需要，以弥补简短的消息报道之不足，所以更受读者注意，在报刊上得到了充分的发展。

二、通讯的特点与种类

(一)通讯的特点

除了具有新闻性(真实、新鲜、及时)以外，通讯还具有完整性和形象性的特点。

1. 完整性

通讯是展开了的消息，是消息的补充和深化，通过报道事件的全过程，使读者对事件有更深入、细致的了解。通讯以较大的容量、较长的篇幅，完整、详细地报道人物活动和事件经过，展开情节。因此，叙述、描写、议论都要具体、详尽，无论描写人物还是报道事件，人物风貌、事件始末都要细致表现，给读者具体、完整的印象。

2. 形象性

通讯通过多种表现手法，生动活泼、有声有色地反映真人真事，具有浓厚的生活气息，形象性强，感染力强。为了增强作品的形象性和感染力，可以运用各种修辞手法和艺术手法去表现。常常通过描写人物的肖像、语言、行动、心理以及周围环境等，或者制造曲折的情节波澜，充分展示人物的精神世界，给人留下深刻的印象。

（二）通讯的种类

按照内容性质，通讯可以分为人物通讯、事件通讯、工作通讯和概貌通讯等。

1. 人物通讯

人物通讯是以人物为报道对象，反映人物的思想境界和精神品质的通讯。

报道的人物可以是一个人，例如雷锋；也可以是一组群像，例如"南京路上好八连"。一般是正面人物，也可以是反面人物。人物通讯主要通过报道先进人物的模范事迹、崇高思想和奉献精神，鼓舞、激励人民不断克服困难，开拓创新。

2. 事件通讯

事件通讯是以事件为报道对象，记叙事件的详细经过，揭示事件的意义的通讯。

事件通讯可以歌颂、赞扬时代精神、社会风尚，可以反映、报道突发事件、偶发事件，可以批评、揭露落后现象、不良习气。

人物通讯与事件通讯既有联系，又有区别。二者都是既要写人，又要写事，人物通讯用事迹表现人物，事件通讯以事带人。但是人物通讯集中写人，所写事件常常没有中心线索，比较琐碎；事件通讯集中写事，所写事件一般有中心线索，比较完整。

3. 工作通讯

工作通讯是以报道工作成绩、工作经验为主的通讯。也称经验通讯。

工作通讯以反映工作成绩、工作经验为主，也可以揭露存在的问题和不良的倾向。工作通讯考察路线、方针、政策的执行情况，以新经验、新做法、新问题、新情况为剖析对象，对工作中的主导思想、态度作风、计划方案等进行分析和探讨，指导和推动实际工作。

工作通讯常见的类型有读者来信、工作研究、工作札记、采访札记等。

4．概貌通讯

概貌通讯也称风貌通讯、综合通讯，是反映某一地区、某一单位的新气象、新面貌，描写社会变化、风土人情和建设状况等的通讯。

概貌通讯常常以访问记、纪实、见闻、巡礼、散记、掠影、侧记等形式出现。

三、通讯的写作与范例

(一)主题的确立

主题是通讯所提出的主要问题和解决问题的中心思想，它是通讯的灵魂。通讯的主题应从实际生活中来，是在深入采访、去粗取精、由表及里的加工分析的基础上提炼出来的。确立主题时要克服"主题先行"和"拔高主题"的倾向。主题一要有新意，一篇通讯客观效果如何，在很大程度上取决于主题是否新鲜；二要有深度，主题不仅新，还要深，就是不仅看到现象，而且要认清本质；三要有中心，通讯主题切忌散乱、多元、只罗列问题；四要有高度，就是不要仅仅就事论事，要通过事实反映时代特征，要高屋建瓴，发掘事物的重大意义。

(二)角度的选择

要注意从不同角度做文章才能使通讯丰富多彩、生动活泼。选好角度能使通讯的主题新鲜、深刻，引人注意。选择角度一要别出新意，从新的方面选择角度；二要以小见大，不要面面俱到，包罗万象，要抓住一点深入挖掘，小处入手、大中取小、以小见大；三要面向读者，注意读者的共同兴趣。考虑群众普遍关心什么，对哪些问题最感兴趣，然后选择从哪个角度入手来写。

(三)材料的取舍

选择材料一要严，要选择绝对真实可靠的材料，在事实上不允许有丝毫虚构；二要精，要选择典型的、生动的、最有说服力的材料，不要兼收并蓄、罗列堆砌；三要细，围绕主题选材，既要选择主要方面的材料，也要选些细节的材料。既要现实材料，也要历史材料。既要点上的材料，也要面上的材料。特别是要注意选择恰当的背景材料(如名胜古迹、风土人情、神话传说、诗词典故等),但要注意有针对性,不要喧宾夺主。

(四)结构和写法

通讯的结构一般由标题、作者和正文三部分组成。

1. 标题

要准确、醒目、新颖、简洁、鲜明地表现主题。可以采用提问式(如《谁是最可爱的人》)、矛盾式(如《孤儿不孤》),也可以采用抒情式(如《祖国,你的儿女回来了》)、描写式(如《春风吹绿黄河岸》),还可以采用书面语(如《殊途同归》)、口语(如《现场拍板记》)。

2. 作者

要求写明通讯员的姓名。

3. 正文

通讯正文的结构不但要求合理,还要追求艺术效果。为了达到这一点,通讯的正文没有固定的结构,而是非常灵活。

(1)开头。或开宗明义,或制造悬念,或提供背景,或写景抒情,或追求新奇,或运用反语,或欲抑先扬、欲扬先抑。

(2)主体。在充分占有典型材料的基础上,经过分析、研究、集中、概括,深入提炼出主题。写作应该抓住"五个 W 和一个 H",把事件的基本情况交代清楚。要准确把握典型人物的性格特征和思想意义,写出典型人物的鲜明特点,使其既有共性,又有个性。为此,必须抓住最富有特色、最能反映人物典型性格的材料,把人物放在激烈、复杂的矛盾冲突中,刻画人物的思想性格,反映人物的精神品质。要弄清楚事件的前因后果,紧紧抓住事件发生、发展和变化的过程,突出主线。要精心描述,集中表现,透视事件所包含的思想意义。通过各种表达方式,或曲折有致,或生动、形象,或揭示事件的意义。

通讯正文写作时可以采用时间式结构、空间式结构、逻辑式结构和综合式结构。

①时间式结构。按照事情发展的自然顺序记叙、描写。抒情常常随着记叙自然穿插。议论特别重要,承担着揭示事件意义、表现主题的任务。次要的、零散的议论可以随时穿插在记叙中进行,重要的、集中的议论需要独立成段进行。

②空间式结构。按照空间的变换来安排材料。一般是根据主题的需要把发生在不同地点、不同空间的事件按照相同的性质组织起来。

③逻辑式结构。按照材料的性质、意义分类、组合成层次或段落。没有中心事件的、零碎的材料，首先要对它们进行分析、鉴别，把握它们的不同性质、意义和特点，然后进行分类、组合。

④综合式结构。综合运用时间式结构、空间式结构、逻辑式结构。比较常见的是以时间顺序为经，以空间顺序为纬，把二者结合起来组织材料、安排结构。运用综合式结构，一般是因为涉及的事物多，时间跨度长，空间范围广。

（3）结尾。常见的结尾方法有：点明主旨，提炼升华；照应开头，首尾呼应；承接上文，别开生面；融情入景，借景抒情。

（五）叙述和描写

叙述是通讯写作的基本表现方法，是对人物、事件和客观情况的说明与交代。人物的事迹、经历，事件的发生、发展都离不开叙述。叙述要做到叙事清楚，详略得当，方法灵活。

描写是通讯写作中的重要表现手法，是抓住事物特征，对人物、事件、环境所作的具体的描绘、刻画。描写通常分为以下三种。

1. 人物描写

人物描写不但要注意刻画音容笑貌、形态特征，还要注意刻画人物思想性格，揭示其内心世界。要正确处理先进人物与党和群众的关系，不要把人物神化，塑造偶像。要分清人物事迹的主次、轻重。

2. 细节描写

就是把那些看来细小但意义很大的生活细节，加以细致深入的描写，以突出人物。

3. 场景描写

它用于交代背景，烘托环境，映衬人物、事物。要注意有的放矢，借景传神。

（六）议论与抒情

恰当而精辟的议论，自然而真挚的抒情，也是通讯不可缺少的表达手段。议论，是写作者对所报道事物的本质、意义、内在规律以及与其他事物的联系等，从理论、政策、思想上加以揭示、说明、引申、发挥。抒情，是作者亲身感受和思想情绪的直接抒发与表达。

在通讯中，议论与抒情往往是结合在一起的。议论与抒情的目的，在于揭示事物本质，深化主题思想，突出人物的性格和事件的意义，增强思想性与感情色彩。议论与抒情，一要有感而发，真挚、健康、积极，而非矫揉造作；二要与报道的人、事紧密相关，不要"油水分离"；三要恰当巧妙，要少而精，不要滥发议论。

范　例

索玛花儿为什么这样红（节选）
——记优秀共产党员、木里县马班邮路乡邮员王顺友

张严平　田　刚

眼前这位苗族汉子矮小、苍老，40岁的人看过去有50开外，与人说话时，憨厚的眼神会变得游离而紧张，一副无助的样子，只是当他与那匹驮着邮包的枣红马交流时，才透出一种会心的安宁。

整整一天，我们一直跟着他在大山中被骡马踩出的一趟脚窝窝里艰难地走着，险峻处，错过一个马蹄之外，便是万丈悬崖。

傍晚，就地宿营，在原始森林的一面山坡上，大家燃起篝火，扎成圈儿跳起了舞。他有些羞涩地被拉进了跳舞的人群，一曲末了，竟如醉如痴。"我太高兴了！我太高兴了！"他嘴里不停地说着，"今晚真像做梦，20年里，我在这条路上从没有见过这么多的人！如果天天有这么多人，我愿走到老死，我愿……"忽然，他用手捂住脸，哭了，泪水从黝黑的手指间淌落下来……

这就是那个一个人、一匹马、一条路，在大山里默默行走了20年的人吗？

这就是那个20年中行程26万千米——相当于21趟二万五千里长征、绕地球赤道6圈的人吗？

这就是那个为了一个简单而又崇高的使命，在大山深谷之中穷尽青春年华的人吗？我流泪了。

在这个高原的夜晚，我永远地记住了他——四川省凉山彝族自治州木里藏族自治县马班邮路乡邮员王顺友。苗族名字：咪桑。

王顺友的话不多，却见心见肝。他说，他常常觉得自己这一辈子就是为了走邮路才来到人世上的。

马班邮路在正式文字中被定义为"用马驮着邮件按班投送的邮路"。在21世纪的中国邮政史上，这种原始古老的通邮方式堪称"绝唱"，而在木里人的眼里，这却是他们唯一的选择。

木里藏族自治县位于四川省西南部，紧接青藏高原。这里群山环抱，地广人稀，平均每平方千米的地面上只有9个半人。全县29个乡镇有28个乡镇不通公路，不通电话，以马驮人送为手段的邮路是当地乡政府和百姓与外界保持联系的唯一途径。全县除县城外，5条邮路全部是马班邮路，而且绝大部分在海拔4000米以上的高山。

王顺友至今记得，他8岁那年冬天的一个夜晚，做乡邮员的父亲牵着马尾巴撞开家门，倒在地上："雪烧伤了我的眼睛。"母亲找来草药煮沸后给父亲熏眼，第二天清早，父亲说，看到光亮了。他把邮件包往马背上捆。母亲抱着他的腿哭。父亲骂她："你懂什么！县里的文件不按时送到乡上，全乡的工作就要受影响。"

11年后，父亲老了，他把邮包和马缰绳交到了19岁的儿子手上，那一刻，王顺友觉得自己长大了。他开始沿着父亲走过的邮路启程，负责木里县至白碉乡、三桷亚乡、保波乡、卡拉乡的马班乡邮投递，邮路往返584千米。

年轻的乡邮员第一次感受到了马班邮路的遥远和艰辛。他每走一个班要14天，一个月要走两班，一年365天，他有330天走在邮路上。他先要翻越海拔5000米、一年中有6个月冰雪覆盖的察尔瓦山，接着又要走进海拔1000米、气温高达40℃的雅砻江河谷，中途还要穿越大大小小的原始森林和山峰沟壑。他这样描述自己的生活：冬天一身雪，夏天一身泥，饿了吞几口糌粑面，渴了喝几口山泉水或啃几口冰块，晚上蜷缩在山洞里、大树下或草丛中与马相伴而眠，如果赶上下雨，就得裹着雨衣在雨水中躺一夜。同时，他还要随时准备迎接各种突来的自然灾害。

有一次，他走到一个叫白杨坪的地方，下起了暴雨，路被冲毁了，马一脚踩滑跌向悬崖间，他想伸手去拉，也掉了下去，幸亏双双被一棵大树挡住。他摔得头破血流，眼睛和半边脸肿得没了形。当时他真想大哭一场，盼望着有个人来帮一下多好啊！可是除了马、邮件，什么都没有。

这些艰辛在王顺友看来还不是最苦的，最苦的是心头的孤独。邮路上，有时几天都看不到一个人影，特别是到了晚上，大山里静得可怕，伸手不见五指，他能感觉到的只有风声、水声和不时的狼嚎声。家中操劳的妻子、年迈的父母、幼小的儿女……此刻就会像走马灯一样在他的脑子里转，泪水落下一行，又落下一行。于是他便喝酒，让自己的神经因麻木而昏睡过去，因为明天还要赶路。

如果仅仅是为了一个饭碗，王顺友在这条马班邮路上或许早就坚持不住了。让他最终坚持下来的，是这条邮路传达给他的一种神圣。

"每次我把报纸和邮件交给乡亲们，他们那种高兴劲就像过年。他们经常热情地留我住宿，留我吃饭，把我当成共产党的大干部。这时，我心里真有一种特别幸福的感觉，觉得自己是一个少不得的人！"这是王顺友最初感受到的乡邮员工作的价值。

白碉乡乡长王德荣曾对他说过这样的话："你的工作虽然不是惊天动地，但白碉乡离不开你。因为你是我们乡唯一对外的联络员，是党和政府的代表。藏民们有一个月看不见你来，他们就会说：'党和政府不管我们了。'你来了，他们就觉得党和政府一直在关心着他们！"这话让王顺友心里滚烫。

一次，王顺友把邮件送到保波乡政府，就在他牵着马掉头的时候，看见乡干部正翻阅着报纸说："西部大开发太好了，这下子木里的发展要加快了！"一时间，王顺友高兴得像是喝了蜜，因为乡干部看的报纸是他送来的，这薄薄的一张报纸竟有这么重的分量？！他越来越觉得乡邮员工作了不起。

于是，王顺友在马班邮路上一年一年地走下来，至今已经走了20年，而且还在继续走着。邮路上的每一天，他都是穿着那身绿色的邮政制服，他说："山里乡亲们盼望我，其实是盼望穿这身制服的人。"邮路上每一天，他都像保护命根子一样保护着邮件，白天邮包不离身，晚上邮包当枕头，下雨下雪，他宁肯自己淋个透，也要把邮包裹得严严实实。邮路上的每天，他都会唱起自编的山歌，雅砻江的苗族人本来就爱唱歌，他说："山歌是我的伴，也是我的心。"

> 翻一坡来又一坡，
> 山又高来路又陡，
> 不是人民需要我，
> 哪个喜欢天天走：
> 太阳出来照山坡，

照亮山坡白石头，

要学石头千年在，

不学半路草鞋丢。

　　这是王顺友无数山歌中的一首，邮路成为他心中一道神圣的使命。既然他深爱着自己大山连大山的故乡，既然他牵挂着山里的乡亲们，既然他崇敬着像太阳一般照耀着大山的共产党和人民政府，既然他生在中国邮政史上马班邮路的"绝唱"之年，那就上路吧！一个心怀使命的人，才是个有价值的人。

　　　　　　　　　　　　　　　　　（选自新华社 2005 年 6 月 2 日稿）

【范例简析】

　　这篇人物通讯获得 2006 年第 16 届中国新闻奖一等奖，播发后被 120 多家报纸刊用，人民网、新华网、央视国际网等各大网站相继转载，马班邮路乡邮员王顺友的事迹由此传遍中华大地。全文内容真切，情节引人，真挚的情感、对人物细腻的观察以及传神的叙述，深深地吸引和打动着读者，成为 21 世纪以来中国新闻报道的上乘之作。

四、通讯与消息的区别

　　通讯和消息都是新闻体裁，二者从内容到表达方式，都是有区别的。

（一）篇幅

　　从篇幅看，消息比通讯篇幅短。消息一般用简明扼要的文字概括地报道事实；而通讯则要求比较完整、细致地展示所报道的事件和人物的面貌，因而篇幅比消息稍长一些。

（二）内容

　　从反映的内容来看，消息主要以报道事件为主；而通讯则以写人为主，重点写人的实践活动，反映人的思想品质。虽然有的通讯重在写事件，但事件本身也离不开人的活动，不能忽略人的实践。

（三）时间性

从时间性上看，消息的时间性极强，对时间的要求非常严格，反映现实生活最迅速、最敏捷；而通讯则没有消息那样严格，一般只要求做到及时就可以了。

（四）表达方式

从表达方式上看，消息一般是用叙述方法介绍事物、交代事件过程；而通讯则需要在叙述的基础上，适当穿插运用其他表达方式。通讯反映人物和事件比消息细致详尽、具体生动，表现力强。通讯既可以采用第三人称的写法，也可以写成第一人称的访问记、书信体等。

本章所讲的商业广告文案、产品说明书、旅游文稿、消息、通讯均属传播文稿，但各有其特点。要注意理解商业广告文案、产品说明书、导游词、消息、通讯的概念、特点及种类等相关知识，掌握商业广告文案、产品说明书、消息、通讯的结构与具体写法。希望通过本章的学习，读者能对这几种文体有更进一步的认识，并能很好地运用。

一、填空题

1. 消息的主要特点是：＿＿＿＿、＿＿＿＿、＿＿＿＿、＿＿＿＿。

2. 按写作体裁来分，消息可大致分为四类，即＿＿＿＿、＿＿＿＿、＿＿＿＿、＿＿＿＿。

3. 一般来说，一条消息是由六个部分组成的，即＿＿＿＿、＿＿＿＿、＿＿＿＿、＿＿＿＿、＿＿＿＿、＿＿＿＿。

4. 通讯的主要特点是：＿＿＿＿、＿＿＿＿、＿＿＿＿。

二、名词解释

导游词　　　　消息　　　　通讯

三、简答题

1. 试述消息写作的基本要求。

2. 举例说明消息导语的几种写法。

3. 可以用作消息背景材料的有哪几种?

4. 试述通讯和消息的区别。

四、分析题

1. 在不同媒体中查找有关同一消息的报道(5~10 例),分析其导语类型与写作特点。

2. 从近期报道中,找出动态消息、综合消息各一例,分析其写作特点。

五、写作练习

1. 根据班内出现的新情况、新问题写一篇消息,字数在 300 字左右。

2. 将上述消息改写成通讯,字数在 1000 字左右。

第七章 科技文书

·掌握科技文书的概念，理解科技文书的特点，掌握科技文书的写作要求。

·重点掌握学术论文、毕业论文和专利申请文书的概念、特点及其写法。

·体味例文，掌握学术论文、毕业论文和专利申请文书的结构方法；学习收集资料、分析资料的方法。

第一节 科技文书概述

一、科技文书的概念

科技文书是人们用于科学技术、学术研究和科技管理等方面的应用文。科技文书有广义和狭义之分。广义的科技文书不仅包括自然科学、工程技术等方面的文书，还包括经济科学、人文科学等方面的文书；狭义的科技文书主要指自然科学和工程技术等方面的文书。

二、科技文书的种类与作用

科技文书根据其适用范围，可以分为论文类、报告类和说明类三类文书。

(一)论文类

自然科学与应用技术、社会科学等方面的论文，是科技文书最重要的一个类别。通常将表述学术观点的自然科学论文或社会科学论文称为学术论文，将表述应用技术的称为科技论文。大学生的毕业论文，也属于这一类科技文书。

这类科技文书的作用，从根本上说，是进行科研、表述科研成果的工具。任何科研成果，都需要借助它们进行表述，把科研的目的、经过、方法、结论告知他人，把先进的科学技术推广于社会，使整个社会受益。

(二)报告类

科学研究或产品开发过程中经常使用报告类文书，如科技调研报告、科技考察报告、科技实验报告、可行性研究报告、课题开题报告、产品设计报告、科技成果鉴定书等。报告类文书是科研或技术工作过程中的信息工具。这类文章反映科技动态、交流信息，为科研管理部门或工程立项部门提供决策依据。

(三)说明类

说明类科技文书指科技文章。其作用从根本上说，是普及科学知识。科技文章是培养人们爱科学、用科学、抵御迷信和伪科学的重要武器，对培养人的素质，开展唯物主义教育有着不可低估的作用。

本章主要讲述学术论文、毕业论文和专利申请文书。

三、科技文书的写作要求

(一)科学性

科技文书要求写作具有科学性。这体现在其指导思想和方法具有科学性，也体现在实事求是的工作态度上，要深入调查，从客观实际出发，做到材料真实、数据确凿可靠。对科学性的理解，不能理解为"没有任何错误"。因为科学是不断发展和进步的，在研究、探索中不允许有任何错误不但是不可能的，也是违背认识规律的。如撰写科技论文，并不是说论文的每一点都是正确的。因为科学理论的发展多是从假说开始的，有假说，也就必然会出现与客观规律不一致的地方，出现认识方面的错误，这就需要在实践中加以验证、修正。假说的验证有时要经过相当长的历史过程，其间允许对同一问题产生不同的看法，产生不同的学术流派。因此，撰写论文应本着谦虚谨慎、实事求是的态度，这也是论文科学性的体现之一。对于报告类和说明类科技文书来说，也不可能没有缺陷。

所以，科技文书的科学性，是科学的指导思想、工作方法和工作态度在文章文风上的体现，要求朴实、严谨、不卖弄。

(二)实用性

科技文书与现实发展有紧密联系，是记载和描述科学技术发展、产品更新换代、交流科技信息的重要工具，具有实用性的特点。将一项发明转化为产品，关于这项发明的专业论文和专利申请文书就具有鲜明的实用性。一篇经济论文，研究探讨了经济形势的发展，无疑会对现实经济工作产生影响，具有一定的现实性。

(三)严谨性

科技文书具有严谨性。反映在表述上，就是用语准确、结构合理。在陈述概念时，科技文书经常采用定义的方式，严格界定概念的内涵，用划分的方式界定其外延。其结构具有逻辑性、系统性。反映在方法上，就是观点用事实说话，论证讲究方法。科技文书所使用的材料多是通过调研、统计、实验等方式获得的，具有一定程度上的再现性，即可以用同样方式使过程重复出现，其材料具有真实性的特点。论证讲究方法，即材料必须能够支持观点，特别要注意运用反例验证，防止"以偏概全"。

第二节 学 术 论 文

一、学术论文的概念

中华人民共和国国家标准 VDC.001.81、GB 7713—87 号文给学术论文下的定义为："学术论文是某一学术课题在实验性、理论性或观测性上具有新的科学研究成果或创新见解的知识和科学记录；或是某种已知原理应用于实际中取得新进展的科学总结，用以提供学术会议上宣读、交流或讨论；或在学术刊物上发表；或作其他用途的书面文件。"

在社会科学领域，人们通常把展示科研成果的论文称为学术论文。

二、学术论文的特点和种类

(一)学术论文的特点

1. 学术性

所谓学术，是指较为专门、系统的学问。所谓学术性，就是指研究、探讨的内容具有专门性和系统性，即是以科学领域里某一专业性问题作为研究对象。当然也有的学术问题仅凭一个专业的知识解决不了，就会由两个或几个专业的专家联手合作研究，运用各自的专业知识，解决一个学术问题，写出学术论文。

学术论文从选题上说有很强的专业性。如《唐代中书门下体制下的三省机构与职权》等，单从题目上看就有很强的专业性。相反，如《假期：少儿看电视悠着点儿》等单从题目上看就没有专业性。

从内容上看，学术论文更是富有明显的专业性。学术论文是作者运用他们系统的专业知识，去论证或解决专业性很强的学术问题。如关于破除迷信的论题，可以写成政论文或思想评论，但如果由一位地理学家运用地理知识去论证"风水术"的古代科学与封建迷信并存一体的特点，这就不是一般议论文，而是学术论文了。如果从心理学角度剖析"算命术"和"占卜术"，也很可能成为一篇专业性较强的心理学学术论文。

从语言表达来看，学术论文是运用专业术语和专业性图表符号表达内容的。它主要是写给同行看的，不在乎其他人是否看得懂，而是要把学术问题表达得简洁、准确、规范。因此，学术论文中专业术语用得很多。

2. 科学性

科学性是学术论文的特点，也是学术论文的生命和价值所在。所谓科学性，就是指研究、探讨的内容准确、思维严密、推理合乎逻辑。

学术论文要做到科学性，首先是研究态度的科学性，我们要以严肃的态度、严谨的学风、严密的方法开展学术研究。从事社会科学研究，就必须从大量的材料出发，通过分析材料得出结论；从事实验研究，就应对课题进行系统的多方面的实验，从大量的实验数据中分析综合，得出正确的结论。

其次是研究方法的科学性。科学性在思维方式上的重要表现就是逻辑性，也就是要运用马克思主义的立场、观点，用辩证唯物主义和历史唯物主义的方法去进行科学探讨。

最后是内容的科学性。什么样的内容才符合科学性的特征？那就是论点正确、概念明确、论据确凿充分、推理严密、语言准确的内容。论点(观点)即学术研究的成果结论，这个结论应能反映客观事物的本质规律，揭示客观真理，符合客观实际，经得起实践验证，经得起推敲和逻辑推理。

3. 创新性

创新性被视为学术论文的特点之一，这是由科学发展的需要决定的。科学研究是对新知识的探求。如果科学研究只作继承，没有创造，那么人类文明就不会前进。人类的历史就是不断发现、不断发明也就是不断创新的历史。一个民族如果没有创新精神，这个民族就要衰亡。同样，一篇论文如果没有创新之处，它就毫无价值。

学术论文的创新，主要表现在以下五个方面：

(1)填补空白的新发现、新发明、新理论。

(2)在继承基础上发展、完善、创新。

(3)在众说纷纭中提出独立见解。

(4)推翻前人定论。

(5)对已有资料作出创造性综合。

4. 理论性

学术论文与科普读物、实践报告、科技情报之间最大的区别就是具有理论性的特征。所谓理论性就是指论文作者思维的理论性、论文结论的理论性和论文表达的论证性。

(1)思维的理论性。即研究者对研究对象的思考，不是停留在零散的感性认识上，而是运用判断、分析、归纳、推理等思辨的方法，深刻认识研究对象的本质和规律，经过高度概括和升华，使之成为理论。通过理论思维的运转，把感性认识变成理性认识，实现认识上的飞跃，不是轻而易举可以做到的，这需要花大力气、下苦功夫。

(2)结论的理论性。学术论文的结论，不是心血来潮的激动之词，也不是天马行空般的幻想，也不是零散琐碎的感性偶得。学术论文的结论是建筑在充分的事实归纳上，通过理性思维，高度概括其本质和规律，使之升华为理论。理性思维水平越高，结论的理论价值就越高。

（3）表达的论证性。学术论文除了思维的理论性和结论的理论性外，它还必须对结论展开逻辑的、精密的论证，以拥有无懈可击、不容置疑的说服力。

（二）学术论文的种类

按照不同的标准，可以将学术论文划分为不同的种类。主要分类方法有以下几种：

按研究的内容分，可分为自然科学论文和社会科学论文。

按学科性质分，可分为基础学科论文和技术应用学科论文。

按研究对象与表达方式分，可分为探索型学术论文、阐述型学术论文、争辩型学术论文和述评型学术论文。

按写作目的分，可分为交流性学术论文和考核性学术论文。

在高等学校，学生在不同阶段所写的学术论文可分为学年论文、毕业论文和学位论文。学年论文是在校大学生的一种独立作业，目的是使学生初步学会运用其专业知识进行科学研究，培养学生独立撰写论文的能力。毕业论文是大学应届毕业生运用大学阶段所掌握的专业知识，分析研究有关专业问题所写出的体现其学术水平和能力的文章。学位论文是高校毕业生或同等学力人员为申请相应学位而写出的论文。学位论文分为学士学位论文、硕士学位论文和博士学位论文三种。学士学位论文应能表明作者确已较好地掌握了本学科的基础理论、专业知识和基本技能，并具有从事科学研究工作或担负专门技术工作的初步能力。硕士学位论文应能表明作者已在本学科上掌握了坚实的基础理论和系统的专门知识，并对所研究的课题有独到的见解，有从事科学研究工作或独立担负专门技术工作的能力。博士学位论文应能表明作者已在本学科领域掌握了坚实宽广的基础理论和系统深入的专门知识，并具有独立从事科学研究的能力，在某个学科领域中有明显的创造性见解。

三、学术论文的选题

（一）选题的意义

所谓选题，就是在搞好先期研究的基础上，选择并确定研究的方向和课题。对于科研活动来说，选题就是选择课题；对于论文写作来说，选题就是选定论题。论题和课题是同一概念的不同表述形式。有人说："选好一个研究课题是论文成功的一半。"的确，在实践中，论题的选择是否适当，不仅影响论文的质量，也关系着论文写作的成功与否。因此，选择论题对学术论文的写作至关重要。选择好论题不仅有利于集中精力攻克专业领域中的重要问题，以收到事半功倍的研究效果，而且也有利于提高研究能力，加深对所研究问题的认识，揭示其规律和实质。从论文写作具体过程来说，论题一经确定，材料的收集、整理、分析，论点的确立，提纲的编制，文献的选定，都要围绕它进行。

(二)选题的原则

1. 目的性原则

科学研究的目的是认识世界、改造世界、推动社会进步和时代前进。所以，应优先选择那些对当前建设有重要意义、密切联系实际、易于发挥效用的论题。这类问题的解决与社会、科学的发展，与人民的利益密切相关，有利于我国社会主义物质文明和精神文明建设，有利于国家各项事业的发展。当然，有些论题从表面上看没有什么现实意义或实际用途，但具有学术价值，甚至到一定时候会产生巨大的不可估量的意义，对此也应该特别予以关注和重视。

2. 创新性原则

创新性原则就是选择的课题要有新突破。科学研究是无止境的，社会发展了，人们对发展中出现的问题会有新的认识，因此，理论研究也必然会随之发展，也必然会有新意。选题的创新，主要指以下四种情况。

(1)填补空白。就是研究别人尚未研究过的重大问题，而从客观需要来看，这些问题又是研究的重点，是应该填补的短缺和空白。科学是在不断地发展的，因此，在每个时期必然存在学科研究上的短缺和空白，要善于捕捉这些短缺和空白。这是开辟新领域的研究，是一项拓荒性工作，往往缺乏可借鉴的资料，对研究者的知识结构和专业素养有非常高的要求。

(2)补充前说。在前人研究的基础上进行发展性研究，或对某些理论学说、观点或方法进行归纳和局部补充、修正，或对某些公认的理论学说和观点从更深层次上进行发掘，使人们能够进一步认识它、运用它，从而使其更加系统、全面，更适合发展中的实践活动。

(3)纠正通说。通过深入细致的科学分析，指出通行的理论或观点的谬误，进而提出自己对同一问题的新见解。

(4)商榷争鸣。关注当前争论较多、说法不一的课题，并根据自己所掌握的资料认真加以研究，批驳错误，提出新说，在课题研究中作出自己的贡献。

3. 可行性原则

可行性原则是指在选题时，要选择作者有条件完成并能取得新的研究成果的课题。也就是说要量力而行，要充分考虑自己进行研究的主客观条件。根据可行性原则，在选题时主要考虑如下四个因素。

(1)对研究课题有兴趣。这里所说的有兴趣，是指在科学研究中能促使作者积极追求、探索的一种热情。如果能选择一个自己有兴趣的论题去写作，作者会更专心致志、积极主动，更会有不达目的决不罢休的精神。

(2)考虑自己的专业特长。专业特长是取得研究成果的重要条件。在选题时，作者一定要选择能够充分发挥自己专业特长的课题，尽力舍弃那些自己不熟悉、不擅长的项目，做到扬长避短，以求事半功倍。

(3)考虑自己的研究能力。研究能力是研究者的基本素质，也是进行科学研究的必备条件。人的研究能力有强弱之分，所以，选题时要实事求是、量力而行，所选论题的大小、难易程度要适当。

(4)考虑客观条件。在选题时，还要考虑到占有研究资料、经费、时间、设备等客观条件。如果这些客观条件不具备，也会影响研究成果的质量。

(三)选题的方法

选题时要独立思考，发挥创造精神。爱因斯坦说过："提出一个问题往往比解决一个问题更重要，因为解决问题也许仅是一个数学上或实验上的技能问题而已。而提出新的问题、新的可能性，以新的角度看旧的问题，却需要有创造性的想象力，而且标志着科学的真正进步。"具体地讲，选题时可采用如下方法。

(1)从实践中找问题。

(2)从定论中看"疏漏"。

(3)从争鸣中求发展。

(4)从"通说"中查谬误。

(5)从现象中发现新领域、新问题。

例如，你准备研究某个问题，那么，凡是涉及这一问题的理论与现实的各个方面你都要了解。必须搞清楚：这个课题前人涉及过没有？解决了没有？有哪些论点可资借鉴？有无争议？争议的焦点在哪里？有几种代表性意见？哪种意见占多数？研究它对指导当前的实践意义大不大？还有无继续研究的必要？

四、学术论文的资料收集

资料是人类科学文化知识、各种思想和人类生产实践活动赖以记录、保存、交流和传播的一切文字和视听材料的统称。通常是指书籍、报纸、期刊、研究报告、论文、档案、统计表、会计表册、调查记录、文件、广告和录音、录像等。

撰写学术论文，在论题确定之后，就要着手收集资料。如果单凭记忆中的"资料"构思成文，那是很有限的，更何况记忆往往有模糊之处。马克思写作《资本论》，前后花了40年的时间，广泛阅读了当时各国相关问题的大量资料，共1500多种图书，所做的笔记有100多本。所以，列宁说："《资本论》不是别的，正是把堆积如山的实际材料总结为几点概括的、彼此紧密联系的思想。"

（一）收集资料的原则

1. 指导原则

指导原则即根据论题的内容性质围绕论题收集资料。在论题的指导下，收集资料就有了明确的范围、目标和方向。目前，学科门类繁多，新门类及其分支还在不断诞生，理论、历史文献、新信息等资料浩如烟海，收集资料如果不把主要目标集中在论题的范围内，就会在"堆积如山"的资料面前感到束手无策。

2. 适应原则

适应原则即收集的资料与学术论文的目的、性质、特点相适应。探讨研究理论的学术论文，所需要的主要是文献资料；探讨某一活动规律的学术论文，所需要的多是实践性资料。

3. 求新原则

求新原则即收集的资料尽可能反映论题涉及的学术研究领域的新动向、新信息。学术论文的学术价值在于创新，新颖的论题要用新颖的资料去反映。这就要求学术论文的作者必须敏锐地捕捉新情况、新问题和新经验等，在论证某一问题时，不仅要了解前人对这一问题的看法和观点，更要注意收集同时代人的研究成果。否则，即使论题新颖，也会因资料的陈旧而影响其价值。

4. 价值原则

价值原则即资料对论题有实际的论证价值。资料的论证价值，主要表现在：一是资料真实可靠，二是典型突出。学术论文对资料的真实性、典型性的要求非常严格。另外，注意收集资料要全面，既要收集现实资料，也要收集历史资料；既要收集正面资料，也要收集反面资料；既要收集实践性资料，也要收集理论性资料；既要收集第一手资料，也要收集第二手资料。充足的资料收集为提炼中心观点提供充足条件，也为写作时满足多种需要服务。

(二)收集资料的方法

撰写学术论文所需要的资料，主要靠社会调查和查阅文献获得。

1. 社会调查

社会调查就是通过有目的的亲身观察、采访等方式收集第一手资料。

2. 查阅文献

查阅文献就是通过检阅各种文献，广泛地收集第二手资料。

文献的种类很多，按照文献的载体分，分为印刷型(图书、报刊、文件等)和视听型(录音带、录像带、光盘等)两类。按照其内容和加工情况，分为一次文献、二次文献和三次文献。

一次文献又称原始性资料。它是由直接从事科学研究的理论工作者编写而成的文字资料。它是新方法、新体制、新观点、新知识、新发明等新的研究成果的记载和报道，主要包括专著、期刊、调研报告等。

二次文献是指在一次文献的基础上，经过加工、压缩后产生的资料，以供作为查找一次文献的检索工具。目前，我国二次文献主要包括题录、简介、文摘、索引等。

三次文献是通过二次文献提供的线索，对一次文献进行筛选加工，综合编写出的文献。它主要包括动态综述、专题述评、各种手册、各种年鉴、百科全书等。

查阅文献的一般做法是：根据二次文献将有关资料全部开列出来，查找有用的资料；并根据文献的不同特征，从各个角度查找。查阅文献的主要途径有以下几种：

(1)书名途径，即根据书刊资料名称来查找文献资料，也就是把书名或文章的篇名输入检索系统检索。

（2）作者途径，即根据作者姓名来查找文献资料。作者的范围很广，可分为个人作者、团体作者、专利发明人、学术会议召集单位等。通过作者途径查找文献资料的工具，主要是作者目录或著作索引、机构索引等。

（3）主题途径，即通过文献资料内容的主题词等来检索文献资料。

（4）分类途径，按学科分类来查找文献，即以知识体系为中心分类排检。从分类途径查找文献资料，主要是利用分类目录和分类索引。

（三）记录资料的方法

在收集资料的过程中，要通过调查、阅读和思考，将一些有价值的资料及时地记录下来，以备研究和写作之用。常用的记录资料的方法有以下三种。

1. 写读书（或调查）笔记

阅读（或调查）时，研究者应将重要的观点、典型的事例和一些重要的数据随时记在本子上，并注明资料的出处。为了便于查考，也可采用活页纸记录。此类读书笔记，可以是摘要式笔记，也可以是评注式笔记。

摘要式笔记，就是研究者不加褒贬，按照原书或原文顺序将其要点简明扼要地摘录下来。这种笔记要忠实于原文，不得遗漏或进行修改。评注式笔记，就是不单纯摘抄，而是边摘抄边根据自己的心得体会加以评注。

2. 做资料卡片

事先准备好相应的卡片，将有价值的资料记录下来。卡片方便灵活，但不好管理，且篇幅有限。

3. 复印或剪辑报刊资料

看到报纸、杂志上有关的文章可复印或剪辑下来，贴到剪辑簿上，并写明报刊名称、期数等，以便日后查对使用。总之，收集资料要尽量做到真实、全面，资料记录要清晰、准确，只有这样，才能为撰写论文打下良好的基础。

五、学术论文的结构与写法

根据国家标准《科学技术报告、学位论文和学术论文的编写格式》（GB/T7713—1987）的要求，学术论文应当由标题、作者署名、摘要、关键词、引言、正文、注释、参考文献目录等部分构成，格式可分为前置、主体、附录和结尾(必要时)四个部分，各部分写法具体如下。

(一)前置

1. 标题

标题又称题目，是文章的重要组成部分，通常是对学术研究过程或成果的直接阐述，是对论文内容的高度概括，要求确切、鲜明、生动。用于对外交流的论文，应有外文(多用英文)标题。

2. 署名

在论文标题的正下方书写作者姓名。作者所在单位、省份(城市)、邮编书写在作者姓名正下方，并用圆括号括住。署名是对研究成果拥有著作权和具有责任感的体现。

3. 摘要

摘要又称提要，是论文的重要组成部分，位于作者署名下方。摘要是对论文内容的简短陈述，提示论文要解决的问题、主要观点、成果和结论等。摘要的文字要简明、确切，一般为300~500字，精当概括论文的主要内容，给读者一个总的印象和概括的了解。

4. 关键词

关键词又称主题词，是指用来表达论文主题内容信息的词语或术语，一般从论文或题目中精选而出。关键词一般为3~8个，其目的是为文献检索提供方便。一般书写在摘要下面。

5. 目录

有些学术论文篇幅较长，文中又有若干个小标题，为方便阅读，可列出目录。

(二)主体

1. 正文

正文是论文的主体和核心。这一部分直接表述科研成果。论文的正文一般由引言、本论和结论组成。

(1)引言。引言又称绪论、前言。引言是学术论文的重要组成部分，可以简单介绍研究工作的目的及意义、背景及原因、研究范围、研究方法、前人的成果、自己的创见，有的还对本论、结论作扼要的提示，字数不宜太多，可以对以上内容有选择地写作。

（2）本论。本论是论文的主体，是集中体现研究成果、学术水平的关键部分。应对研究的内容作全面的分析、论证，详细说明观点。本论部分要求层次清楚，富有条理，言之有据，以理服人。切忌空洞罗列材料，不事分析推理。应围绕中心，从多方面、多角度确立若干分论题，用分论题论证中心论题的正确性。本论部分的结构根据需要有不同形式，常见的有并列式、递进式、过程式和综合式。

①并列式。并列式是将总论点分为若干分论点，分论点之间的关系是并列关系，内容紧密相连，但又分说不同的小问题。这种结构的优点是纲目清楚。其思路过程是：将总论点一一划分或分解，形成分论一一论证，再归纳为整体，即先概说整体，再逐一展开，最后归纳分析得出结论。

②递进式。递进式是将总论点分为若干分论点，分论点之间的关系是层层深入、逐步上升的，这种结构的优点是符合人们认识事物的过程。其思路过程是：将总论点分解为起点和发展，前一个问题总是后一个问题的前提，层层推进，最后得出结论。

③过程式。过程式是将研究过程作为整体结构。其思路过程是：问题的发现—问题的研究实验—分析和总结—导出结论。

④综合式。综合式是兼用上述方式，根据文章内容表述的需要灵活运用。

（3）结论。结论是全文的收束，是本论部分阐述的必然结果。结论既要照应绪论，又要写得简明概括。常用的结尾方法有：总结性结论、探讨性结论、预测性结论、交代性结论。

2. 引文与加注

文中引文或需加注处加注序号，以便标注引文的出处或注释内容。可在当页页脚处标注，亦可在文尾标注。

3. 参考文献目录

参考文献目录应写明参考著作名称、作者、出版社名称、出版年月、版次等相关内容；如果出自学术论文，应注明作者、论文标题、登载刊物期号及页码等。

参考文献目录的作用是：表示对他人成果的尊重；便于读者了解该领域情况；为读者研究或查找文献提供线索；反映作者对本课题、本领域的历史和现状的了解程度，使读者相信论文水平，增加资料的可信度。

(三)附录

附录部分是论文主体的补充项目。凡因篇幅所限不便写入正文的有重要参考价值的资料、数据、图表等均可列入附录，并编连续页码。

(四)结尾

为了将论文迅速存入电子计算机，可以提供有关的数据，可以编排分类索引、著者索引、关键词索引等。

七、学术论文的写作要求

学术论文在一定程度上反映了作者的专业水准、知识厚度、研究能力及写作水平等。

作者要写出有价值的学术论文，必须注意以下四点要求。

(一)论点要明确新颖

学术论文的好坏，首先要看其论点是否鲜明和富有新意。所以，在写作时，作者要提炼出具有独创性的新观点，并明确表达出来。

(二)论据要真实可靠

学术论文要保证论点有说服力，用以支撑论点的论据就必须具有严格的真实性。事实论据要确有其事，数据要精确无误，理论论据要查有其据。

(三)论证要科学严密

学术论文的写作，除要求选题适当、论据确凿外，还应注意论证的科学严密，只有这样才能得出符合客观规律、有指导意义的论点。要正确选用科学的论证方法，揭示论据与论点之间的逻辑关系，同时，论点相互之间的逻辑关系要紧密顺畅。

(四)语言要准确庄重

学术论文表述的是一种科学研究的成果，它运用的语言必须体现科学语体的特征，即语言表述精确概括而又庄重。科学研究就是要精确地反映事物的真实面貌和本质，精确的内容必须用精确的语言来反映，要做到表意确切、简练，且有条有理。同时，科学研究是一件严肃的事，学术论文的写作也必须用严肃的态度对待，要求作者使用规范化的书面语言，恰当地使用学术论文专业用语，如实地表达思想观点。

范 例

苏轼"和陶诗"的形式特征及其文体史意义

姜俵容

（华东师范大学中文系 上海 200241）

摘要：作为"和诗"，次韵既要求"和韵"又要求"和意"，"和陶诗"则突破了唱和对象的古今界限，使"和意"朝着"道意"方向发展，即注重表达作者主观意识。苏轼在"和陶诗"中以"意"统"韵"，从而化韵脚的限制于无形。在平衡诗体与诗意的过程中，苏轼促进了诗歌正副文本功能的强化与转换。副文本记录诗意兴发方式，具有诗史功能、日记功能、书信功能、索引功能，并且建立起"和诗"与原诗的联系，引导读者在师陶、学陶背景下阅读"和陶诗"。正文本则由次韵诗向外的公共唱和功能、政治功能朝向内的道德自省功能、心理平衡功能转换。苏轼在"和陶诗"中的上述探索对文体史具有重要意义。

关键词：和陶诗；次韵；副文本；正文本；形式特征

苏轼晚年创作了一百多首"和陶诗"，"和陶诗"最大的特点是采用次韵手法，次韵要求在和诗时，用原诗原韵，且先后次序必须与原诗相同。这种形式，字数、句数、韵脚都被原诗限制，不可避免地妨碍作者诗意的自由表达。金代王若虚评价道："次韵实作者之大病也。诗道至宋人，已自衰散，而又专以此相尚，才识如东坡，亦不免波荡而从之，集中次韵者几三之一。虽穷极技巧，倾动一时，而害于天全多矣。"[1](P515)正因为次韵"害于天全"，朱熹认为苏轼次韵陶渊明失去了自然之趣[2](P210)。然而，苏轼的"和陶诗"基本上是平淡的，很多逼近陶渊明冲淡自然的风味，翻阅包括纪晓岚、温汝能、王文诰等人的历代评点，随处可见"冲淡自然，酷似陶作""得陶之髓""得陶气息""置陶集

中，真无以辨""似陶语"等评语，而苏轼本人所推崇的正是"如行云流水，初
无定质，但常行于所当行，常止于所不可不止，文理自然，姿态横生"的创
作[3](P1418)。那么如何平衡次韵酬唱这种具有严格规定性的结构与内容上追求文
理自然之间的矛盾，便是"和陶诗"创作过程中的一项重要命题，而苏轼对诗歌
体制与诗意传达关系的探讨对文体史具有重要意义。因此，本文拟在前人研究
基础上，以苏轼如何建立"和诗"与"原诗"的联系、如何平衡诗意传达与诗歌
体制为中心，通过分析"和陶诗"诗意兴发方式、副文本与正文本的配合及其在
表现内容和艺术功能上的变化，进一步阐释苏轼"和陶诗"诗体与诗意的互动
关系。

一、"和陶诗"的本质矛盾与相关研究概述

次韵，属于唱和诗。根据赵以武《"和意不和韵"：试论中唐以前唱和诗的
特点与体制》，诗、乐分离以后，"和诗"开始强调"和意"，即和诗的作者要站
在原唱作者的角度立意[4]。宋洪迈《容斋随笔》"和诗当和意"条也曾说："古人
酬和诗，必答其来意，非若今人为次韵所局也。观《文选》所编何劭、张华、卢
谌、刘琨、二陆、三谢诸人赠答，可知已。唐人尤多，不可具载。"[5](P212)所以
理解"和诗"离不开"唱诗"，"和诗"并非自抒其情、自书其意的作品，次韵的
产生则在"和意"的基础上又增添了"和韵"这一要求。

南北朝时已有次韵唱和现象[6]，然而，宋人多认为次韵诗产生于元和时
期。严羽《沧浪诗话·诗评》曾说："古人酬唱不次韵，此风始盛于元白皮
陆。"[7](P699)元白确实有意识地大规模创作次韵诗。元稹在《上令狐相公诗启》自
称："稹与同门生白居易友善，居易雅能为诗，就中爱驱驾文字，穷极声韵，
或为千言，或为五百言律诗，以相投寄。小生自审不能以过之，往往戏排旧
韵，别创新词，名为次韵相酬，盖欲以难相挑耳。"[8](P727-278)根据此言，"次韵
相酬"重在"穷极声韵""戏排旧韵"，所以元白次韵诗中最重要的作品为长篇律
诗，元稹认为长篇律诗是一种"别创"，白居易则特意取"千字律诗"为"诗到元
和体变新"作注。如元白又将"穷极声韵"的追求推广到非次韵形式的唱和诗中，
诗人有时技痒会在"和诗"中增广原诗韵数，白居易《和梦游春诗一百韵》，元
稹原诗仅七十韵[9](P292)。诗人甚至直接在诗题中明确"陈协律美"的唱和目的，
如《与微之唱和，来去常以竹筒贮诗，陈协律美而成篇，因以此答》[9](P510)。然
而，"和韵"必然有碍诗人自由地"和意"，元稹本人便意识到当时一批次韵效
仿之作"颠倒语言，重复首尾，韵同意等，不异前篇"[8](P728)，因而他们强调

"大凡依次用韵，韵同而意殊；约体为文，文成而理胜"[9](P477)。

"和韵"限制诗人自由地"和意"，是次韵唱和自产生就不得不面对的矛盾，因而苏轼坚持采用次韵形式和陶的原因，引起学人的注意。内山精也通过整理考查苏轼各个时期的次韵诗，认为次韵具有使"对比明确"的特点，它成为苏轼基本的作诗方法，贬谪时期次韵对象的缺乏，让苏轼自然地选择次韵古人，而陶渊明几乎是当时所有士大夫推崇的理想典范，所以苏轼通过次韵陶渊明以唤起同时代人的关注[10](P355—361)。金甫暻也赞成晚年唱和对象的缺乏是苏轼"和陶诗"全部运用次韵的理由[2](P70)。然而，苏轼不少"和陶诗"创作后寄于亲友同和，唱和对象的缺乏似不是苏轼选择次韵的主要原因。以现有资料来说，研究苏轼为何采用次韵只能从情理上推测，无法从学理上确证，比起此点，苏轼如何平衡"和韵"与"和意"这对次韵与生俱来的矛盾更有研究的价值，它有助于理解诗体与诗意的互动关系。金甫暻认为次韵虽然带来限制，韵脚本身却指向一些表达的可能，反而能提供一般场合无法构思出来的崭新诗句，并指出"和陶诗"深受陶渊明平淡诗风的影响。金甫暻实已涉及此命题，遗憾的是未能深入具体的形式特征和创作技巧[2](P215)。目前学界仅有陶楚歌《诗体与诗情的互动——论苏轼"和陶诗"在文体史上的意义》集中探讨了"和陶诗"诗体与诗意的关系，此文结合拟陶、效陶、和陶的区别、次韵唱和的传统、北宋诗歌诗意僵化的背景，来分析"和陶诗"的创作特征，认为苏轼深谙诗歌本出于己，以诗情统摄诗体，以诗体兴发、节制诗情，因此能创造出无碍于次韵形式的"和陶诗"[11]。这一见解十分精辟，然而，关于诗意与诗体的互动，此文主要集中于如何通过诗情带动诗意以把控韵字，关于"和陶诗"其他形式特征及其创作思理，未能给予充分阐释，因此此命题还有待我们进一步补充。

二、从"和意"到"道意"："和陶诗"冲破体制限制的前提

苏轼早年在《南行前集叙》中阐述了自己对作文的看法，"山川之秀美，风俗之朴陋，贤人君子之遗迹，与凡耳目之所接者，杂然有触于中，而发于咏叹"，"夫虽欲无有，其可得耶"[3](P323)，其实质是强调诗歌应"有感而发"。苏轼在次韵陶渊明之前，曾次韵过韩愈和李白的诗歌，即《二月十六日，与张、李二君游南溪，醉后，相与解衣濯足，因咏韩公〈山石〉之篇，慨然知其所以乐而忘其在数百年之外也。次其韵》[12](P198)和《和李太白》，从两首诗的诗题和诗序可知苏轼这两次创作都是一定心境和情境下的产物，和原诗相较，和诗不仅韵脚袭用原意，结构和命意与原诗的联系也十分紧密。"和陶诗"与之一脉相

承，又别具特色。

苏轼一百多首"和陶诗"遵循"有感而发"的原则。"和陶诗"多存诗序和自注，苏轼在这些副文本中交代了自己创作的缘由，总结起来主要有以下几类兴发方式：

其一，与原诗相似的情境、行为引起次韵的冲动，这类作品最多。比如，因计划迁居白鹤观新居而和陶渊明《移居二首》，因和儿子苏过在正月五日出游而和陶渊明《游斜川》，因读《抱朴子》有感而和陶渊明《读山海经》，因送别友人张中而和陶渊明三首赠答诗，因衣食渐窘而和陶渊明《咏贫士》……然而，有时候这种情境和行为上的相似与陶渊明原诗的联系并不十分紧密，比如《和陶赴假江陵夜行》是苏轼"郊行步月作"，陶渊明原诗为羁旅行役诗，主要抒发行役之苦闷，苏轼和诗则描述诗人月夜闲行的所思所感，苏轼以"夜行"这一相似点将两者联系起来；又比如《和陶示周掾祖谢》作于苏轼在儋州"游城东学舍"时，陶渊明原诗旨在以"马队非讲肆，校书亦已勤"调侃周祖谢三人出山授业不如退隐，苏轼因三人受业于"学舍"而将和诗与原诗相联系；更有甚者，苏轼因苗圃有所收成，便将陶渊明五首带有草木瓜果的诗歌以组诗形式唱和，《庚戌岁九月中于西田获早稻》《丙辰岁八月中于下潠田舍获》《五月旦作和戴主簿》《和刘柴桑》《和胡西曹示顾贼曹》五首无论是所作年代还是主题都相异的诗歌，在苏轼的和诗中以组诗的形式出现，是因为苏轼"小圃栽植渐成，取渊明诗有及草木蔬谷者五篇，次其韵"[12](P2315)。从这些事实可推知苏轼有意识地将自己的日常生活与陶渊明原诗相联系，比起次韵韩愈和李白的偶然性，次韵陶渊明是苏轼自觉的行为选择，然而，这种联系本身并不紧密，这表明比起唱和原诗原意，苏轼更加重视自己当下的感受和心境。

其二，陶渊明原诗个别诗句正好契合了苏轼当下的情感体验，因此次韵整首诗。比如，《和陶赠羊长史》是苏轼为感谢友人"欲于海舶载书千余卷见借"而作，选择次韵《赠羊长史》谢友人的原因是原诗"愚生三季后，慨然念黄虞。得知千载事，上赖古人书"正契合了苏轼当下所思[12](P2282)；又比如《和陶时运》作于苏轼由嘉祐寺迁居白鹤新居时，苏轼次韵的动机是认为原诗"斯晨斯夕，言息其庐""似为余发也"[12](P2218)，而《时运》本身写的是"时运，游暮春也。春服既成，景物斯和，偶景独游，欣慨交心"[13](P8)。从这些事实也可以看出，比起原诗原意，苏轼更加注重个人当下的心境和情境。

其三，碰巧听到亲友诵读陶渊明的诗歌，而次韵原诗。比如《和陶归园田居六首》作于苏轼与友人游玩白水山佛迹岩后，苏轼因为听到儿子苏过诵读《归园田居》才辞其韵；又比如《和陶止酒》作于苏辙诵读渊明《止酒》诗以劝苏轼戒酒。亲友所诵陶渊明诗歌原意与苏轼当下的体验很可能毫不相关，也可见苏轼在"和陶诗"中更加重视个人当下的情感和体悟。

其四，由陶渊明原诗的激发，而对原诗主题进行哲学性解释或深化。比如《和陶归去来兮辞》是作者贬谪海南时反复思考"归去来"意蕴而作，苏轼在序言中说道"子瞻谪居昌化，追和渊明《归去来辞》，盖以无何有之乡为家，虽在海外，未尝不归云尔"[12](P2560)。"和陶诗"中一批未曾交代写作缘由的诗歌，通过和原诗对比，多属于此类感兴方式，比如《和陶咏荆轲》《和陶咏三良》《和陶咏二疏》《和陶形影神》等。

从上述兴发方式来看，苏轼确实有意识地在日常生活中寻找着与陶诗的联系，"和陶诗"绝非偶然、机械的作品。然而，苏轼讲究"有感而发"，导致和诗与原诗的联系有时并不紧密，相较于原诗原意，当下的情境和心境对苏轼来说更加重要，所以和原诗相较，"和陶诗"呈现出千差万别的面貌，有与原诗诗意相反者，有深化原诗诗意者，也有与原诗毫不相干者。这与苏轼对"意"的重视相通，"意"本身就是苏轼多次论述的创作核心。比如《春渚纪闻》卷六载苏轼语："某平生无快意事，惟作文章。意之所到，则笔力曲折，无不尽意。"[14](P84)苏轼《策总叙》则云："臣闻有意而言，意尽而言止者，天下之至言也。"[3](P225)他曾点明陶渊明"意不在诗，诗以寄其意耳"[15](P2)，"采菊东篱下，悠然见南山"，是"见"而非"望"，正是由于"见"字达到了"境与意会""用意深微"的目的[3](P2092)。他批评李白杜甫之后的诗人，"虽间有远韵，而才不逮意"，也是着眼于一个"意"字[3](P2124)。这些引文中的"意"指向主体的主观意识，"意"包括主体的感觉、意志、情绪、观念、认知等精神性的内容，它反映出苏轼对文学创作中主体能动性和独创精神的重视。苏轼在解诗时强调"意有所触乎当时，时已去而不可知，故其类可以意推，而不可以言解也"[3](P56)，苏轼在此将"有感而发"之"感"概括为"意"，苏轼又说"善画者画意不画形，善诗者道意不道名"[16](P161)，"道意"即要求诗歌将主体在一定情境、心境下的主观意识表达出来，又可以概括为"达意"，苏轼自己便以"夫言止于达意"来解释"辞达"。换句话说，由于苏轼更加重视个人当下的情境和感受，"和陶诗"从"和意"朝着"道意"方向发展，即不再以回应原诗原意为创作中心，而是旨在表达作者当下的主观意识。巧合的是苏轼在创作第一组"和陶诗"之前，曾创作过《问渊明》一诗，该诗针对陶诗《形影神》组诗而发，是苏轼再创作陶渊明诗歌的最初尝试，苏轼在自注中表明自己的创作态度："或曰：东坡此诗，与渊明相反。此非知言也。盖亦相引以造于道者，未始相非也。"[12](P1716)该注另有版本作"或曰：东坡作此诗，与渊明相反。此非知言也。盖亦相引以造意言者，未始相非也"。"造于道"与"造意言"都表明苏轼从一开始在创作陶渊明诗文时就重视主体意识的表达。

"和陶诗"次韵古人诗，"和诗"源于社交压力和原作者的阅读期待而必须唱和的限制降到最低，加上苏轼重视当下的心境感受，那么"和陶诗"有时直接抒发个人的主观意识便不难理解。比起"和意"，"道意""达意"使"和陶诗"更多地承担了"诗言志"的功能，所以"和陶诗"中存在与原诗毫不相干者。然而这些"和诗"还是需要被置于"和陶"之下阅读，这不仅出于"和韵"形式的限制，"和陶诗"的副文本对此也发挥着重要作用。

三、副文本功能的强化"：和意"的另一种存在方式

在苏轼第一组"和陶诗"《和陶饮酒二十首》中，单独的一首"和诗"与原诗有时毫不相关，例如组诗其八，渊明原作歌咏"青松"以自比，苏轼则吟诵"我坐华堂上，不改麋鹿姿"的生活；其十，原作回忆昔日远游之苦，苏轼则记叙"醉酒太守"的闲适之情。然而，根据苏轼序言可知，组诗旨在通过和陶书写饮酒后不可名状者，是苏轼长吟《饮酒》诗的产物，读者不得不将组诗放置到"和陶"背景下考虑，组诗中对官场险恶的忧患意识、对闲适生活的向往，实际上都与苏轼慕陶、学陶有关。特别是苏轼在第二次和陶时，在序言中强调"始，余在广陵和渊明《饮酒二十首》，今复为此，要当尽和其诗乃已耳"[12](P2104)，这句话提醒我们"和陶诗"应该被当成一个整体阅读，单独的一首"和陶诗"也应该被放置在苏轼对陶渊明接受的背景下阅读。正如同《和陶饮酒二十首》与原诗的关系需要通过序言标明，在"有感而发"原则的指导下，除了韵脚，正文本有时与原诗毫不相干，苏轼只有通过强化副文本的功能才能建立起"和诗"与原诗最直观的联系，因而"和陶诗"凸显出副文本的重要性。

"和陶诗"的副文本包括诗题、诗序和苏轼自注。就诗题来说，"和陶诗"采用"和陶+陶渊明原题"的命名方式，诗题本是标明作诗本意，使读者知作者为何事而作，特别是苏轼本人喜用长题，长题对于作诗背景、缘由的交代更加清楚。苏轼"和陶诗"的命名虽未完全抹杀诗题这个作用，比如上引《和陶饮酒二十首》确实都与"饮酒"有关，而且组诗几乎每一首都涉及"酒"字，但是"和

陶诗"大部分诗题和内容是脱离的，比如《和陶归园田居六首》并未涉及田居生活，而是记叙游白水山的所思所感。实际上，"和陶诗"这种命名方式被赋予了特殊的索引功能，它指向的是"和诗"的前文本，即陶渊明原诗，诗题最直观地揭露出"和诗"与原诗密不可分的关系，它必然引导读者将"和诗"与"原诗"进行对比，特别是那些未曾点明次韵原因的作品更是如此。而每一首"和陶诗"都在题上加"和陶"二字，让人不得不将它们视为一个整体。"和陶诗"诗题的命名方式使得读者无法将"和诗"当成一般诗歌阅读，哪怕是看似与原诗毫不相干者，也必须将其放置在"和陶"这个整体观照下阅读，放置在苏轼学陶、师陶、慕陶这个过程中阅读。

"和陶诗"诗题与内容的分离又凸显出诗序和诗注的重要性。现存苏轼"和陶诗"45题109首，其中31个诗题下都有诗序或诗注。"和陶诗"的诗序和自注，除了上文提及的交代诗意兴发方式以建立起和诗与原诗的联系外，还具有以下功能：

第一，交代诗歌创作的背景，具有明显的时间意识和记录意识，颇具日记体意味。比如《和陶归园田居六首》序言详细交代了诗人三月四日游白水山佛迹岩的经过[12](P2103)。并且与《正月二十六日，偶与数客野步嘉祐僧舍东南野人家……》《二月二十九日，携白酒、鲈鱼过詹使君，食槐叶冷淘》等诗构成时间上的连续性。"和陶诗"与同时期其他作品构成时间上的连续性，这种案例还有很多，仅拿苏轼在惠州的第一个重阳节为例：

《和陶贫士七首》序："余迁惠州一年，衣食渐窘，重九伊迩，樽俎萧然。乃和渊明《贫士》七篇，以寄许下、高安、宜兴诸子侄，并令过同作。"[12](P2136—2137)

《江月五首》序："岭南气候不常。吾尝曰：菊花开时乃重阳，凉天佳月即中秋，不须以日月为断也。今岁九月，残暑方退，既望之后，月出愈迟。予尝夜起登合江楼，或与客游丰湖，入栖禅寺，叩罗浮道院，登逍遥堂，逮晓乃归。杜子美云：四更山吐月，残夜水明楼。此殆古今绝唱也。因其句作五首，仍以'残夜水明楼'为韵。"[12](P2140)

《和陶己酉岁九月九日》序："十月初吉，菊始开，乃与客作重九，因次韵渊明《己酉岁九月九日》一首。"[12](P2144)

上述序言体现出"日记体"的连续性，北宋正是日记体发展的重要时期，宋代《清波杂志》卷六载有"元祐诸公皆有日记，凡榻前奏对语，及朝廷政事，所历官簿，一时人材贤否，书之惟详"之事[17]。黄庭坚贬谪宜州期间，更是"但凡风雨寒暑，亲旧往复，以至日用饮食之类，皆系日书之"[18]。元祐诸公多作日记，苏轼作为元祐诸公中的重要一员，诗歌受到日记体的影响并不奇怪，而且陶渊明原诗的序言和诗题多存作诗的缘由、作诗时间，那么苏轼赋予"和陶诗"类似日记的功能不难理解。实际上，陶渊明原诗和苏轼"和诗"都可以纳入马东瑶"日记体诗"，所谓"日记体诗"即借鉴了日记时间性、记录性特色的诗歌类型[19]。

副文本具有的这种时间意识和记录意识，成为苏轼晚年生活的真实写照，它明确记录了苏轼贬谪时期交友、迁居、阅读、躬耕等情况，使得"和陶诗"携带诗史功能。实际上，苏轼诗文中自次韵、长题、长序的存在都指向"以诗为史"。"诗史"本来自对杜甫诗歌的评价，首见于孟启《本事诗》，其义旨在强调杜甫诗歌善于陈述时事，具有"史"的功能，到了宋代有了新的发展。胡宗愈作为苏轼的好友，曾云："先生(杜甫)以诗鸣于唐，凡出处去就，动息劳佚，悲欢忧乐，忠愤感激，好贤恶恶，一见于诗。读之，可以知其世。学士大夫，谓之'诗史'。"[20](P2243)"诗史"不再局限于对时事的书写，也指向诗歌内容与诗人个体经验的重合。在"诗史"观念下，诗歌的诗序、长题、自注等串联起来就是一部作者简明的生活史，所以清人邵长蘅《施注苏诗·例言》强调"东坡之诗，于编年为宜。常迹公生平，自嘉祐登朝，历熙宁、元丰、元祐、绍圣，三十余年。其间'新法'之废兴，时政之得失，贤奸之屡起屡仆，按其作诗之岁月而考之，往往概见事实。而于出处大节，兄弟朋友过从离合之踪迹，为尤详。更千百年犹可想见，故编年宜也"[21](P53)。苏轼自己在修改苏辙所作《子瞻和陶渊明诗集引》时强调："而子瞻出仕三十余年，为狱吏所折困，终不能悛，以陷大难，乃欲以桑榆之末景，自托于渊明，其谁肯信之？虽然，子瞻之仕，其出入进退犹可考也，后之君子，其必有以处之矣。"[22](P36)苏轼强调"出入进退犹可考也"与其诗歌这种诗史特征不无关系，"和陶诗"对于记录苏轼晚年的生活境况功不可没。

第二，标示作品的去向，反映出作者的交流情况。如《和陶饮酒二十首》序点明诗歌创作后"示舍弟子由、晁无咎学士"，《和陶贫士七首》"寄许下、高安、宜兴诸子侄，并令过同作"，《和陶岁暮作和张常侍》赠陆道士、吴远游。苏轼将这些诗歌赠送、寄送给亲友，是以诗为书，赋予"和陶诗"书信功能，同时扩大了"和陶诗"的影响，保存了"和诗"本具的社交功能。

第三，苏轼在序言里就陶渊明相关主题进行论辩，序文本身就是一篇出色的散文，因此具有审美功能，并启发读者对陶渊明相关主题进行思索。比如在《和陶〈桃花源诗〉并记》的序言里，针对前人将桃花源视为仙境的看法，苏轼以"世传桃源事，多过其实"翻案起论，并给出了三个理由：第一，细查渊明所记，桃源人只说先世避秦时乱来此，渔人所见，似是其子孙，而非不死之秦人；第二，桃源人会杀鸡作食，神仙不应杀生；第三，桃花源不过是长寿乡一样的地方，世间多有，如南阳饮菊水、四川饮枸杞水而长寿的村子。由此苏轼想起自己在颍州曾梦见过一个类似桃源的地方——仇池，他的朋友王钦臣奉使路过仇池，向苏轼介绍到仇池"有九十九泉，万山环之，可以避世，如桃源也"[12](P2197)。苏轼序言通过层层论证，从陶渊明"桃花源"引向了苏轼心中的仇池，可与一篇议论文相当。

"和陶诗"的副文本具有的上述功能，总结起来有以下作用：第一，通过交代创作背景以及统一诗题建立起和诗与原诗的联系，突出"和陶诗"作为一个整体的特殊性，从而释放来自原诗的压力，以便赋予正文本自由表达诗意的空间。第二，赋予"和陶诗"记录意识和时间意识，使得"和陶诗"具有日记、诗史、书信等功能，从而促使正文本遵循"有感而发"的原则，以便以诗言志。所以苏轼虽次韵陶诗，"和陶诗"却是苏诗，而非另一个陶诗，难怪纪昀时常以"苏轼本色"评"和陶诗"。

四、正文本功能的转型"：道意"对"和陶诗"表达功能的重塑

唱和诗建立在关系本位上，因此讲究"和意"，然而"和陶诗"次韵古人，而非同时代友人，因而不受社交压力的影响，能够跳出"关系本位"。加上苏轼已经依靠副文本与"和韵"形式建立起和诗与原诗的联系，那么苏轼在正文本中便可以遵循"有感而发"的原则直接"道意""达意"，这"意"可以是受原诗激发，也可以是受现实情境生发，它们是苏轼晚年思想、心绪的写照。这意味着"和陶诗"降低了次韵唱和本具有的公共性、社交性，而带有更多私人化、情感化、内省化的特点，必然推动次韵诗"正文本"功能的转型。

次韵在北宋主要用于公共酬唱，北宋文人又十分追慕范仲淹、欧阳修等"开口揽时事，论议争煌煌"的盛况，所以次韵唱和免不了涉及政治。据内山精

也的统计,《苏轼诗集》中能确认为次韵诗的有 785 首[10](P334),除少量次韵自己和次韵古人的诗作外,其他都是唱和往来之作,特别是元祐期间的唱和,一时鼎盛,形成了所谓元祐文人集团。苏轼在熙宁年间出任杭州,作次韵诗 29 首,知密州作 44 首,徐州任职三年又创作次韵诗 81 首,这些诗中不乏政治讽刺诗,例如《次韵答章传道见赠》中有"马融既依梁,班固亦事窦。效颦岂不欲,顽质谢镌镂"两联,曾被御史台拈出作为乌台诗案的重要证据,御史台认为苏轼此诗借梁冀、窦宪来诋毁执政大臣[23](P2)。又有《次韵黄鲁直见赠古风二首》,御史们认为是"讥今之小人胜君子,如良莠之夺嘉谷"[23](P16)。乌台诗案作为苏轼人生中重要的转折点,对苏轼本人打击是巨大的,也震动了诗坛,受此次文字狱牵连被贬谪和责罚的高达 25 人。乌台诗案的出现表示传统儒家"言之者无罪,闻之者足以戒"的诗学在政见之争面前已失去作用,必然让士大夫认识到诗歌与政治分离的迫切性。黄庭坚因此格外反对苏轼"好骂"的诗风,并且在晚年删除了集中涉及时政的诗歌,这种畏祸心理致使北宋末期的多数诗人转向书斋生活,远离政治。

细查乌台诗案涉及的劄子、供状、判词,这些诗歌之所以产生如此严重的后果,是因为它们被镂刻成集,"传于人者甚众",以至于"流俗翕然,争相传诵"[23](P1)。御史台在诗案审判过程中,不仅将苏轼创作的次韵诗本身当作重要证据,而且以诗文唱和、信件往来等为线索牵连其他亲友,包括王诜、张方平、黄庭坚、李清臣、司马光等诸人,这些与亲友唱和或寄予亲友的诗歌成为重点弹劾对象,苏轼集子中那些讽喻意味更加浓厚的乐府诗反而未被注意,说明传播和唱和讽喻诗歌是此次诗案的核心。这对苏轼及其友人的警示作用是明显的。元祐年间,苏轼再次被起用,且势头正热,苏轼和亲友在此时也频繁次韵酬唱,仅元祐四年出任杭州到外任定州这五年时间,苏轼就创作了 185 首次韵诗,在京任职期间,也创造了 92 首次韵诗。然而,考察元祐年间所作次韵诗,大多为戏赠、应酬、应制之作,从诗歌主题来看,其中数量最多者主题为送别、思忆、劝勉、赠物、答谢[24]。对比元祐和熙宁年间的次韵诗,诗歌中的政治讽喻功能开始走向幻灭,诗歌的政治功能明显下降,次韵诗因诗案不得不约束自己的公共性,开始更多地承担起诗歌其他功能,"和陶诗"在次韵诗功能转型上具有重要意义。

"和陶诗"承担起道德功能。陶渊明原诗本就充满哲学思索,陈寅恪称陶渊明为大思想家[25](P57)，袁行霈则说陶渊明是在用诗的思维解决和表达哲学问题[26](P24)。陶渊明在苏轼眼里本就是个"知道者"，他说："'客养千金躯，临化消其宝。'宝不过躯，躯化则宝已矣。人言靖节不知道，吾不信也。"[3](P2112)苏轼受到陶渊明原诗的激发，对相关哲学命题进行探讨并不奇怪，贬谪期间，苏轼也需要这些形而上学的思索给自己以人生慰藉。在"和陶诗"创作过程中，苏轼正致力于《论语说》《东坡易传》《东坡书传》的撰写与完善，其实苏轼在"和陶诗"中的哲学思索多可与苏轼三传互解。自元祐时期开始，苏轼便在次韵诗中和亲友探讨一些严肃的哲学、史学和人生命题，苏轼在"和陶诗"中则集中于解决仕隐、生死、君臣、家国等问题，并通过将"和陶诗"寄送亲友、邀请亲友同作，扩大这些哲学命题的影响，比如《和陶归去来兮辞》，被普遍寄赠，在亲友的共同唱和下，构成了一种新的文体"和陶辞"。

"和陶诗"承担起心理功能。苏轼的贬谪生活并不如意，仅从"和陶诗"序言提及的"衣食渐窘""酒尽，取米欲酿，米亦竭""尽卖酒器，以供衣食""雨甚，展转不能寐"等可见一斑。所以作为老谪臣，苏轼常常在"和陶诗"中以理自遣，以求自持自适，约性情之正。比如《和陶拟古》(其四)诗歌前几联引经据典，雅致工整，极力夸赞海南岛的风土人情，海南岛在其描述下风景奇异，似乎是个可以安居乐业之所，然而诗歌结尾却接以"芋魁傥可饱，无肉亦奚伤"，"芋魁"即芋头，以此结尾带有一定的诙谐气息。这是苏轼远贬海南岛不久所作，面对四面环海的岛屿，苏轼也曾产生过"此生当安归，四顾真途穷"的悲戚，然而，善于与苦难相处的苏轼，依旧以理自遣，"芋魁傥可饱，无肉亦奚伤"暗示这个自古无征战而且泉涌鹤舞的地方，实际生活却极其艰苦，然而以谐谑之语道出这个事实却透露出苏轼坚毅顽强的意志。所以尽管生活困穷，年迈多病，苏轼"和陶诗"中的自我形象依然是充满活力、富有生命力的，如"新浴觉身轻，新沐感发稀。风乎悬瀑下，却行咏而归"[12](P2105)"有酒我自至，不须遣庞通。门生与儿子，杖履聊相从"[12](P2139)等。"和陶诗"中的意象也是活泼泼的，如"黄橼出旧枿，紫茗抽新畬"[12](P2311)"乔木卷苍藤，浩浩崩云积"[12](P2308)"长春如稚女，飘摇倚轻飔。卯酒晕玉颊，红绡卷生衣"[12](P2205)等。

由于"和陶诗"次韵古人诗，跳出了"关系本位"，更有助于次韵诗由单一的社交功能走向多样化。尽管苏轼在次韵同时代友人之诗时也曾在诗歌中探讨严肃主题、互慰互遣，然而道德自省、心理平衡在"和陶诗"中更加突出，这意味着次韵摆脱了专用于酬唱往来的局限，增强了次韵诗的表达功能，从"对外的外向型技法"向"对己的内向型技法"拓展，以至于次韵可以更加广泛灵活地运用于酬唱以外。

五、余论

周紫芝《竹坡诗话》载有苏轼论作诗之捷法一条，所谓捷法即"冲口出常言，法度去前轨"，苏轼又有一名言曰："出新意于法度之内，寄妙理于豪放之外"[3](P2213)。这些引文都指向苏轼尊重个性、推崇自然、不拘规矩、无事雕琢的艺术追求，其中"法度"当然也包括文体结构，机械地遵循文体的结构、规范，并不是对体式的正确理解，也无法发挥体式的艺术效果和审美价值。苏轼在"和陶诗"中对次韵诗的灵活处理，反而使韵脚的限制消解于无形。一方面，苏轼由情境的激发、诗意的带动，在"和陶诗"中融入个人主体意识，从而突破了韵脚的限制，推动了次韵诗由"向外"的公共唱和功能、政治功能朝"向内"的道德自省功能和心理平衡功能转换，既使次韵唱和回归到"诗言志"的传统中，又发展了北宋"以诗为史"等新要求；另一方面，苏轼通过副文本，强化了"和陶诗"与陶诗的联系，迫使读者将"和陶"作为一个整体进行观照，引导读者从师陶、学陶的角度来理解"和诗"。

苏轼在"和陶诗"中的探索对文体史具有重要意义：第一，开创了"和陶诗""和陶辞"两类新文体，并流播海外。"和陶"产生之后，拟陶、效陶之作销声匿迹，和陶之作不胜枚举，主要原因就在于苏轼的"和陶诗"突破了原诗的限制，可以更自由地表达诗意。第二，扩宽了次韵的对象，开拓了次韵古人诗的传统。尽管在苏轼之前皮日休等人已经次韵过古人诗，与苏轼同时代诗人郭祥正也有不少次韵李白之作，然而皮日休等人只是偶一为之，郭祥正的和诗则稍乏个性，苏轼的"和陶诗"则能在平衡"诗体"与"诗意"的过程中融合陶色与本色，证明次韵可以运用于存世的任何诗歌，次韵的诗意也无须受原诗限制，从而扩大了次韵的适用范围和表达功能。第三，突出了正副文本配合的重要性，以期实现诗歌多种功能的融合。"和陶诗"副文本中的时间意识和记录意识，承担其诗歌叙事功能，而正文本注重的道德功能和心理功能，则使大部分诗歌能保持诗歌的抒情传统，从而有效地将叙事与抒情统一。宋代诗词长题、长序、大量自注的存在，都可视为宋人对"正副文本"功能的探讨，苏轼的"和陶诗"无疑是其中重要一环。第四，彰显了诗意与诗体的互动关系，诗人应以诗意统摄诗体，以诗体节制诗意，而非机械地遵循文体结构。

《王直方诗话》载有苏轼调侃郭祥正之徒"但知有韵底是诗"一事[27](P12)，又载有张文潜"以声律作诗，其末流也"之语[27](P101)，正是认识到诗意与诗体互动的重要性，而宋代文坛本就存在"今人非次韵诗，则迁意就韵，因韵求事；至于搜求小说佛书殆尽，使读之者惘然不知其所以"的问题[16](P171)。苏轼"和陶诗"对"道意""达意"的强调必然给读者以警醒，所以不难理解历代评点家对"和陶诗"自然冲淡的风格赞不绝口。总之，尽管苏轼坚持采用次韵的原因悬而未决，但是通过分析"和陶诗"的形式特征，可以看出"和陶诗"的创作包含着一种创前古所未有、示来世以轨辙的意图，按照苏轼自己的话表述则是"古之诗人有拟古之作矣，未有追和古人者也。追和古人则始于东坡"[28](P1402)。

参考文献

[1] 王若虚. 滹南诗话[M]//丁福保. 历代诗话续编. 北京：中华书局，1983.

[2] 金甫暻. 苏轼"和陶诗"考论——兼及韩国"和陶诗"[M]. 上海：复旦大学出版社，2013.

[3] 苏轼撰，孔凡礼点校. 苏轼文集[M]. 北京：中华书局，1986.

[4] 赵以武. "和意不和韵"：试论中唐以前唱和诗的特点与体制[J]. 甘肃社会科学，1997(3)：56-60.

[5] 洪迈撰，孔凡礼点校. 容斋随笔：卷十六[M]. 北京：中华书局，2005.

[6] 赵林涛，何东，高新文. 次韵唱和探源[J]. 河北大学学报(哲学社会科学版)，2009，34(5)：139-141.

[7] 严羽. 沧浪诗话[M]//何文焕. 历代诗话. 北京：中华书局，1981.

[8] 元稹著，冀勤点校. 元稹集：下册[M]. 北京：中华书局，2010.

[9] 白居易撰，顾学颉校点. 白居易集[M]. 北京：中华书局，1999.

[10] 内山精也. 传媒与真相：苏轼及其周围士大夫的文学[M]. 朱刚，等译. 上海：上海古籍出版社，2013.

[11] 陶楚歌. 诗体与诗情的互动——论苏轼"和陶诗"在文体史上的意义[J]. 烟台大学学报(哲学社会科学版)，2019，32(3)：51-61.

［12］苏轼撰，王文诰辑注，孔凡礼点校.苏轼诗集［M］.北京：中华书局，1982.

［13］陶渊明撰，袁行霈笺注.陶渊明集笺注［M］北京：中华书局，2003.

［14］何薳著，张明华点校.春渚纪闻［M］北京：中华书局，1983.

［15］蔡正孙撰，常振国，降云点校.诗林广记：前集卷一［M］.北京：中华书局，1982.

［16］魏庆之著，王仲闻点校.诗人玉屑：上册［M］北京：中华书局，2007.

［17］周辉.清波杂志：卷六［M］//文渊阁四库全书.上海：上海古籍出版社，1987.

［18］周必大.文忠集：卷四七［M］//文渊阁四库全书.上海：上海古籍出版社，1987.

［19］马东瑶.论宋代的日记体诗［J］.文学遗产，2018(3)：58-68.

［20］胡宗愈.成都新刻草堂先生诗碑序［M］//仇兆鳌.杜诗详注.北京：中华书局，1979.

［21］苏轼撰，施元之注.施注苏诗：卷首［M］//景印文渊阁四库全书：第1110册.台北：台湾商务印书馆，1986.

［22］费衮撰，金圆校点.梁溪漫志：卷四［M］.上海：上海古籍出版社，1985.

［23］朋九万.东坡乌台诗案及其他二种［M］.北京：商务印书馆，1960.

［24］王文欣.论元祐时期苏轼的"诗信"［J］.文史知识，2021（9）：120-126.

［25］陈寅恪.陶渊明之思想与清谈之关系［M］//中国文化研究丛刊第一种.燕京大学哈佛燕京学社，1935.

［26］袁行霈.陶渊明研究(增订本)［M］.北京：北京大学出版社，2009.

［27］王直方.王直方诗话［M］//郭绍虞.宋诗话辑佚.北京：中华书局，1980.

［28］苏辙撰，曾枣庄，马德富点校.栾城后集：卷二十一［M］//栾城集：下册.上海：上海古籍出版社，2009.

资料来源：《中国文学研究》2023 年第 3 期

第三节　毕　业　论　文

一、毕业论文的概念

毕业论文是高等学校应届毕业生综合运用自己所学专业的基础知识、理论和基本技能阐述对某一问题的见解或表述研究结果的应用文章。

毕业论文对学生有考查作用。由于学生学历层次的不同，考查的程度也不同。对于本科和大专学生来说，主要是考查学生运用已学知识分析和解决问题的能力，培养、训练学生查阅资料和撰写文章的能力。

二、毕业论文的特点

(一)创建性

毕业论文本质上属于学术论文，写作中虽然不要求具备像学术论文那样高的创建性，但也要求在本专业范围内，对选题有自己的独到见解，力求创新，强调选题、表达的新颖性、实践性，而不是简单地重复、模仿或抄袭别人的东西。

(二)科学性

毕业论文的科学性包括：论题必须正确，论据必须可靠，应用的材料必须准确无误，论述必须具有逻辑严密性。

三、毕业论文的主要功用

(1)撰写毕业论文是检验学生在校学习成果的重要措施，也是提高教学质量的重要环节。

(2)提高大学生的写作水平是社会主义物质文明和精神文明建设的需要。

（3）提高写作水平是培养新时代中国特色社会主义干部队伍的需要。

四、毕业论文的写作步骤

(一) 选题

1. 从业务强项和兴趣出发进行选题

术业有专攻，人各有偏好。选择自己感兴趣的方向，产生强烈的研究愿望，就易于钻研得更深，从而取得成果。所以，写作毕业论文要先确定一个自己既擅长又感兴趣的方向作为论文选题方向，然后在掌握初步资料的基础上，逐步确立论文的具体题目和论文研究阐述的角度。采用限制的方法，逐步缩小论文题目的外延到适合毕业论文完成的容量。

2. 从实践中发现问题进行选题

关注社会实践中出现的新现象、新业务、新问题，或是注意了解理论界的新观点和新问题，这样才能保证毕业论文具有一定的创新性和现实意义，使研究具有使用价值和科学价值。现实工作或实践中总会遇到应当解决但尚未解决的问题，这就要求我们在平时学习中不能只满足于课堂所学，而应积极深入实践，发现问题，选出适合自己的题目。

3. 从前人研究中发现需要进行补充或纠正的选题

学术问题总在不断修正中，或扩大应用领域，或在与其他知识结合中发展。因此，选题时，同样可以采用这种补充或纠正前说的思路进行研究，而且同样具有学术价值。

无论怎样选题，都必须考虑毕业论文的时间要求和容量要求，以及自身的学术水平和研究条件，不可脱离实际，不可选择方向好但无法完成的论题。

(二) 资料收集、筛选整理及编写提纲

1. 资料收集

搜集材料是研究的开始，占有材料要"多多益善"，没有资料就无从分析问题。值得一提的是，如果平时没有资料的积累，临毕业学校还要安排实习，撰写论文的时间会非常紧迫，给资料收集带来一定困难。因此，资料的收集应该从早，不一定等到开始撰写论文时才去搜集。资料可以通过直接调查获取，也

可以通过查阅获取。

直接调查是获取资料的重要途径，它可以获取大量的第一手材料。第一手资料反映的是现实实际情况，对认识选题的现实意义有很大帮助。

通过查阅可以获取多方面的有用信息，比如，获取研究对象的研究现状、获取二手基础资料、学习研究方法、学习论文撰写方法。

2. 整理筛选

有观点认为论文写作应该先拟写提纲，再根据提纲收集材料。这种方法对于没有论文写作经验的应届毕业生来说是有难度的。初次撰写论文，对选题缺少前提研究，收集资料的目的性较差，对究竟需要哪些资料心中无数，所以收集来的资料往往很杂乱，这就需要有整理、筛选的工作。初次写作者不妨根据选题多收集相关资料，然后将资料分类并分析以形成自己的观点，提出独到的见解并拟写分类标题，为资料的取舍及在论文中的位置做准备。

3. 编写提纲

在对资料进行初步分析的基础上，编写提纲，整理思路，便于及时请指导教师进行指导，从而保证论文写作的顺利进行。

编写提纲的步骤如下。

(1)先拟标题。力求做到简单、具体、醒目，揭示论点或论题。

(2)用主题句列出全文的基本论点，以明确论文中心，统领全文。

(3)合理安排论文各部分的逻辑顺序，用标题或主题句的形式列出，设计出论文的结构和框架。一般常用的有并列式、递进式或因果式，它们往往是被综合运用的。

(4)将论文中的各部分逐层展开，扩展深化，设置项目，并结合收集到的材料，进一步构思层次，形成近似论文概要的详细提纲。

(5)将每个层次分成若干段落，写出每个段落的论点句子，并依次整理出需要参考的资料，如卡片、笔记等，标上序号，排列备用。

(6)检查整个论文提纲，进行必要的修改，如增加、删除、调整等。

五、毕业论文的基本规范

此处介绍的规范依据国家科技论文标准（GB 7713—1987，GB 7714—1987），主要适用于三种体例中的论文类（含调研报告、策划方案类），其他体例可参照执行。

（一）题目

（1）论文题目是文章总体内容的体现，应简洁、明确、有概括性，同时考虑到对选定关键词和编制题录、索引等的帮助。

（2）题目字数不宜超过 20 字，避免使用不常见的缩略词、字符、代号、公式等，必要时可加副标题。

（二）内容摘要及关键词

（1）内容摘要是论文内容的简要陈述，应尽量反映论文的主要信息，内容包括研究目的、方法、成果和结论，不含图表，不加注释，一般为 300 字左右。

（2）关键词是反映论文主题内容的名词，是供检索使用的。从论文标题或正文中挑选最能表达主要内容的词为关键词，关键词一般为 3~8 个。

（3）"关键词"三字加粗，首行缩进"2 字符"。具体关键词之间空一格。

（三）目录

（1）目录主要由序号、名称和页码组成，要层次清晰，与正文标题一致。

（2）目录按两级标题编写，包括引言或绪论、正文主体、结论、主要参考文献及附录等。其中下一级题目比上一级题目往后空两格。

（四）正文

正文一般包括引言（绪论）、论文主体和结论三个部分。正文第一页页码为"1"，依次排序，直至附录页。

1. 引言（绪论）

引言或称绪论，综合评述前人工作，说明论文工作选题的目的和意义、研究设想与方法、选题依据或综述国内外文献以及论文所要研究的内容。本部分内容应言简意赅，不要与摘要雷同，不要成为摘要的注释。

2. 论文主体

（1）论文主体是论文的核心部分，内容必须客观真实、准确完备、层次分明、语言流畅、文字简练，重点突出、结构严谨，符合学科、专业的有关要求。

(2)正文中若含有公式、表格和图表，则公式、表格和图表既可统一编号(如：表8，表示正文中使用的第8张表格)，也可以逐章单独编序(如：表2-5，表示第2章中第5张表格)。表序和表名置于表格上方中间位置，图序和图名置于图下方中间位置。表格内数字须居中对齐或上下并左对齐。

3. 结论

(1)结论是整个论文的总结，是论文的精华，要写得扼要明确，精练完整，准确适当，不可模棱两可。如果无法导出应有的结论，也可以没有结论而采用结束语进行必要的讨论，提出建议、研究设想、改进意见、尚待解决的问题等。

(2)"结论"两个字前不需要加章节序号。

(五)注释

注释是对引用文字、数据、事例来源的说明。注释可以按内容的顺序进行标注。以在正文中出现的先后次序编号，编号以方括号括起，在正文中放在引文右上角作为上标，如[1]。

(六)参考文献

(1)为了反映论文的科学依据和作者尊重他人研究成果的严肃态度，同时向读者提供有关信息的出处，正文之后应列出作者直接阅读过或在正文中被引用过的文献资料。

(2)参考文献要另起一页，一律放在结论后。

(3)所列参考文献按照论文参考或引证的先后顺序排列，序号与正文中引用的地方标号一致。

(4)几种主要参考文献著录的格式为：

①论文：[序号]主要责任者. 题名[文献类型标识/文献载体标识]. 刊名. 年，卷号(期号)：起—止页码。

②著作：[序号]主要责任者. 书名[文献类型标识/文献载体标识]. 出版地：出版社，出版年：起—止页码。

③网页：[序号]主要责任者. 文章名[文献类型标识/文献载体标识]. (发表日期)[引用日期]. 网址。

(5)如果一行写不下，第二行文字要位于序号的后边，与第一行文字对齐。

(七)附录

(1)对于一些不宜放在正文中，但有参考价值的内容，可编入附录中，如调查问卷、原始数据、设计图表、软硬件环境、照片、冗长的公式推导、设计图纸、编写的算法、语言程序等。附录是对设计(论文)的补充，但不是必需的。

(2)附录另页置参考文献后。若有多个附录应编号。

(八)写毕业论文时需注意的问题

(1)正确处理好借鉴和创新的关系。创新对不同的研究者有不同的要求，毕业论文只要求学生能就某一问题、某一方面有所发现或有所突破即可。可以在借鉴他人成果的基础上进行研究，归纳出一定道理，不一定必须有重大创新。所以，毕业论文的写作更多的是借鉴和继承。

(2)正确处理好研究和撰写的关系。研究是写作的前提和基础，没有认真的研究就很难形成科学的成果，没有科学的成果就难以写出论文。而仅有成果不会表达，也形不成论文。所以，毕业论文的写作既要重视研究工作，还得掌握论文的结构、语言等，以便把研究成果科学地表述出来。

(3)还要处理好与指导教师的关系。作者要自己动脑、动手，广泛收集材料，认真调查研究，合理安排结构，处理好观点和材料的关系，严密论证、科学表达，不一味依赖指导教师，而是在教师指导下独立完成写作。

六、毕业论文答辩

毕业论文答辩是毕业论文审查的最后一个环节，是为了进一步考查作者的科研能力、学识水平、知识的深度和广度。毕业论文成绩由论文成绩和答辩成绩组成。

论文答辩委员会(小组)一般由 3~5 名中级职称以上教师、专家组成。答辩中涉及的问题基本属于论题范围，必要时可以外延，所列问题多是毕业论文的重要问题或薄弱环节，如该论文所阐述的问题，所属学术范围，文章中不清楚、不详细、不完善、不恰当之处。一般不对整个学科的全面知识进行考试和考查。

(一)答辩的准备工作

论文答辩时,答辩委员会成员会对论文涉及的有关内容进行提问。作者应熟记论文及相关内容,并把准备好的内容写成较具体的提纲以备答辩时使用,答辩时做到表达流畅。答辩可能涉及的问题包括:为什么选择这个课题(或题目),研究、写作它有什么学术价值或现实意义;说明这个课题的历史和现状,即前人做过哪些研究,取得了哪些成果,有哪些问题没有解决,自己有什么新的看法,提出并解决了哪些问题;文章的基本观点和立论的基本依据;学术界和社会上对某些问题的具体争论,自己的倾向性观点;重要引文的具体出处;本应涉及或解决但因力不从心而未接触的问题;因认为与本文中心内容关系不大而未写进去的新见解;本文提出的见解的可行性;定稿交出后,自己重读审查后发现的缺陷等。

(二)答辩的程序

答辩的具体程序如下:

(1)系毕业(学位)评定机构负责人宣布答辩委员会(小组)成员名单。

(2)答辩委员会主席(答辩小组组长)主持答辩,宣布答辩有关事宜及答辩次序。

(3)论文作者报告论文主要内容。一般不超过20分钟。

(4)答辩小组提问,一般允许准备10~20分钟,再行回答。

(5)学生回答。

(6)成绩评定。论文答辩完毕,答辩委员会(小组)对答辩情况进行讨论,给出表决结果和论文评语,并予以宣布。

(三)答辩时需注意的事项

在进行答辩时,需注意以下事项。

(1)携带论文及相关资料,以备查找,还要带上笔和本,随时记录问题和评议意见。

(2)答辩时声音洪亮清晰,坦然镇定。回答时充满自信、语气肯定,重点突出,简洁明了。

（3）对老师提出的疑问要慎重回答，对有把握的问题要回答或辩解、申明理由；对拿不准的问题，可不进行辩解，实事求是地作出回答。

（4）注意礼仪要求，态度要谦恭，给老师留个好印象。

意象与诗人心境之变化

—— 以刘禹锡诗歌的植物意象为例

叶志强

三明学院 2016 级汉语言文学（师范）专业　福建三明　365004

摘要：意象是诗歌的生命，而在诗词众多意象当中，植物意象是较常见的意象之一。唐朝是诗歌的盛世，盛唐虽然是唐诗的巅峰时期，但中唐时期才是使用植物意象最频繁的时期。诗豪刘禹锡作为中唐的诗词大家，在其诗歌创作的过程中，大量地运用了植物意象。这些植物意象整体上可以分为草本类（如"草""芦荻"）、木本类（如"柳"）、花类（如"桃花""牡丹"）。在同一类型的植物意象当中，有些植物在诗人的笔下却显示出两种截然不同的心境，在不同类型的植物意象，又与诗人的心境产生了两种关系：相融关系或互斥关系。而产生这两种关系的原因是植物类型与诗人气质的相通，以及诗人心境的变化和植物意象的鲜活性，而诗人的心境的变化又与诗人所处的社会环境和自然环境息息相关。

关键词：植物意象；刘禹锡；心境变化

一、植物意象综述

（一）意象与植物意象的联系

意象是诗歌的生命，是古诗千年不变的话题。对于"意象"的认识，《周一·系辞》已经阐述了"立象以尽意"[1]的原理，东汉王允亦提出了"立意于象""示义取名"[2]的解释。关于意象的概念，各诗歌专家、文学理论研究者都有不同的见解，但终究大同小异。所谓意象，就是物象增加作者主观情思的一种艺术形象，即"诗人的主观之意与客观物象的融合，直接为诗人的情志所左右"[3]。

（下文略）

（二）中唐时期的诗词创作环境

（略）

二、植物意象的隐喻与诗人心境的联系

（略）

（一）花类植物意象与诗人心境的关系

（略）

（二）木本类植物意象与诗人心境的关系

（略）

（三）草本类植物意象与诗人心境的关系

（略）

三、植物意象与心境产生斥融关系的原因

（略）

（一）植物的类型与诗人气质的相通

（略）

（二）受"安史之乱"的后遗症影响

（略）

（三）生态自然环境的影响

（略）

（四）植物意象的鲜活性与心境的相通

（略）

结论

通过诗豪刘禹锡的创作再回归到中唐诗人的创作，可以发现植物意象与诗人心境有较大的关联：在同一类型的植物意象当中（如"牡丹"），有时在诗人的笔下却显示出两种截然不同的心境，而在不同类型的植物意象当中，同一诗人的心境也会产生变化，与意象产生两种关系：相融关系或互斥关系。

产生这种融斥关系的根本原因是植物与诗人气质的相通，因为植物的自然属性（花的柔、树的刚、草的坚强）与人的气质（刚、柔）能够产生一种共鸣，使得植物意象在诗作当中更为常见。

此外，影响这种融斥关系的原因还包括诗人心境的变化以及植物意象的鲜活性。而在融斥关系中，心境是一种变量，其变化与诗人所处的社会环境和自然生态环境两大要素息息相关，这也就解释为什么植物的生长状态（枯、荣）与诗人创作时所处的心境（积极、消极）能够相通或互斥的问题。

文中对植物意象进行分类和剖析，旨在以点带面，挖掘意象与诗人心境变化的联系，而在未来，我们可对动物、天文等意象进行细分类型，剖析融斥关系，或许可以挖出更多心境的联系，这些仍有待后人研究。

参考文献

[1]姬昌. 周易[M]. 北京：中华书局，1980：82.

[2]王允. 论衡[M]. 北京：中华书局，1985：173.

[3]肖瑞峰. 刘禹锡诗论[M]. 杭州：浙江大学出版社，2013：122.180.

[4]蒋勋. 蒋勋说唐诗[M]. 北京：中信出版社，2012：2.

[5]刘莹，王荣国. 论刘禹锡诗歌的独特意象[J]. 语文学刊，2006(S2)：44-45.

[6]戴松成，宋瑞祥. 牡丹诗词三百首[M]. 开封：河南大学出版社. 2008：22.

[7]谭阳刚. 诗创作心理学[M]. 北京：中国社会科学出版社，2017：13，122.

[8]郁贤皓. 中国古代文学作品选. 第三卷[M]. 北京：高等教育出版社，2015：8，33，36，46，61，134，190，193.

[9]袁行霈. 中国文学史. 第 2 卷[M]. 北京：高等教育出版社，2017：247.

[10]程发义. 中国诗文鉴赏[M]. 北京：清华大学出版社，2017：57.

[11]赵峨，倪林. 唐宋律诗选讲[M]. 北京：中国少年儿童出版社，1982：99-103.

[12]试论中唐政治革新对刘禹锡诗歌创作的影响(上)[J]. 陕西教育学院学报，1999(1)：29-32.

[13]郭玉成. 唐诗三百首[M]. 长春：吉林文史出版社，2002：45，58-60.

[14]肖瑞峰. 论刘禹锡诗中的佛教烙印[J]. 贵州文史丛刊，1986(3)：125-130.

[15]李林晓. 刘禹锡朗州时期创作心态及其诗歌特色[J]. 海南热带海洋学院学报，2019(6)：85-90.

资料来源：三明学院学生毕业论文(叶志强. 意象与诗人心境之变化——以刘禹锡诗歌的植物意象为例[D]. 三明：三明学院，2020.)。

第四节　专利申请文书

一、专利申请文书的含义

专利申请文书是指在专利申请和专利审批程序中，根据专利法的规定，必须提交的各种文书。

二、专利申请文书的作用与种类

(一)专利申请文书的作用

专利申请文书的作用主要是通过申请以确认并保护自身的发明或实用新型、外观设计的特权。它标志着受理专利法律程序的启动，是专利机构审查、印刷、公布并征询意见的依据。

具体地说，不同的专利申请文书，作用不同。

专利请求书的作用：一是申请人表达请求专利局授予专利权的愿望；二是启动专利局对专利申请的审批程序。

专利说明书的作用：一是向公众公开其发明创造，请求对发明创造给予专利保护；二是对权利要求书所确定的保护范围提供支持；三是作为技术情报资料，承载最新的科技成果。说明书摘要的作用是供专利局发布公告及读者检索。

权利要求书的作用：一是限定请求保护的范围或者专利权的范围；二是用技术特征的总和概括发明或实用新型的技术实质；三是反映发明或实用新型与现有技术之间的联系与区别。

(二)专利申请文书的种类

任何一种发明创造要取得专利权，必须依照专利法的规定，向专利局提交书面申请文书。这些文书分为以下两类。

1. 必备文书

必备文书是专利申请必须具备的文书。《中华人民共和国专利法》规定：

"申请发明或实用新型专利的，应当提交请求书、说明书及其摘要和权利要求书等文件。""申请外观设计专利的，应当提交请求书、该外观设计的图片或者照片以及对该外观设计的简要说明等文件。"

2. 附加文书

申请时需提交的附加文书，依具体情况不同而异。例如，委托专利代理人代办专利申请事务，应提交代理人委托书；要求优先权，应提交要求优先权声明；请求减缓费用的，应提交费用减缓请求书等。

三、专利申请文书的格式与写作要求

(一)专利申请文书的格式

1. 专利请求书

发明专利请求书、实用新型专利请求书、外观设计专利请求书的格式和内容要素基本相似，均为表格式，由国家专利局统一制定。表格的内容要素主要有以下几点：

(1)专利名称。专利名称应明确表示发明创造的具体内容，要用词准确，不能用符号及公式，以不超过 15 个字为宜。

(2)发明人姓名和地址。发明人必须是个人，即自然人、单位和团体不能充当发明人。要填写真实姓名。如果有两个以上发明人，在发明人栏中只能填一人姓名，其余人名填入"上述以外的发明人"一栏。但这并不表示发明人的主次或贡献大小。

(3)申请人基本情况。申请人可以是个人，也可以是单位。如申请人是多人或多单位的(要写单位全称)，则需指定一个共同申请人，其余填入"上述以外的申请人"一栏中。"申请人"与"发明人"不是同一人时，必须提交"权利转让登记请求书"，并附转让合同副本一份。

(4)代理人、代表人。代理人必须是经专利局考核批准，正式承认，并在某一专利代理机构中工作的专业工作者。代理机构指定的代理人不得超过两人。当申请人是单位，又不请代理人时，申请人方应指定一名代表人，作为专利事务的联系人填入表内"代表姓名"一栏。

(5)申请文件清单。申请文件清单包括请求书、说明书、权利要求书、说明书附图、说明书摘要五项。

（6）附加文件清单。附加文件清单包括代理人委托书、要求优先权声明书、优先权证明材料、要求提前公开声明，以及实质审查请求书、不丧失新颖性的证明材料。

（7）申请人或代理人签章。请求书应由申请人或代理人亲笔签字或盖章，单位申请又不请代理人的，须盖公章。除电传外，不论签字或盖章均不得使用复印件。

2. 专利说明书

我国《专利法》对专利说明书写作有以下两点要求：

第一，说明书应当对发明或者实用新型作出清楚、完整的说明，使所属领域的技术人员不需要创造性的劳动就能够再现其技术方案，解决其技术问题，并产生预期的技术效果。必要时当附图。

第二，认真把握说明书的主要内容。其内容包括以下六点：

（1）发明或实用新型名称应简明、准确地表明请求保护的主题。名称应与请求书中的名称一致，不得含有非技术性词语，不得使用商标、型号、人名、地名或商品名称，不得超过 25 个字。

（2）技术领域。写明要求保护的技术方案所属的技术领域和本方案直接应用的技术领域，并一般按技术系统分专业、行业表示。

（3）背景技术。写明与保护的技术发明或实用新型密切相关的技术背景，包括历史背景和现状背景。

（4）发明内容。写明发明或实用新型所要解决的技术问题以及解决技术问题采用的技术方案，并对照现在技术写明发明或实用新型的特点、目的和有益的效果。

（5）附图说明。说明书有附图的，对各附图作简略说明。

（6）具体实施方式。详细写明申请人为实现发明或实用新型的优选方式（必要时举例说明，有附图的对照附图）。

写说明书，一般应按照以上顺序进行，并在每一部分前写明小标题。要用词规范，不得有商业性宣传用语。

3. 说明书摘要

说明书摘要是说明书内容的简要概括和浓缩。摘要的内容要素为：发明或实用新型的名称和所属的技术领域、所要解决的技术问题、解决该问题的技术方案要点以及主要用途，尤其是写明实用新型主要的形状构造特征。摘要全文不超过 200 字，可以包含最能说明技术特征的化学式或附图。

4. 权利要求书

权利要求书一般由标题、发明或实用新型的技术特征、请求保护的范围三个部分组成。

(1)标题。发明或实用新型的名称后缀"权利要求书"即可。

(2)发明或实用新型的技术特征。由于权利要求书是独立的文件，与说明书是分开的，因此在开头部分要摘要说明发明或实用新型的技术特征、作用，这是请求权利保护范围的基础。

(3)请求保护的范围。本部分是文件的主体，由独立权利要求和从属权利要求两部分组成。

独立权利要求分为前序部分和特征部分两项。前序部分用来说明该发明或实用新型所属技术领域，以及与现有技术中该项发明或实用新型的主题密切相关的技术特征。特征部分用来说明该发明或实用新型的实质性技术特征，这是权利要求的核心内容。

从属权利要求要说明下列两项：一是说明被引用的前面权利要求的编号，如"根据权利要求1和权利要求2"；二是要说明发明或实用新型附加的技术特征。这是独立权利要求的补充，以及对引用部分的技术特征作进一步限定。

权利要求必须以说明书为依据，不能超出说明书阐述的内容和范围。一项权利要求用一句话来表达，以强调其意思的单一性、独立性和不可分割性。其中使用的技术术语应与说明书中一致。

(二)专利申请文书的写作要求

专利申请文书在写作时要注意以下问题。

(1)专利申请文件必须按专利局统一印制的规格，申请文件一式两份(正副本各一份)，允许使用复印件，但申请人或代理人签章不得复印。

(2)说明书、说明书摘要、权利要求书必须打印或铅印，其他表格可以用笔填写。打印或铅印的文件应字迹清晰，版心应严格按左侧和上部各留25毫米空白，右侧和底部各留15毫米空白的要求。手写的文件，必须使用不褪色的黑色墨水，最好用仿宋体，字迹清楚，不能涂改。

(3)全部表格都必须用中文填写，不能用外文和少数民族文字。外国人名、地名若无统一译文时，应注明原文。表格中的"□"供填表人在填写选择项目时选择，若有方格后所述的情况，应在方格内标上"√"。

(4)在撰写专利申请文件之前，应调查申请的内容所属技术领域已有的情况，以便据此判断是否有必要申请专利，并明确自己申请专利请求保护的范围。

（5）一份专利申请只限申报一项发明，密切结合的属于一个总构思的两项以上的发明可作一件申请提出。若干项发明构成的总的发明，若不具备重复性时，可分作若干件申请提出。若申请中已经包括制造这一产品的方法时，可将权利要求书各项分开，提出分案申请。分案申请可看作原申请文件的副本。

（6）申请文件中的计量单位应使用我国法定的计量单位，必要时可附非法定单位。术语应符合通用的术语，申请书、说明书、权利要求书所用术语应当前后一致。

专利申请文书是技术、经济、法律等要素有机结合的具有法律效力的文件。起草这种文件必须具备专业技术知识、专利知识及其他有关知识，在写作前一定要对有关知识有所了解，或请专利代理人代拟。

（三）专利申请文书的适用范围

专利申请的范围也就是专利申请文书的适用范围。根据我国专利法规定，专利申请有以下范围。

（1）只能是发明、实用新型和外观设计三种发明创造。发明，是指对产品、方法或者其改进所提出的新的技术方案；实用新型，是指对机器、设备、装置、用具等的构造、结构组合所提出的适于实用的新的技术方案；外观设计，是指对产品的整体或局部形状、图案或者其结合以及色彩与形状、图案的结合所作出的富有美感并适于工业应用的新设计。

（2）发明创造的成果必须具有新颖性、创造性和实用性。新颖性是指在申请专利前没有同样的发明在国内外公开发表过、公开使用过或者以其他方式为公众所知，也无同样的发明由他人向专利局提出过申请；创造性是指和申请前已有的技术相比，该发明有突出的实质性特点和显著进步，即逐步发展的技术进步中有一个质的飞跃；实用性是指该发明能够用工业方法予以重复生产、重复再现。

（3）发明不得违反国家法律、社会公德或者妨害公众利益。

（4）发明必须是专利法保护的对象，下列各项不属于专利法中技术领域的规定，不能申请专利：科学发现，智力活动的规则和方法，人或动物疾病的诊断治疗方法，动植物新品种，用原子核变方法获得的物质，对平面印刷品的图案、色彩或者二者的结合作出的主要起标识作用的设计。

(5)本国的自然人或者法人均可申请并获得专利权，外国自然人或法人也可依据《专利法》的要求申请专利。

 范 例

试电笔专利说明书

所属技术领域：本实用新型涉及一种指示电压存在的试电装置，尤其是能识别安全和危险电压的试电笔。

背景技术：目前，众所周知的试电笔是由测试触头、限流电阻、氖管、金属弹簧和手触电极串联而成。将测试触头和被测物接触，人手接触手触电极，当被测物相对大地具有较高电压时，氖管启辉，表示被测物带电。但是，很多电器的金属外壳不带有对人体有危险的触电电压，仅表示分布电容和/或正常的电阻感应产生电势，使氖管启辉。一般试电笔不能区分有危险的触电电压和无危险的感应电势，给检测漏电造成困难，容易造成错误判断。

发明内容：现有的试电笔不能区分有危险的触电电压和无危险的感应电势。本实用新型提供一种试电笔，该试电笔不仅能测出被测物是否带电，而且能方便区分是危险的触电电压还是无危险的感应电势。

本实用新型解决其技术问题所采用的技术方案是：在绝缘外壳中，测试触头、限流电阻、氖管和手触电极电连接。设置一个分流电阻支路，使测试触头与一个分流电阻一端电连接，分流电阻另一端与一个人体可接触的识别的电极电连接。当人手同时接触识别电极和手触电极时，使分流电阻并联在测试触头、限流电阻、氖管、手触电极上。电路测试时，人手只和手触电极接触，氖管启辉，表示被测物带电。当人手同时接触手触电极和识别电极时，若被测物带有无危险高电势时，由于内阻很大，从而大大降低了被测物的带电电位，则氖管不启辉，若被测物带有危险触电电压，因其内阻小，接入分流电阻几乎不降低被测物带电电位，则氖管保持启辉，达到能够区别安危电压的目的。

本实用新型的有益效果是：可以在测试被测物是否带电的同时方便区分安危电压，分流支路中仅采用电阻元件，结构简单。

说明书附图：（略）。

资料来源：https://yyxz.cust.edu.cn/xyyywxz/kjxz/4dd6a0091dcb489893615726a8cc44c7.htm。

范 例

试电笔专利说明书摘要

一种能够识别安全和危险电压的试电笔。它是在绝缘外壳中，测试触头、限流电阻、氖管、手触电极顺序电连接，并加有一分流电阻支路，使分流电阻一端与测试触头电连接，另一端与识别电极连接。人体仅与手触电极接触，测试被测物是否带电；人体同时与手触电极、识别电极接触，测试被测物是否带有危险电压。

资料来源：https://yyxz.cust.edu.cn/xyyywxz/kjxz/4dd6a0091dcb489893615726a8cc44c7.htm。

范 例

试电笔专利权利要求书

本实用新型涉及一种指示电压存在的试电装置，尤其是能识别安全和危险电压的试电笔，要求专利权保护。

1. 一种试电笔，在绝缘外壳中，测试触头、限流电阻、氖管、手触电极顺序电连接。其特征是：测试触头与一个分流电阻一端电连接，分流电阻另一端与一个人体可接触的识别电极电连接。

2. 根据权利要求 1 所述的试电笔，其特征是：分流电阻与限流电阻是一个一体的同心电阻，同心电阻中间圆柱部分为限流电阻，其外部圆管部分为分流电阻，圆柱部分高于圆管部分；识别电极为环状弹性金属片，其边缘向中心伸出的接触爪卡住圆管状分流电阻外表面，其外边缘伸出并附于绝缘外壳外表面。

3. 根据权利要求 1 所述的试电笔，其特征是分流电阻与限流电阻平行设置，其间为绝缘隔离层。

在技术方面，该试电笔能区分被测物是带有危险的触电电压和无危险的感应电动势，且结构简单，是一个很好的创意。利用分流电阻释放被测物的感应电动势，使氖管得不到足够高的电压，从而不能启辉，原则上可以应用。在设计中还要考虑以下几点：

分流电阻要经过试验，测量最高危险电压时要保证人身的安全；感应电动势达到什么值时对人体会有危害；电笔结构设计上可再简化，可以用普通电阻替代同心电阻，但在最终材料选择和绝缘隔离方面一定要慎重。

资料来源：https://yyxz.cust.edu.cn/xyyywxz/kjxz/4dd6a0091dcb489893615726a8cc44c7.htm。

本章涉及学术论文、毕业论文、专利申请文书的概念、特点、结构及写作等一般理论，目的在于反映出科技文书写作的一般规律。教学学生应侧重学习论文结构、毕业论文材料的搜集及写作，为学习者能够顺利完成毕业论文打下良好的基础，并为今后学术研究做好准备。

1. 查阅并列出你所学专业的期刊种类。

2. 你最喜欢哪种专业期刊？该期刊你最喜欢什么栏目？将该期刊近半年的资料，分类编成资料卡或小文集，并写出阅读心得。

3. 查阅资料，思考以下问题。

(1)你所学专业目前科研中有哪些前沿性问题？

(2)你所学专业目前科研中有哪些亟待解决的问题？

(3)你所学专业目前科研中已成立的学说有哪些需要补充或纠正的问题？

4. 毕业论文包括哪些结构要素？各部分的写法要求是什么？

5. 选择本专业感兴趣的研究方向，通过限制题目外延的方法，设计适合自己的论题(至少四个)。

例如，《WTO 与中国》→《加入 WTO 后对我国企业的影响》→《加入 WTO 后对我国工业企业的影响》→《加入 WTO 后对我国汽车工业的影响》

6. 根据本学年所学专业知识，草拟论文题目，并据此收集材料，拟写一份学科小论文。

附录一　党政机关公文处理工作条例

（中办发〔2012〕14 号）

（2012 年 4 月 16 日由中共中央办公厅和国务院办公厅联合印发）

第一章　总　则

第一条　为了适应中国共产党机关和国家行政机关（以下简称党政机关）工作需要，推进党政机关公文处理工作科学化、制度化、规范化，制定本条例。

第二条　本条例适用于各级党政机关公文处理工作。

第三条　党政机关公文是党政机关实施领导、履行职能、处理公务的具有特定效力和规范体式的文书，是传达贯彻党和国家的方针政策，公布法规和规章，指导、布置和商洽工作，请示和答复问题，报告、通报和交流情况等的重要工具。

第四条　公文处理工作是指公文拟制、办理、管理等一系列相互关联、衔接有序的工作。

第五条　公文处理工作应当坚持实事求是、准确规范、精简高效、安全保密的原则。

第六条　各级党政机关应当高度重视公文处理工作，加强组织领导，强化队伍建设，设立文秘部门或者由专人负责公文处理工作。

第七条　各级党政机关办公厅（室）主管本机关的公文处理工作，并对下级机关的公文处理工作进行业务指导和督促检查。

第二章　公 文 种 类

第八条　公文种类主要有：

（一）决议。适用于会议讨论通过的重大决策事项。

（二）决定。适用于对重要事项作出决策和部署、奖惩有关单位和人员、变更或者撤销下级机关不适当的决定事项。

（三）命令（令）。适用于公布行政法规和规章、宣布施行重大强制性措施、批准授予和晋升衔级、嘉奖有关单位和人员。

（四）公报。适用于公布重要决定或者重大事项。

（五）公告。适用于向国内外宣布重要事项或者法定事项。

（六）通告。适用于在一定范围内公布应当遵守或者周知的事项。

（七）意见。适用于对重要问题提出见解和处理办法。

（八）通知。适用于发布、传达要求下级机关执行和有关单位周知或者执行的事项，批转、转发公文。

（九）通报。适用于表彰先进、批评错误、传达重要精神和告知重要情况。

（十）报告。适用于向上级机关汇报工作、反映情况，回复上级机关的询问。

（十一）请示。适用于向上级机关请求指示、批准。

（十二）批复。适用于答复下级机关请示事项。

（十三）议案。适用于各级人民政府按照法律程序向同级人民代表大会或者人民代表大会常务委员会提请审议事项。

（十四）函。适用于不相隶属机关之间商洽工作、询问和答复问题、请求批准和答复审批事项。

（十五）纪要。适用于记载会议主要情况和议定事项。

第三章　公　文　格　式

第九条　公文一般由份号、密级和保密期限、紧急程度、发文机关标志、发文字号、签发人、标题、主送机关、正文、附件说明、发文机关署名、成文日期、印章、附注、附件、抄送机关、印发机关和印发日期、页码等组成。

（一）份号。公文印制份数的顺序号。涉密公文应当标注份号。

（二）密级和保密期限。公文的秘密等级和保密的期限。涉密公文应当根据涉密程度分别标注"绝密""机密""秘密"和保密期限。

（三）紧急程度。公文送达和办理的时限要求。根据紧急程度，紧急公文应当分别标注"特急""加急"，电报应当分别标注"特提""特急""加急""平急"。

（四）发文机关标志。由发文机关全称或者规范化简称加"文件"二字组成，也可以使用发文机关全称或者规范化简称。联合行文时，发文机关标志可以并用联合发文机关名称，也可以单独用主办机关名称。

（五）发文字号。由发文机关代字、年份、发文顺序号组成。联合行文时，使用主办机关的发文字号。

（六）签发人。上行文应当标注签发人姓名。

（七）标题。由发文机关名称、事由和文种组成。

（八）主送机关。公文的主要受理机关，应当使用机关全称、规范化简称或者同类型机关统称。

（九）正文。公文的主体，用来表述公文的内容。

（十）附件说明。公文附件的顺序号和名称。

（十一）发文机关署名。署发文机关全称或者规范化简称。

（十二）成文日期。署会议通过或者发文机关负责人签发的日期。联合行文时，署最后签发机关负责人签发的日期。

（十三）印章。公文中有发文机关署名的，应当加盖发文机关印章，并与署名机关相符。有特定发文机关标志的普发性公文和电报可以不加盖印章。

（十四）附注。公文印发传达范围等需要说明的事项。

（十五）附件。公文正文的说明、补充或者参考资料。

（十六）抄送机关。除主送机关外需要执行或者知晓公文内容的其他机关，应当使用机关全称、规范化简称或者同类型机关统称。

（十七）印发机关和印发日期。公文的送印机关和送印日期。

（十八）页码。公文页数顺序号。

第十条　公文的版式按照《党政机关公文格式》国家标准执行。

第十一条　公文使用的汉字、数字、外文字符、计量单位和标点符号等，按照有关国家标准和规定执行。民族自治地方的公文，可以并用汉字和当地通用的少数民族文字。

第十二条　公文用纸幅面采用国际标准 A4 型。特殊形式的公文用纸幅面，根据实际需要确定。

第四章　行　文　规　则

第十三条　行文应当确有必要，讲求实效，注重针对性和可操作性。

第十四条　行文关系根据隶属关系和职权范围确定。一般不得越级行文，特殊情况需要越级行文的，应当同时抄送被越过的机关。

第十五条　向上级机关行文，应当遵循以下规则：

（一）原则上主送一个上级机关，根据需要同时抄送相关上级机关和同级机关，不抄送下级机关。

（二）党委、政府的部门向上级主管部门请示、报告重大事项，应当经本级党委、政府同意或者授权；属于部门职权范围内的事项应当直接报送上级主管部门。

（三）下级机关的请示事项，如需以本机关名义向上级机关请示，应当提出倾向性意见后上报，不得原文转报上级机关。

（四）请示应当一文一事。不得在报告等非请示性公文中夹带请示事项。

（五）除上级机关负责人直接交办事项外，不得以本机关名义向上级机关负责人报送公文，不得以本机关负责人名义向上级机关报送公文。

（六）受双重领导的机关向一个上级机关行文，必要时抄送另一个上级机关。

第十六条 向下级机关行文，应当遵循以下规则：

（一）主送受理机关，根据需要抄送相关机关。重要行文应当同时抄送发文机关的直接上级机关。

（二）党委、政府的办公厅（室）根据本级党委、政府授权，可以向下级党委、政府行文，其他部门和单位不得向下级党委、政府发布指令性公文或者在公文中向下级党委、政府提出指令性要求。需经政府审批的具体事项，经政府同意后可以由政府职能部门行文，文中须注明已经政府同意。

（三）党委、政府的部门在各自职权范围内可以向下级党委、政府的相关部门行文。

（四）涉及多个部门职权范围内的事务，部门之间未协商一致的，不得向下行文；擅自行文的，上级机关应当责令其纠正或者撤销。

（五）上级机关向受双重领导的下级机关行文，必要时抄送该下级机关的另一个上级机关。

第十七条 同级党政机关、党政机关与其他同级机关必要时可以联合行文。属于党委、政府各自职权范围内的工作，不得联合行文。

党委、政府的部门依据职权可以相互行文。

部门内设机构除办公厅（室）外不得对外正式行文。

第五章 公 文 拟 制

第十八条 公文拟制包括公文的起草、审核、签发等程序。

第十九条 公文起草应当做到:

(一)符合党的理论路线方针政策和国家法律法规,完整准确体现发文机关意图,并同现行有关公文相衔接。

(二)一切从实际出发,分析问题实事求是,所提政策措施和办法切实可行。

(三)内容简洁,主题突出,观点鲜明,结构严谨,表述准确,文字精练。

(四)文种正确,格式规范。

(五)深入调查研究,充分进行论证,广泛听取意见。

(六)公文涉及其他地区或者部门职权范围内的事项,起草单位必须征求相关地区或者部门意见,力求达成一致。

(七)机关负责人应当主持、指导重要公文起草工作。

第二十条 公文文稿签发前,应当由发文机关办公厅(室)进行审核。审核的重点是:

(一)行文理由是否充分,行文依据是否准确。

(二)内容是否符合党的理论路线方针政策和国家法律法规;是否完整准确体现发文机关意图;是否同现行有关公文相衔接;所提政策措施和办法是否切实可行。

(三)涉及有关地区或者部门职权范围内的事项是否经过充分协商并达成一致意见。

(四)文种是否正确,格式是否规范;人名、地名、时间、数字、段落顺序、引文等是否准确;文字、数字、计量单位和标点符号等用法是否规范。

(五)其他内容是否符合公文起草的有关要求。

需要发文机关审议的重要公文文稿,审议前由发文机关办公厅(室)进行初核。

第二十一条 经审核不宜发文的公文文稿,应当退回起草单位并说明理由;符合发文条件但内容需作进一步研究和修改的,由起草单位修改后重新报送。

第二十二条 公文应当经本机关负责人审批签发。重要公文和上行文由机关主要负责人签发。党委、政府的办公厅(室)根据党委、政府授权制发的公文,由受权机关主要负责人签发或者按照有关规定签发。签发人签发公文,应当签署意见、姓名和完整日期;圈阅或者签名的,视为同意。联合发文由所有联署机关的负责人会签。

第六章　公文办理

第二十三条　公文办理包括收文办理、发文办理和整理归档。

第二十四条　收文办理主要程序是：

（一）签收。对收到的公文应当逐件清点，核对无误后签字或者盖章，并注明签收时间。

（二）登记。对公文的主要信息和办理情况应当详细记载。

（三）初审。对收到的公文应当进行初审。初审的重点是：是否应当由本机关办理，是否符合行文规则，文种、格式是否符合要求，涉及其他地区或者部门职权范围内的事项是否已经协商、会签，是否符合公文起草的其他要求。经初审不符合规定的公文，应当及时退回来文单位并说明理由。

（四）承办。阅知性公文应当根据公文内容、要求和工作需要确定范围后分送。批办性公文应当提出拟办意见报本机关负责人批示或者转有关部门办理；需要两个以上部门办理的，应当明确主办部门。紧急公文应当明确办理时限。承办部门对交办的公文应当及时办理，有明确办理时限要求的应当在规定时限内办理完毕。

（五）传阅。根据领导批示和工作需要将公文及时送传阅对象阅知或者批示。办理公文传阅应当随时掌握公文去向，不得漏传、误传、延误。

（六）催办。及时了解掌握公文的办理进展情况，督促承办部门按期办结。紧急公文或者重要公文应当由专人负责催办。

（七）答复。公文的办理结果应当及时答复来文单位，并根据需要告知相关单位。

第二十五条　发文办理主要程序是：

（一）复核。已经发文机关负责人签批的公文，印发前应当对公文的审批手续、内容、文种、格式等进行复核；需作实质性修改的，应当报原签批人复审。

（二）登记。对复核后的公文，应当确定发文字号、分送范围和印制份数并详细记载。

（三）印制。公文印制必须确保质量和时效。涉密公文应当在符合保密要求的场所印制。

(四)核发。公文印制完毕，应当对公文的文字、格式和印刷质量进行检查后分发。

第二十六条 涉密公文应当通过机要交通、邮政机要通信、城市机要文件交换站或者收发件机关机要收发人员进行传递，通过密码电报或者符合国家保密规定的计算机信息系统进行传输。

第二十七条 需要归档的公文及有关材料，应当根据有关档案法律法规以及机关档案管理规定，及时收集齐全、整理归档。两个以上机关联合办理的公文，原件由主办机关归档，相关机关保存复制件。机关负责人兼任其他机关职务的，在履行所兼职务过程中形成的公文，由其兼职机关归档。

第七章 公 文 管 理

第二十八条 各级党政机关应当建立健全本机关公文管理制度，确保管理严格规范，充分发挥公文效用。

第二十九条 党政机关公文由文秘部门或者专人统一管理。设立党委(党组)的县级以上单位应当建立机要保密室和机要阅文室，并按照有关保密规定配备工作人员和必要的安全保密设施设备。

第三十条 公文确定密级前，应当按照拟定的密级先行采取保密措施。确定密级后，应当按照所定密级严格管理。绝密级公文应当由专人管理。

公文的密级需要变更或者解除的，由原确定密级的机关或者其上级机关决定。

第三十一条 公文的印发传达范围应当按照发文机关的要求执行；需要变更的，应当经发文机关批准。

涉密公文公开发布前应当履行解密程序。公开发布的时间、形式和渠道，由发文机关确定。

经批准公开发布的公文，同发文机关正式印发的公文具有同等效力。

第三十二条 复制、汇编机密级、秘密级公文，应当符合有关规定并经本机关负责人批准。绝密级公文一般不得复制、汇编，确有工作需要的，应当经发文机关或者其上级机关批准。复制、汇编的公文视同原件管理。

复制件应当加盖复制机关戳记。翻印件应当注明翻印的机关名称、日期。汇编本的密级按照编入公文的最高密级标注。

第三十三条 公文的撤销和废止，由发文机关、上级机关或者权力机关根据职权范围和有关法律法规决定。公文被撤销的，视为自始无效；公文被废止的，视为自废止之日起失效。

第三十四条 涉密公文应当按照发文机关的要求和有关规定进行清退或者销毁。

第三十五条 不具备归档和保存价值的公文，经批准后可以销毁。销毁涉密公文必须严格按照有关规定履行审批登记手续，确保不丢失、不漏销。个人不得私自销毁、留存涉密公文。

第三十六条 机关合并时，全部公文应当随之合并管理；机关撤销时，需要归档的公文经整理后按照有关规定移交档案管理部门。

工作人员离岗离职时，所在机关应当督促其将暂存、借用的公文按照有关规定移交、清退。

第三十七条 新设立的机关应当向本级党委、政府的办公厅（室）提出发文立户申请。经审查符合条件的，列为发文单位，机关合并或者撤销时，相应进行调整。

第八章 附　则

第三十八条 党政机关公文含电子公文。电子公文处理工作的具体办法另行制定。

第三十九条 法规、规章方面的公文，依照有关规定处理。外事方面的公文，依照外事主管部门的有关规定处理。

第四十条 其他机关和单位的公文处理工作，可以参照本条例执行。

第四十一条 本条例由中共中央办公厅、国务院办公厅负责解释。

第四十二条 本条例自 2012 年 7 月 1 日起施行。1996 年 5 月 3 日中共中央办公厅发布的《中国共产党机关公文处理条例》和 2000 年 8 月 24 日国务院发布的《国家行政机关公文处理办法》停止执行。

附录二　党政机关公文格式

（GB/T 9704—2012）

1　范围

本标准规定了党政机关公文通用的纸张要求、排版和印制装订要求、公文格式各要素的编排规则，并给出了公文的式样。

本标准适用于各级党政机关制发的公文。其他机关和单位的公文可以参照执行。

使用少数民族文字印制的公文，其用纸、幅面尺寸及版面、印制等要求按照本标准执行，其余可以参照本标准并按照有关规定执行。

2　规范性引用文件

下列文件对于本标准的应用是必不可少的。凡是注日期的引用文件，仅所注日期的版本适用于本标准。凡是不注日期的引用文件，其最新版本（包括所有的修改单）适用于本标准。

GB/T 148　印刷、书写和绘图纸幅面尺寸

GB 3100　国际单位制及其应用

GB 3101　有关量、单位和符号的一般原则

GB 3102（所有部分）　量和单位

GB/T 15834　标点符号用法

GB/T 15835　出版物上数字用法

3　术语和定义

下列术语和定义适用于本标准。

3.1　字　word

标示公文中横向距离的长度单位。在本标准中，一字指一个汉字宽度的

距离。

3.2　行　line

标示公文中纵向距离的长度单位。在本标准中，一行指一个汉字的高度加 3 号汉字高度的 7/8 的距离。

4　公文用纸主要技术指标

公文用纸一般使用纸张定量为 $60g/m^2$ ~ $80g/m^2$ 的胶版印刷纸或复印纸。纸张白度 80% ~ 90%，横向耐折度 ≥15 次，不透明度 ≥85%，pH 值为 7.5 ~ 9.5。

5　公文用纸幅面尺寸及版面要求

5.1　幅面尺寸

公文用纸采用 GB/T 148 中规定的 A4 型纸，其成品幅面尺寸为：210mm ×297mm。

5.2　版面

5.2.1　页边与版心尺寸

公文用纸天头(上白边)为 37mm±1mm，公文用纸订口(左白边)为 28mm± 1mm，版心尺寸为 156mm×225mm。

5.2.2　字体和字号

如无特殊说明，公文格式各要素一般用 3 号仿宋体字。特定情况可以作适当调整。

5.2.3　行数和字数

一般每面排 22 行，每行排 28 个字，并撑满版心。特定情况可以作适当调整。

5.2.4　文字的颜色

如无特殊说明，公文中文字的颜色均为黑色。

6　印制装订要求

6.1　制版要求

版面干净无底灰，字迹清楚无断划，尺寸标准，版心不斜，误差不超过 1mm。

6.2　印刷要求

双面印刷；页码套正，两面误差不超过 2mm。黑色油墨应当达到色谱所标 BL100%，红色油墨应当达到色谱所标 Y80%、M80%。印品着墨实、均匀；字面不花、不白、无断划。

6.3 装订要求

公文应当左侧装订，不掉页，两页页码之间误差不超过 4mm，裁切后的成品尺寸允许误差±2mm，四角成 90°，无毛茬或缺损。

骑马订或平订的公文应当：

a）订位为两钉外订眼距版面上下边缘各 70mm 处，允许误差±4mm；

b）无坏钉、漏钉、重钉，钉脚平伏牢固；

c）骑马订钉锯均订在折缝线上，平订钉锯与书脊间的距离为 3~5mm。

包本装订公文的封皮(封面、书脊、封底)与书芯应吻合、包紧、包平、不脱落。

7 公文格式各要素编排规则

7.1 公文格式各要素的划分

本标准将版心内的公文格式各要素划分为版头、主体、版记三部分。公文首页红色分隔线以上的部分称为版头；公文首页红色分隔线(不含)以下、公文末页首条分隔线(不含)以上的部分称为主体；公文末页首条分隔线以下、末条分隔线以上的部分称为版记。

页码位于版心外。

7.2 版头

7.2.1 份号

如需标注份号，一般用 6 位 3 号阿拉伯数字，顶格编排在版心左上角第一行。

7.2.2 密级和保密期限

如需标注密级和保密期限，一般用 3 号黑体字，顶格编排在版心左上角第二行；保密期限中的数字用阿拉伯数字标注。

7.2.3 紧急程度

如需标注紧急程度，一般用 3 号黑体字，顶格编排在版心左上角；如需同时标注份号、密级和保密期限、紧急程度，按照份号、密级和保密期限、紧急程度的顺序自上而下分行排列。

7.2.4　发文机关标志

由发文机关全称或者规范化简称加"文件"二字组成，也可以使用发文机关全称或者规范化简称。

发文机关标志居中排布，上边缘至版心上边缘为35mm，推荐使用小标宋体字，颜色为红色，以醒目、美观、庄重为原则。

联合行文时，如需同时标注联署发文机关名称，一般应当将主办机关名称排列在前；如有"文件"二字，应当置于发文机关名称右侧，以联署发文机关名称为准上下居中排布。

7.2.5　发文字号

编排在发文机关标志下空二行位置，居中排布。年份、发文顺序号用阿拉伯数字标注；年份应标全称，用六角括号"〔　〕"括入；发文顺序号不加"第"字，不编虚位（即1不编为01），在阿拉伯数字后加"号"字。

上行文的发文字号居左空一字编排，与最后一个签发人姓名处在同一行。

7.2.6　签发人

由"签发人"三字加全角冒号和签发人姓名组成，居右空一字，编排在发文机关标志下空二行位置。"签发人"三字用3号仿宋体字，签发人姓名用3号楷体字。

如有多个签发人，签发人姓名按照发文机关的排列顺序从左到右、自上而下依次均匀编排，一般每行排两个姓名，回行时与上一行第一个签发人姓名对齐。

7.2.7　版头中的分隔线

发文字号之下4mm处居中印一条与版心等宽的红色分隔线。

7.3　主体

7.3.1　标题

一般用2号小标宋体字，编排于红色分隔线下空二行位置，分一行或多行居中排布；回行时，要做到词意完整，排列对称，长短适宜，间距恰当，标题排列应当使用梯形或菱形。

7.3.2　主送机关

编排于标题下空一行位置，居左顶格，回行时仍顶格，最后一个机关名称后标全角冒号。如主送机关名称过多导致公文首页不能显示正文时，应当将主送机关名称移至版记，标注方法见7.4.2。

7.3.3 正文

公文首页必须显示正文。一般用 3 号仿宋体字，编排于主送机关名称下一行，每个自然段左空二字，回行顶格。文中结构层次序数依次可以用"一、""（一）""1.""（1）"标注；一般第一层用黑体字、第二层用楷体字、第三层和第四层用仿宋体字标注。

7.3.4 附件说明

如有附件，在正文下空一行左空二字编排"附件"二字，后标全角冒号和附件名称。如有多个附件，使用阿拉伯数字标注附件顺序号（如"附件：1.×××××"）；附件名称后不加标点符号。附件名称较长需回行时，应当与上一行附件名称的首字对齐。

7.3.5 发文机关署名、成文日期和印章

7.3.5.1 加盖印章的公文

成文日期一般右空四字编排，印章用红色，不得出现空白印章。

单一机关行文时，一般在成文日期之上、以成文日期为准居中编排发文机关署名，印章端正、居中下压发文机关署名和成文日期，使发文机关署名和成文日期居印章中心偏下位置，印章顶端应当上距正文（或附件说明）一行之内。

联合行文时，一般将各发文机关署名按照发文机关顺序整齐排列在相应位置，并将印章一一对应、端正、居中下压发文机关署名，最后一个印章端正、居中下压发文机关署名和成文日期，印章之间排列整齐、互不相交或相切，每排印章两端不得超出版心，首排印章顶端应当上距正文（或附件说明）一行之内。

7.3.5.2 不加盖印章的公文

单一机关行文时，在正文（或附件说明）下空一行右空二字编排发文机关署名，在发文机关署名下一行编排成文日期，首字比发文机关署名首字右移二字，如成文日期长于发文机关署名，应当使成文日期右空二字编排，并相应增加发文机关署名右空字数。

联合行文时，应当先编排主办机关署名，其余发文机关署名依次向下编排。

7.3.5.3 加盖签发人签名章的公文

单一机关制发的公文加盖签发人签名章时，在正文（或附件说明）下空二行

右空四字加盖签发人签名章，签名章左空二字标注签发人职务，以签名章为准上下居中排布。在签发人签名章下空一行右空四字编排成文日期。

联合行文时，应当先编排主办机关签发人职务、签名章，其余机关签发人职务、签名章依次向下编排，与主办机关签发人职务、签名章上下对齐；每行只编排一个机关的签发人职务、签名章；签发人职务应当标注全称。

签名章一般用红色。

7.3.5.4　成文日期中的数字

用阿拉伯数字将年、月、日标全，年份应标全称，月、日不编虚位（即 1 不编为 01）。

7.3.5.5　特殊情况说明

当公文排版后所剩空白处不能容下印章或签发人签名章、成文日期时，可以采取调整行距、字距的措施解决。

7.3.6　附注

如有附注，居左空二字加圆括号编排在成文日期下一行。

7.3.7　附件

附件应当另面编排，并在版记之前，与公文正文一起装订。"附件"二字及附件顺序号用 3 号黑体字顶格编排在版心左上角第一行。附件标题居中编排在版心第三行。附件顺序号和附件标题应当与附件说明的表述一致。附件格式要求同正文。

如附件与正文不能一起装订，应当在附件左上角第一行顶格编排公文的发文字号并在其后标注"附件"二字及附件顺序号。

7.4　版记

7.4.1　版记中的分隔线

版记中的分隔线与版心等宽，首条分隔线和末条分隔线用粗线（推荐高度为 0.35mm），中间的分隔线用细线（推荐高度为 0.25mm）。首条分隔线位于版记中第一个要素之上，末条分隔线与公文最后一面的版心下边缘重合。

7.4.2　抄送机关

如有抄送机关，一般用 4 号仿宋体字，在印发机关和印发日期之上一行、左右各空一字编排。"抄送"二字后加全角冒号和抄送机关名称，回行时与冒号后的首字对齐，最后一个抄送机关名称后标句号。

如需把主送机关移至版记，除将"抄送"二字改为"主送"外，编排方法同抄送机关。既有主送机关又有抄送机关时，应当将主送机关置于抄送机关之上一行，之间不加分隔线。

7.4.3 印发机关和印发日期

印发机关和印发日期一般用 4 号仿宋体字，编排在末条分隔线之上，印发机关左空一字，印发日期右空一字，用阿拉伯数字将年、月、日标全，年份应标全称，月、日不编虚位（即 1 不编为 01），后加"印发"二字。

版记中如有其他要素，应当将其与印发机关和印发日期用一条细分隔线隔开。

7.5 页码

一般用 4 号半角宋体阿拉伯数字，编排在公文版心下边缘之下，数字左右各放一条一字线；一字线上距版心下边缘 7mm。单页码居右空一字，双页码居左空一字。公文的版记页前有空白页的，空白页和版记页均不编排页码。公文的附件与正文一起装订时，页码应当连续编排。

8 公文中的横排表格

A4 纸型的表格横排时，页码位置与公文其他页码保持一致，单页码表头在订口一边，双页码表头在切口一边。

9 公文中计量单位、标点符号和数字的用法

公文中计量单位的用法应当符合 GB 3100、GB 3101 和 GB 3102（所有部分），标点符号的用法应当符合 GB/T 15834，数字用法应当符合 GB/T 15835。

10 公文的特定格式

10.1 信函格式

发文机关标志使用发文机关全称或者规范化简称，居中排布，上边缘至上页边为 30mm，推荐使用红色小标宋体字。联合行文时，使用主办机关标志。

发文机关标志下 4mm 处印一条红色双线（上粗下细），距下页边 20mm 处印一条红色双线（上细下粗），线长均为 170mm，居中排布。

如需标注份号、密级和保密期限、紧急程度，应当顶格居版心左边缘编排

在第一条红色双线下，按照份号、密级和保密期限、紧急程度的顺序自上而下分行排列，第一个要素与该线的距离为 3 号汉字高度的 7/8。

发文字号顶格居版心右边缘编排在第一条红色双线下，与该线的距离为 3 号汉字高度的 7/8。

标题居中编排，与其上最后一个要素相距二行。

第二条红色双线上一行如有文字，与该线的距离为 3 号汉字高度的 7/8。

首页不显示页码。

版记不加印发机关和印发日期、分隔线，位于公文最后一面版心内最下方。

10.2　命令(令)格式

发文机关标志由发文机关全称加"命令"或"令"字组成，居中排布，上边缘至版心上边缘为 20mm，推荐使用红色小标宋体字。

发文机关标志下空二行居中编排令号，令号下空二行编排正文。

签发人职务、签名章和成文日期的编排见 7.3.5.3。

10.3　纪要格式

纪要标志由"×××××纪要"组成，居中排布，上边缘至版心上边缘为 35mm，推荐使用红色小标宋体字。

标注出席人员名单，一般用 3 号黑体字，在正文或附件说明下空一行左空二字编排"出席"二字，后标全角冒号，冒号后用 3 号仿宋体字标注出席人单位、姓名，回行时与冒号后的首字对齐。

标注请假和列席人员名单，除依次另起一行并将"出席"二字改为"请假"或"列席"外，编排方法同出席人员名单。

纪要格式可以根据实际制定。

11　式样

A4 型公文用纸页边及版心尺寸见图 1；公文首页版式见图 2；联合行文公文首页版式 1 见图 3；联合行文公文首页版式 2 见图 4；公文末页版式 1 见图 5；公文末页版式 2 见图 6；联合行文公文末页版式 1 见图 7；联合行文公文末页版式 2 见图 8；附件说明页版式见图 9；带附件公文末页版式见图 10；信函格式首页版式见图 11；命令(令)格式首页版式见图 12。

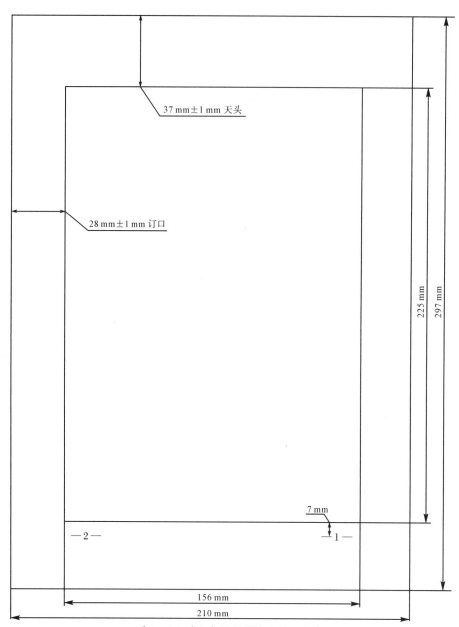

37 mm±1 mm 天头

28 mm±1 mm 订口

225 mm

297 mm

7 mm

—2—

—1—

156 mm

210 mm

图1　A4型公文用纸页边及版心尺寸

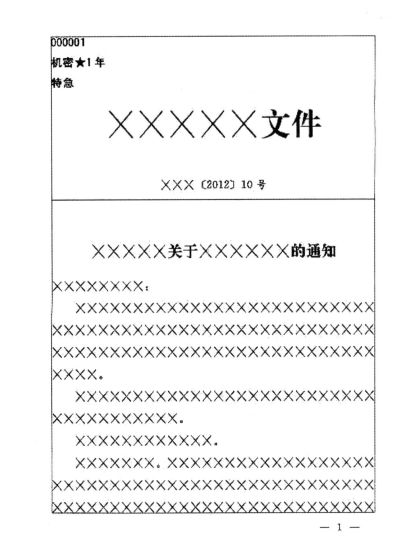

图 2 公文首页版式

注：版心实线框仅为示意，在印制公文时并不印出。

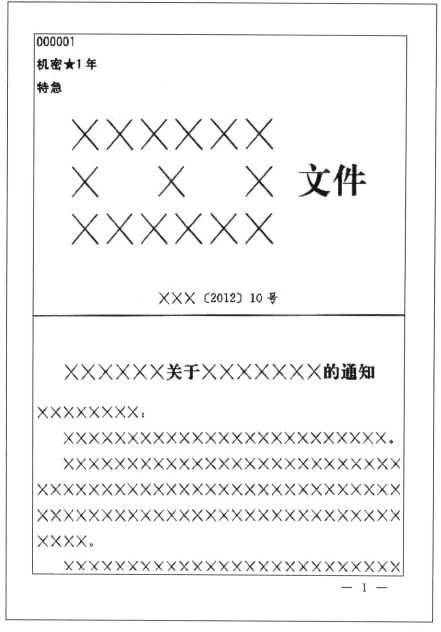

图3 联合行文公文首页版式1

注：版心实线框仅为示意，在印制公文时并不印出。

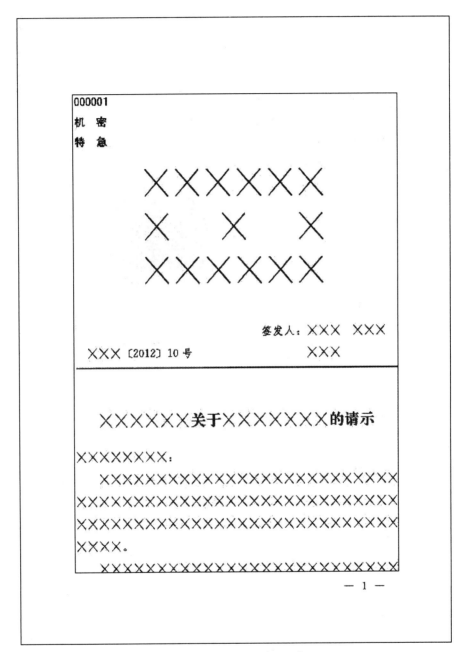

图4 联合行文公文首页版式2

注：版心实线框仅为示意，在印制公文时并不印出。

图5　公文末页版式1

注：版心实线框仅为示意，在印制公文时并不印出。

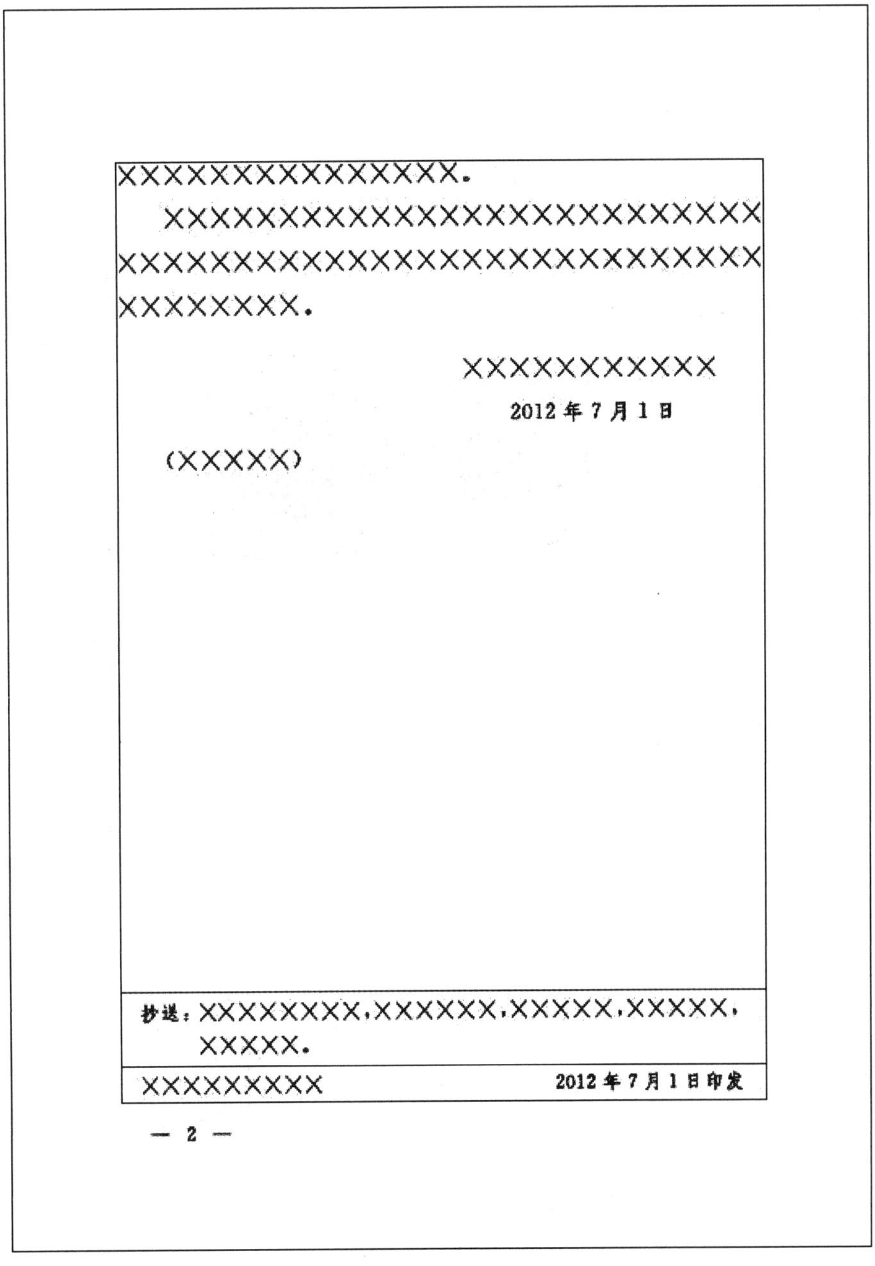

XXXXXXXXXXXXXXX。
XXXXXXXXXXXXXXXXXXXXXXXXXX
XXXXXXXXXXXXXXXXXXXXXXXXXXXX
XXXXXXXX。
XXXXXXXXXXX
2012年7月1日
(XXXXX)
抄送：XXXXXXXX，XXXXXX，XXXXX，XXXXX，
XXXXX。
XXXXXXXXX
2012年7月1日印发
— 2 —

图6　公文末页版式2

注：版心实线框仅为示意，在印制公文时并不印出。

图7 联合行文公文末页版式1

注：版心实线框仅为示意，在印制公文时并不印出。

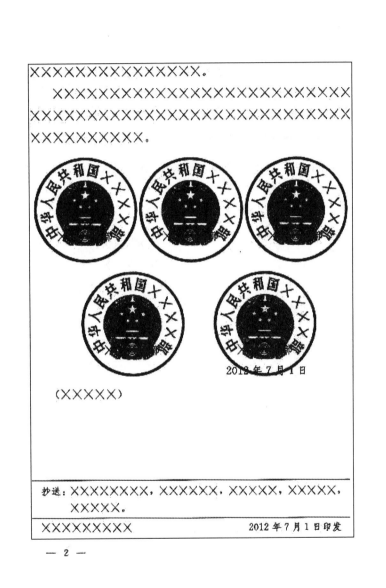

图 8　联合行文公文末页版式 2

注：版心实线框仅为示意，在印制公文时并不印出。

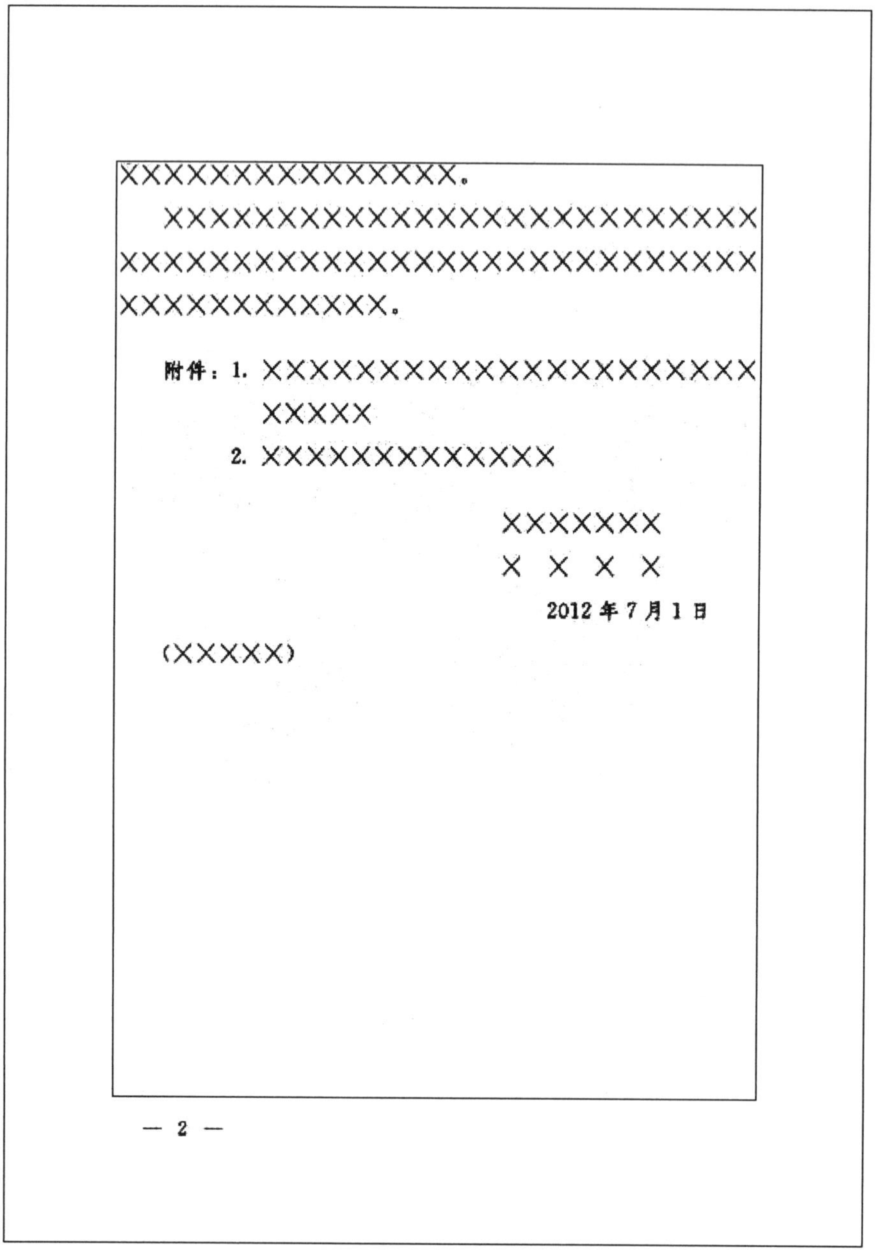

XXXXXXXXXXXXXX。
　　XXXXXXXXXXXXXXXXXXXX
XXXXXXXXXXXXXXXXXXXXXX
XXXXXXXXXXX。
　　附件：1. XXXXXXXXXXXXXXXXX
　　　　　　XXXXX
　　　　　2. XXXXXXXXXXXXX

　　　　　　　　　　　XXXXXXX
　　　　　　　　　　　X　X　X　X
　　　　　　　　　　　2012 年 7 月 1 日
　　（XXXXX）

— 2 —

图 9　附件说明页版式

注：版心实线框仅为示意，在印制公文时并不印出。

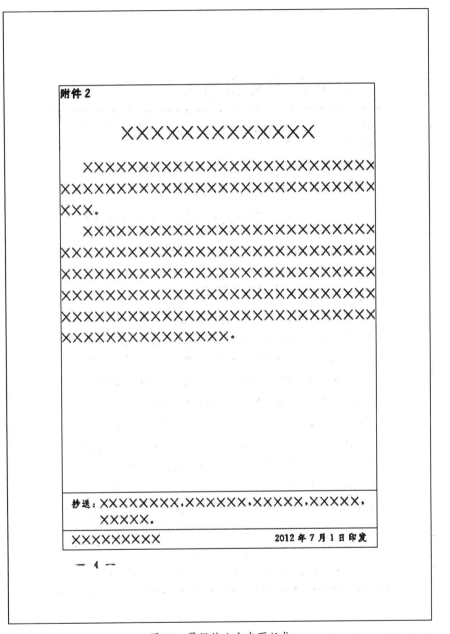

图 10 带附件公文末页版式

注：版心实线框仅为示意，在印制公文时并不印出。

中华人民共和国×××××部

000001 ×××〔2012〕10 号

机 密

特 急

×××××关于×××××××的通知

×××××××：

　　××××××××××××××××××××
×××××××××××××××××××××××
×××××××××××××××××××××××
××××××××××××××××××××。
　　××××××××××××××××××××
×××××××××××××××××××××××
×××××××××××××××××××××××
××××××××××××××××××。
　　××××××××××××××××××××
×××××××××××××××××××××××
×××××××××××××××××××××××
×××××××××××××××××××××××
×××××××××××××××××××××××
××××××××××××××××××××。

图 11　信函格式首页版式

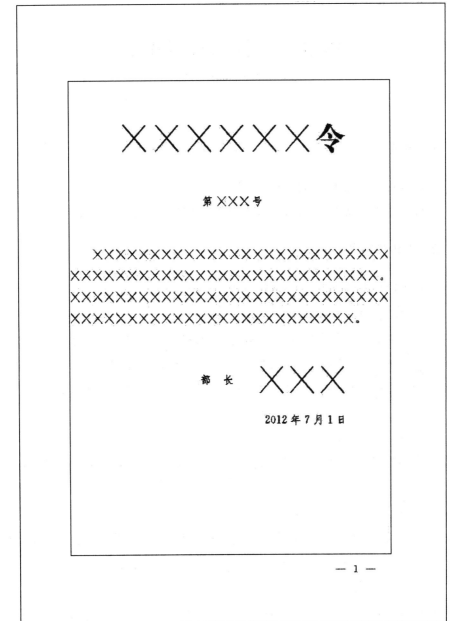

图 12 命令(令)格式首页版式

注：版心实线框仅为示意，在印制公文时并不印出。

附录三　标点符号用法

（GB/T 15834-2011）

1　范围

本标准规定了现代汉语标点符号的用法。

本标准适用于汉语的书面语（包括汉语和外语混合排版时的汉语部分）。

2　术语和定义

下列术语和定义适用于本文件。

2.1　标点符号 punctuation

辅助文字记录语言的符号，是书面语的有机组成部分，用来表示语句的停顿、语气以及标示某些成分（主要是词语）的特定性质和作用。

注：数学符号、货币符号、校勘符号、辞书符号、注音符号等特殊领域的专门符号不属于标点符号。

2.2　句子 sentence

前后都有较大停顿、带有一定的语气和语调、表达相对完整意义的语言单位。

2.3　复句 complex sentence

由两个或多个在意义上有密切关系的分句组成的语言单位，包括简单复句（内部只有一层语义关系）和多重复句（内部包含多层语义关系）。

2.4　分句 clause

复句内两个或多个前后有停顿、表达相对完整意义、不带有句末语气和语调、有的前面可添加关联词语的语言单位。

2.5　语段 expression

指语言片段，是对各种语言单位（如词、短语、句子、复句等）不做特别区分时的统称。

3 标点符号的种类

3.1 点号

点号的作用是点断，主要表示停顿和语气。分为句末点号和句内点号。

3.1.1 句末点号

用于句末的点号，表示句末停顿和句子的语气。包括句号、问号、叹号。

3.1.2 句内点号

用于句内的点号，表示句内各种不同性质的停顿。包括逗号、顿号、分号、冒号。

3.2 标号

标号的作用是标明，主要标示某些成分(主要是词语)的特定性质和作用。包括引号、括号、破折号、省略号、着重号、连接号、间隔号、书名号、专名号、分隔号。

4 标点符号的定义、形式和用法

4.1 句号

4.1.1 定义

句末点号的一种，主要表示句子的陈述语气。

4.1.2 形式

句号的形式是"。"。

4.1.3 基本用法

4.1.3.1 用于句子末尾，表示陈述语气。使用句号主要根据句段前后有较大停顿、带有陈述语气和语调，并不取决于句子的长短。

示例1：北京是中华人民共和国的首都。

示例2：(甲：咱们走着去吧?)乙：好。

4.1.3.2 有时也可以表示较缓和的祈使语气和感叹语气。

示例1：请你稍等一下。

示例2：我不由得感到，这些普通劳动者也同样是很值得尊敬的。

4.2 问号

4.2.1 定义

句末点号的一种，主要表示句子的疑问语气。

4.2.2 形式

问号的形式是"？"。

4.2.3 基本用法

4.2.3.1 用于句子末尾，表示疑问语气(包括反问、设问等疑问类型)。使用问号主要根据语段前后有较大停顿、带有疑问语气和语调，并不取决于句子的长短。

示例1：你怎么还不回家去呢？

示例2：难道这些普通的战士不值得歌颂吗？

示例3：(一个外国人，不远万里来到中国，帮助中国的抗日战争。)这是什么精神？这是国际主义的精神。

4.2.3.2 选择问句中，通常只在最后一个选项的末尾用问号，各个选项之间一般用逗号隔开。当选项较短且选项之间几乎没有停顿时，选项之间可不用逗号。当选项较多或较长，或有意突出每个选项的独立性时，也可每个选项之后都用问号。

示例1：诗中记述的这场战争究竟是真实的历史描述，还是诗人的虚构？

示例2：这是巧合还是有意安排？

示例3：要一个什么样的结尾：现实主义的？传统的？大团圆的？荒诞的？民族形式的？有象征意义的？

示例4：(他看着我的作品称赞了我。)但到底是称赞我什么：是有几处画得好？还是什么都敢画？抑或只是一种对于失败者的无可奈何的安慰？我不得而知。

示例5：这一切都是由客观的条件造成的？还是由行为的惯性造成的？

4.2.3.3 在多个问句连用或表达疑问语气加重时，可叠用问号。通常应先单用，再叠用，最多叠用三个问号。在没有异常强烈的情感表达需要时不宜叠用问号。

示例：这就是你的做法吗？你这个总经理是怎么当的？？你怎么竟敢这样欺骗消费者？？？

4.2.3.4 问号也有标号的用法，即用于句内，表示存疑或不详。

示例1：马致远(1250？-1321)，大都人，元代戏曲家、散曲家。

示例2：钟嵘(？-518)，颍川长社人，南朝梁代文学批评家。

示例3：出现这样的文字错误，说明作者(编者？校者？)很不认真。

4.3 叹号

4.3.1 定义

句末点号的一种，主要表示句子的感叹语气。

4.3.2 形式

叹号的形式是"！"。

4.3.3 基本用法

4.3.3.1 用于句子末尾，主要表示感叹语气，有时也可表示强烈的祈使语气、反问语气等。使用叹号主要根据语段前后有较大停顿、带有感叹语气和语调或带有强烈的祈使、反问语气和语调，并不取决于句子的长短。

示例1：才一年不见，这孩子都长这么高啦！

示例2：你给我住嘴！

示例3：谁知道他今天是怎么搞的！

4.3.3.2 用于拟声词后，表示声音短促或突然。

示例1：咔嚓！一道闪电划破了夜空。

示例2：咚！咚咚！突然传来一阵急促的敲门声。

4.3.3.3 表示声音巨大或声音不断加大时，可叠用叹号；表达强烈语气时，也可叠用叹号，最多叠用三个叹号。在没有异常强烈的情感表达需要时不宜叠用叹号。

示例1：轰！！在这天崩地塌的声音中，女娲猛然醒来。

示例2：我要揭露！我要控诉！！我要以死抗争！！！

4.3.3.4 当句子包含疑问、感叹两种语气且都比较强烈时（如带有强烈感情的反问句和带有惊愕语气的疑问句），可在问号后再加叹号（问号、叹号各一）。

示例1：这么点困难就能把我们吓倒吗？！

示例2：他连这些最起码的常识都不懂，还敢说自己是高科技人才？！

4.4 逗号

4.4.1 定义

句内点号的一种，表示句子或语段内部的一般性停顿。

4.4.2 形式

逗号的形式是"，"。

4.4.3 基本用法

4.4.3.1 复句内各分句之间的停顿，除了有时用分号(见4.6.3.1)，一般都用逗号。

示例1：不是人们的意识决定人们的存在，而是人们的社会存在决定人们的意识。

示例2：学历史使人更明智，学文学使人更聪慧，学数学使人更精细，学考古使人更深沉。

示例3：要是不相信我们的理论能反映现实，要是不相信我们的世界有内在和谐，那就不可能有科学。

4.4.3.2 用于下列各种语法位置：

a)较长的主语之后。

示例1：苏州园林建筑各种门窗的精美设计和雕镂功夫，都令人叹为观止。

b)句首的状语之后。

示例2：在苍茫的大海上，狂风卷集着乌云。

c)较长的宾语之前。

示例3：有的考古工作者认为，南方古猿生存于上新世至更新世的初期和中期。

d)带句内语气词的主语(或其他成分)之后，或带句内语气词的并列成分之间。

示例4：他呢，倒是很乐观地、全神贯注地干起来了。

示例5：(那是个没有月亮的夜晚。)可是整个村子——白房顶啦，白树木啦，雪堆啦，全看得见。

e)较长的主语中间、谓语中间和宾语中间。

示例6：母亲沉痛的诉说，以及亲眼看到的实事，都启发了我幼年时期追求真理的思想。

示例7：那姑娘头戴一顶草帽，身穿一条绿色的裙子，腰间还系着一根橙色的腰带。

示例8：必须懂得，对于文化传统，既不能不分青红皂白统统抛弃，也不能不管精华糟粕全盘继承。

f)前置的谓语之后或后置的状语、定语之前。

示例9：真美啊，这条蜿蜒的林间小路。

示例10：她吃力地站了起来，慢慢地。

示例 11：我只是一个人，孤孤单单的。

4.4.3.3 用于下列各种停顿处：

a. 复指成分或插说成分前后。

示例 1：老张，就是原来的办公室主任，上星期已经调走了。

示例 2：车，不用说，当然是头等。

b. 语气缓和的感叹语、称谓语和呼唤语之后。

示例 3：哎哟，这儿，快给我揉揉。

示例 4：大娘，您到哪儿去啊？

示例 5：喂，你是哪个单位的？

c. 某些序次语（"第"字头、"其"字头及"首先"类序次语）之后。

示例 6：为什么许多人都有长不大的感觉呢？原因有三：第一，父母总认为自己比孩子成熟；第二，父母总要以自己的标准来衡量孩子；第三，父母出于爱心而总不想让孩子在成长的过程中走弯路。

示例 7：《玄秘塔碑》所以成为书法的范本，不外乎以下几方面的因素：其一，具有楷书点画、构体的典范性；其二，承上启下，成为唐楷的极致；其三，字如其人，爱人及字，柳公权高尚的书品、人品为后人所崇仰。

示例 8：下面从三个方面讲讲语言的污染问题：首先，是特殊语言环境中的语言污染问题；其次，是滥用缩略语引起的语言污染问题；再次，是空话和废话引起的语言污染问题。

4.5 顿号

4.5.1 定义

句内点号的一种，表示语段中并列词语之间或某些序次语之后的停顿。

4.5.2 形式

顿号的形式是"、"。

4.5.3 基本用法

4.5.3.1 用于并列词语之间。

示例 1：这里有自由、民主、平等、开放的风气和氛围。

示例 2：造型科学、技艺精湛、气韵生动，是盛唐石雕的特色。

4.5.3.2 用于需要停顿的重复词语之间。

示例：他几次三番、几次三番地辩解着。

4.5.3.3 用于某些序次语（不带括号的汉字数字或"天干地支"类序次语）

之后。

示例1：我准备讲两个问题：一、逻辑学是什么？二、怎样学好逻辑学？

示例2：风格的具体内容主要有以下四点：甲、题材；乙、用字；丙、表达；丁、色彩。

4.5.3.4　相邻或相近两数字连用表示概数通常不用顿号。若相邻两数字连用为缩略形式，宜用顿号。

示例1：飞机在6 000米高空水平飞行时，只能看到两侧八九公里和前方一二十公里范围内的地面。

示例2：这种凶猛的动物常常三五成群地外出觅食和活动。

示例3：农业是国民经济的基础，也是二、三产业的基础。

4.5.3.5　标有引号的并列成分之间、标有书名号的并列成分之间通常不用顿号。若有其他成分插在并列的引号之间或并列的书名号之间（如引语或书名号之后还有括注），宜用顿号。

示例1："日""月"构成"明"字。

示例2：店里挂着"顾客就是上帝""质量就是生命"等横幅。

示例3：《红楼梦》《三国演义》《西游记》《水浒传》，是我国长篇小说的四大名著。

示例4：李白的"白发三千丈"（《秋浦歌》）、"朝如青丝暮成雪"（《将进酒》）都是脍炙人口的诗句。

示例5：办公室里订有《人民日报》（海外版）、《光明日报》和《时代周刊》等报刊。

4.6　分号

4.6.1　定义

句内点号的一种，表示复句内部并列关系分句之间的停顿，以及非并列关系的多重复句中第一层分句之间的停顿。

4.6.2　形式

分号的形式是";"。

4.6.3　基本用法

4.6.3.1　表示复句内部并列关系的分句（尤其当分句内部还有逗号时）之间的停顿。

示例1：语言文字的学习，就理解方面说，是得到一种知识；就运用方面说，是养成一种习惯。

示例2：内容有分量，尽管文章短小，也是有分量的；内容没有分量，即使写得再长也没有用。

4.6.3.2 表示非并列关系的多重复句中第一层分句（主要是选择、转折等关系）之间的停顿。

示例1：人还没看见，已经先听见歌声了；或者人已经转过山头望不见了，歌声还余音袅袅。

示例2：尽管人民革命的力量在开始时总是弱小的，所以总是受压的；但是由于革命的力量代表历史发展的方向，因此本质上又是不可战胜的。

示例3：不管一个人如何伟大，也总是生活在一定的环境和条件下；因此，个人的见解总难免带有某种局限性。

示例4：昨天夜里下了一场雨，以为可以凉快些；谁知没有凉快下来，反而更热了。

4.6.3.3 用于分项列举的各项之间。

示例：特聘教授的岗位职责为：一、讲授本学科的主干基础课程；二、主持本学科的重大科研项目；三、领导本学科的学术队伍建设；四、带领本学科赶超或保持世界先进水平。

4.7 冒号

4.7.1 定义

句内点号的一种，表示语段中提示下文或总结上文的停顿。

4.7.2 形式

冒号的形式是":"。

4.7.3 基本用法

4.7.3.1 用于总说性或提示性词语（如"说""例如""证明"等）之后，表示提示下文。

示例1：北京紫禁城有四座城门，午门、神武门、东华门和西华门。

示例2：她高兴地说："咱们去好好庆祝一下吧！"

示例3：小王笑着点了点头："我就是这么想的。"

示例4：这一事实证明：人能创造环境，环境同样也能创造人。

4.7.3.2 表示总结上文。

示例：张华上了大学，李萍进了技校，我当了工人：我们都有美好的前途。

4.7.3.3　用在需要说明的词语之后,表示注释和说明。

示例 1:(本市将举办首届大型书市。)主办单位:市文化局;承办单位:市图书进出口公司;时间:8 月 15 日—20 日;地点:市体育馆观众休息厅。

示例 2:(做阅读理解题有两个办法。)办法之一:先读题干,再读原文,带着问题有针对性地读课文。办法之二:直接读原文,读完再做题,减少先入为主的干扰。

4.7.3.4　用于书信、讲话稿中称谓语或称呼语之后。

示例 1:广平先生:……

示例 2:同志们、朋友们:……

4.7.3.5　一个句子内部一般不应套用冒号。在列举式或条文式表述中,如不得不套用冒号时,宜另起段落来显示各个层次。

示例:第十条遗产按照下列顺序继承:

第一顺序,配偶、子女、父母。

第二顺序,兄弟姐妹、祖父母、外祖父母。

4.8　引号

4.8.1　定义

标号的一种,标示语段中直接引用的内容或需要特别指出的成分。

4.8.2　形式

引号的形式有双引号""和单引号''两种。左侧的为前引号,右侧的为后引号。

4.8.3　基本用法

4.8.3.1　标示语段中直接引用的内容。

示例:李白诗中就有"白发三千丈"这样极尽夸张的语句。

4.8.3.2　标示需要着重论述或强调的内容。

示例:这里所谓的"文",并不是指文字,而是指文采。

4.8.3.3　标示语段中具有特殊含义而需要特别指出的成分,如别称、简称、反语等

示例 1:电视被称作"第九艺术"。

示例 2:人类学上常把古人化石统称为尼安德特人,简称"尼人"。

示例 3:有几个"慈祥"的老板把捡来的菜叶用盐浸浸就算作工友的菜肴。

4.8.3.4 当引号中还需要使用引号时，外面一层用双引号，里面一层用单引号。

示例：他问："老师，'七月流火'是什么意思?"

4.8.3.5 独立成段的引文如果只有一段，段首和段尾都用引号；不止一段时，每段开头仅用前引号，只在最后一段末尾用后引号。

示例：我曾在报纸上看到有人这样谈幸福：

"幸福是知道自己喜欢什么和不喜欢什么。……

"幸福是知道自己擅长什么和不擅长什么。……

"幸福是在正确的时间做了正确的选择。……"

4.8.3.6 在书写带月、日的事件、节日或其他特定意义的短语(含简称)时，通常只标引其中的月和日；需要突出和强调该事件或节日本身时，也可连同事件或节日一起标引。

示例1："5·12"汶川大地震

示例2："五四"以来的话剧，是我国戏剧中的新形式。

示例3：纪念"五四运动"90周年

4.9 括号

4.9.1 定义

标号的一种，标示语段中的注释内容、补充说明或其他特定意义的语句。

4.9.2 形式

括号的主要形式是圆括号"( )"，其他形式还有方括号"[ ]"、六角括号"〔 〕"和方头括号"【 】"等。

4.9.3 基本用法

4.9.3.1 标示下列各种情况，均用圆括号：

a)标示注释内容或补充说明。

示例1：我校拥有特级教师(含已退休的)17人。

示例2：我们不但善于破坏一个旧世界，我们还将善于建设一个新世界!(热烈鼓掌)

b)标示订正或补加的文字。

示例3：信纸上用稚嫩的字体写着："阿夷(姨)，你好!"。

示例4：该建筑公司负责的建设工程全部达到优良工程(的标准)。

c)标示序次语。

示例5：语言有三个要素：(1)声音；(2)结构；(3)意义。

示例6：思想有三个条件：(一)事理；(二)心理；(三)伦理。

d)标示引语的出处。

示例7：他说得好："未画之前，不立一格；既画之后，不留一格。"(《板桥集·题画》)

e)标示汉语拼音注音。

示例8："的(de)"这个字在现代汉语中最常用。

4.9.3.2　标示作者国籍或所属朝代时，可用方括号或六角括号。

示例1：［英］赫胥黎《进化论与伦理学》

示例2：〔唐〕杜甫著

4.9.3.3　报刊标示电讯、报道的开头，可用方头括号。

示例：【新华社南京消息】

4.9.3.4　标示公文发文字号中的发文年份时，可用六角括号。

示例：国发〔2011〕3号文件

4.9.3.5　标示被注释的词语时，可用六角括号或方头括号。

示例1：〔奇观〕奇伟的景象。

示例2：【爱因斯坦】物理学家。生于德国，1933年因受纳粹政权迫害，移居美国。

4.9.3.6　除科技书刊中的数学、逻辑公式外，所有括号(特别是同一形式的括号)应尽量避免套用。必须套用括号时，宜采用不同的括号形式配合使用。

示例：〔茸(róng)毛〕很细很细的毛。

4.10　破折号

4.10.1　定义

标号的一种，标示语段中某些成分的注释、补充说明或语音、意义的变化。

4.10.2　形式

破折号的形式是"——"。

4.10.3　基本用法

4.10.3.1　标示注释内容或补充说明(也可用括号，见4.9.3.1)。

示例1：一个矮小而结实的日本中年人——内山老板走了过来。

示例2：我一直坚持读书，想借此唤起弟妹对生活的希望——无论环境多么困难。

4.10.3.2　标示插入语(也可用逗号，见4.4.3.3)。

示例：这简直就是——说得不客气点——无耻的勾当！

4.10.3.3　标示总结上文或提示下文(也可用冒号，见4.7.3.1、4.7.3.2)。

示例1：坚强，纯洁，严于律己，客观公正——这一切都难得地集中在一个人身上。

示例2：画家开始娓娓道来——

数年前的一个寒冬，……

4.10.3.4　标示话题的转换。

示例："好香的干菜，——听到风声了吗?"赵七爷低声说道。

4.10.3.5　标示声音的延长。

示例："嘎——"传过来一声水禽被惊动的鸣叫。

4.10.3.6　标示话语的中断或间隔。

示例1："班长他牺——"小马话没说完就大哭起来。

示例2："亲爱的妈妈，你不知道我多爱您。——还有你，我的孩子!"

4.10.3.7　标示引出对话。

示例：——你长大后想成为科学家吗?

　　　——当然想了!

4.10.3.8　标示事项列举分承。

示例：根据研究对象的不同，环境物理学分为以下五个分支学科：

——环境声学;

——环境光学;

——环境热学;

——环境电磁学;

——环境空气动力学。

4.10.3.9　用于副标题之前。

示例：飞向太平洋

　　　——我国新型号运载火箭发射目击记

4.10.3.10　用于引文、注文后，标示作者、出处或注释者。

示例1：先天下之忧而忧，后天下之乐而乐。

　　　　　　　　　　　　　　　——范仲淹

示例2：乐浪海中有倭人，分为百余国。

——《汉书》

示例3：很多人写好信后把信笺折成方胜形，我看大可不必。（方胜，指古代妇女戴的方形首饰，用彩绸等制作，由两个斜方部分叠合而成。——编者注）

4.11　省略号

4.11.1　定义

标号的一种，标示语段中某些内容的省略及意义的断续等。

4.11.2　形式

省略号的形式是"……"。

4.11.3　基本用法

4.11.3.1　标示引文的省略。

示例：我们齐声朗诵起来："……俱往矣，数风流人物，还看今朝。"

4.11.3.2　标示列举或重复词语的省略。

示例1：对政治的敏感，对生活的敏感，对性格的敏感，……这都是作家必须要有的素质。

示例2：他气得连声说："好，好……算我没说。"

4.11.3.3　标示语意未尽。

示例1：在人迹罕至的深山密林里，假如突然看见一缕炊烟，……

示例2：你这样干，未免太……！

4.11.3.4　标示说话时断断续续。

示例：她磕磕巴巴地说："可是……太太……我不知道……你一定是认错了。"

4.11.3.5　标示对话中的沉默不语。

示例："还没结婚吧？"

　　　　"……"他飞红了脸，更加忸怩起来。

4.11.3.6　标示特定的成分虚缺。

示例：只要……就……

4.11.3.7　在标示诗行、段落的省略时，可连用两个省略号（即相当于十二连点）。

示例1：从隔壁房间传来缓缓而抑扬顿挫的吟咏声——

· 384 ·

床前明月光，疑是地上霜。

…………

示例 2：该刊根据工作质量、上稿数量、参与程度等方面的表现，评选出了高校十佳记者站。还根据发稿数量、提供新闻线索情况以及对刊物的关注度等，评选出了十佳通讯员。

…………

4.12　着重号

4.12.1　定义

标号的一种，标示语段中某些重要的或需要指明的文字。

4.12.2　形式

着重号的形式是"．"标注在相应文字的下方。

4.12.3　基本用法

4.12.3.1　标示语段中重要的文字。

示例 1：诗人需要表现，而不是证明。

示例 2：下面对本文的理解，不正确的一项是：……

4.12.3.2　标示语段中需要指明的文字。

示例：下边加点的字，除了在词中的读法外，还有哪些读法？

　　　　　着急　　　　子弹　　　　强调

4.13　连接号

4.13.1　定义

标号的一种，标示某些相关联成分之间的连接。

4.13.2　形式

连接号的形式有短横线"-"、一字线"—"和浪纹线"~"三种。

4.13.3　基本用法

4.13.3.1　标示下列各种情况，均用短横线：

a) 化合物的名称或表格、插图的编号。

示例 1：3-戊酮为无色液体，对眼及皮肤有强烈刺激性。

示例 2：参见下页表 2-8、表 2-9。

b) 连接号码，包括门牌号码、电话号码，以及用阿拉伯数字表示年月日等。

示例 3：安宁里东路 26 号院 3-2-11 室

示例4：联系电话：010-88842603

示例5：2011-02-15

c）在复合名词中起连接作用。

示例6：吐鲁番-哈密盆地

d）某些产品的名称和型号。

示例7：WZ-10 直升机具有复杂天气和夜间作战的能力。

e）汉语拼音、外来语内部的分合。

示例8：shuōshuō-xiàoxiào（说说笑笑）

示例9：盎格鲁-撒克逊人

示例10：让-雅克·卢梭（"让-雅克"为双名）

示例11：皮埃尔·孟戴斯-弗朗斯（"孟戴斯-弗朗斯"为复姓）

4.13.3.2　标示下列各种情况，一般用一字线，有时也可用浪纹线：

a）标示相关项目（如时间、地域等）的起止。

示例1：沈括（1031-1095），宋朝人。

示例2：2011 年 2 月 3—10 日

示例3：北京—上海特别旅客快车

b）标示数值范围（由阿拉伯数字或汉字数字构成）的起止。

示例4：25~30g

示例5：第五~八课

4.14　间隔号

4.14.1　定义

标号的一种，标示某些相关联成分之间的分界。

4.14.2　形式

间隔号的形式是"·"。

4.14.3　基本用法

4.14.3.1　标示外国人名或少数民族人名内部的分界。

示例1：克里丝蒂娜·罗塞蒂

示例2：阿依古丽·买买提

4.14.3.2　标示书名与篇（章、卷）名之间的分界。

示例：《淮南子·本经训》

4.14.3.3　标示词牌、曲牌、诗体名等和题名之间的分界。

示例 1：《沁园春·雪》

示例 2：《天净沙·秋思》

示例 3：《七律·冬云》

4.14.3.4　用在构成标题或栏目名称的并列词语之间。

示例：《天·地·人》

4.14.3.5　以月、日为标志的事件或节日，用汉字数字表示时，只在一、十一和十二月后用间隔号；当直接用阿拉伯数字表示时，月、日之间均用间隔号(半角字符)。

示例 1："九一八"事变　　"五四"运动

示例 2："一·二八"事变　　"一二·九"运动

示例 3："3·15"消费者权益日　　"9·11"恐怖袭击事件

4.15　书名号

4.15.1　定义

标号的一种，标示语段中出现的各种作品的名称。

4.15.2　形式

书名号的形式有双书名号"《》"和单书名号"〈〉"两种。

4.15.3　基本用法

4.15.3.1　标示书名、卷名、篇名、刊物名、报纸名、文件名等。

示例 1：《红楼梦》(书名)

示例 2：《史记·项羽本纪》(卷名)

示例 3：《论雷峰塔的倒掉》(篇名)

示例 4：《每周关注》(刊物名)

示例 5：《人民日报》(报纸名)

示例 6：《全国农村工作会议纪要》(文件名)

4.15.3.2　标示电影、电视、音乐、诗歌、雕塑等各类用文字、声音、图像等表现的作品的名称。

示例 1：《渔光曲》(电影名)

示例 2：《追梦录》(电视剧名)

示例 3：《勿忘我》(歌曲名)

示例 4：《沁园春·雪》(诗词名)

示例 5：《东方欲晓》(雕塑名)

示例 6：《光与影》(电视节目名)

示例 7：《社会广角镜》(栏目名)

示例 8：《庄子研究文献数据库》(光盘名)

示例 9：《植物生理学系列挂图》(图片名)

4.15.3.3　标示全中文或中文在名称中占主导地位的软件名。

示例：科研人员正在研制《电脑卫士》杀毒软件。

4.15.3.4　标示作品名的简称。

示例：我读了《念青唐古拉山脉纪行》一文(以下简称《念》)，收获很大。

4.15.3.5　当书名号中还需要书名号时，里面一层用单书名号，外面一层用双书名号。

示例：《教育部关于提请审议〈高等教育自学考试试行办法〉的报告》

4.16　专名号

4.16.1　定义

标号的一种，标示古籍和某些文史类著作中出现的特定类专有名词。

4.16.2　形式

专名号的形式是一条直线，标注在相应文字的下方。

4.16.3　基本用法

4.16.3.1　标示古籍、古籍引文或某些文史类著作中出现的专有名词，主要包括人名、地名、国名、民族名、朝代名、年号、宗教名、官署名、组织名等。

示例 1：孙坚人马被刘表率军围得水泄不通。(人名)

示例 2：于是聚集冀、青、幽、并四州兵马七十多万准备决一死战。(地名)

示例 3：当时乌孙及西域各国都向汉派遣了使节。(国名、朝代名)

示例 4：从咸宁二年到太康十年，匈奴、鲜卑、乌桓等族人徙居塞内。(年号、民族名)

4.16.3.2　现代汉语文本中的上述专有名词，以及古籍和现代文本中的单位名、官职名、事件名、会议名、书名等不应使用专名号。必须使用标号标示时，宜使用其他相应标号(如引号、书名号等)。

4.17　分隔号

4.17.1　定义

标号的一种，标示诗行、节拍及某些相关文字的分隔。

4.17.2　形式

分隔号的形式是"／"。

4.17.3　基本用法

4.17.3.1　诗歌接排时分隔诗行（也可使用逗号和分号，见 4.4.3.1／4.6.3.1）。

示例：春眠不觉晓／处处闻啼鸟／夜来风雨声／花落知多少。

4.17.3.2　标示诗文中的音节节拍。

示例：横眉／冷对／千夫指，俯首／甘为／孺子牛。

4.17.3.3　分隔供选择或可转换的两项，表示"或"。

示例：动词短语中除了作为主体成分的述语动词之外，还包括述语动词所带的宾语和／或补语。

4.17.3.4　分隔组成一对的两项，表示"和"。

示例 1：13／14 次特别快车

示例 2：羽毛球女双决赛中国组合杜婧／于洋两局完胜韩国名将李孝贞／李敬元。

4.17.3.5　分隔层级或类别。

示例：我国的行政区划分为：省（直辖市、自治区）／省辖市（地级市）／县（县级市、区、自治州）／乡（镇）／村（居委会）。

5　标点符号的位置和书写形式

5.1　横排文稿标点符号的位置和书写形式

5.1.1　句号、逗号、顿号、分号、冒号均置于相应文字之后，占一个字位置，居左下，不出现在一行之首。

5.1.2　问号、叹号均置于相应文字之后，占一个字位置，居左，不出现在一行之首。两个问号（或叹号）叠用时，占一个字位置；三个问号（或叹号）叠用时，占两个字位置；问号和叹号连用时，占一个字位置。

5.1.3　引号、括号、书名号中的两部分标在相应项目的两端，各占一个字位置。其中前一半不出现在一行之末，后一半不出现在一行之首。

5.1.4　破折号标在相应项目之间，占两个字位置，上下居中，不能中间断开分处上行之末和下行之首。

5.1.5　省略号占两个字位置，两个省略号连用时占四个字位置并须单独占一行。省略号不能中间断开分处上行之末和下行之首。

5.1.6　连接号中的短横线比汉字"一"略短，占半个字位置；一字线比汉字"一"略长，占一个字位置；浪纹线占一个字位置。连接号上下居中，不出现在一行之首。

5.1.7　间隔号标在需要隔开的项目之间，占半个字位置，上下居中，不出现在一行之首。

5.1.8　着重号和专名号标在相应文字的下边。

5.1.9　分隔号占半个字位置，不出现在一行之首或一行之末。

5.1.10　标点符号排在一行末尾时，若为全角字符则应占半角字符的宽度（即半个字位置），以使视觉效果更美观。

5.1.11　在实际编辑出版工作中，为排版美观、方便阅读等需要，或为避免某一小节最后一个汉字转行或出现在另外一页开头等情况（浪费版面及视觉效果差），可适当压缩标点符号所占用的空间。

5.2　竖排文稿标点符号的位置和书写形式

5.2.1　句号、问号、叹号、逗号、顿号、分号和冒号均置于相应文字之下偏右。

5.2.2　破折号、省略号、连接号、间隔号和分隔号置于相应文字之下居中，上下方向排列。

5.2.3　引号改用双引号"﹃""﹄"和单引号"﹁""﹂"，括号改用"︵""︶"，标在相应项目的上下。

5.2.4　竖排文稿中使用浪线式书名号"︳"，标在相应文字的左侧。

5.2.5　着重号标在相应文字的右侧，专名号标在相应文字的左侧。

5.2.6　横排文稿中关于某些标点不能居行首或行末的要求，同样适用于竖排文稿。

附录四　文章修改符号及其用法

编号	符号名称	符号形态	符号说明	用法示例
1	改正号		表明需要改正错误,把错误之处圈起来,再用引线引到空白处改正	
2	删除号		表明删除掉。文字少时加圈,文字多时可加框打叉	
3	增补号		表明增补。文字少时加圈,文字多时可用线画清增补的范围	
4	对调号		表明调整颠倒的字、句位置。三曲线的中间部分不调整	
5	转移号		表明词语位置的转移。将要转移的部分圈起,并画出引线指向转移部位	
6	接排号		表明两行文字之间应接排,不需另起一行	
7	另起号		表明要另起一段。需要另起一段的地方,用引线向左延伸到起段的位置	
8	移位号		表明移位的方向。用箭头或凸曲线表示。使用箭头,是表示移至箭头前直线位置;使用凸曲线是表示把符号内的文字移至开口处两短直线位置	

现代应用文写作

编号	符号名称	符号形态	符号说明	用法示例
9	排齐号	‖	表明应排列整齐。在行列中不齐的字句上下或左右画出直线	认真提高 提高质量印刷质量，缩短出版周期
10	保留号	△	表明改错、删错后需保留原状。在改错、删错处的上方或下方画出三角符号，并在原删除符号上画两根短线	认真搞好校对工作
11	加空号	∨ ＞	表明在字与字、行与行之间加空。符号画在字与字之间的上方；行与行之间的左右处	要认真修改原稿 加强市场调研 提高产品质量
12	减空号	∧ ＜＞	表明在字与字、行与行之间减空。符号使用方法同上	校对须知 校对书刊应注意的问题
13	空字号	♯	表明空1字距；表明空1/2字距；表明空1/3字距；表明空1/4字距	第一章应用写作概述
14	角码号		用以改变上、下角码的位置	CO_2 2 16=4² 2
15	分开号	Y	用以分开外文字母	How are you

参 考 文 献

[1] 吴绪久. 实用写作[M]. 北京：科学出版社，2010.

[2] 鲁捷，李久新. 新编财经应用写作[M]. 大连：大连理工大学出版社，
2002.

[3] 郭冬. 秘书写作[M]. 北京：高等教育出版社，2003.

[4] 常青，陈新华，吕晓洁. 大学应用写作[M]. 北京：北京大学出版社，
2005.

[5] 王桂巧，朱卫东，申小军. 新编应用写作[M]. 成都：电子科技大学出版
社，2006.

[6] 郭长悟. 财政公务写作[M]. 北京：经济科学出版社，2005.

[7] 周立. 应用写作与口头表达[M]. 北京：北京工业大学出版社，2006.

[8] 刘世权. 应用文写作[M]. 重庆：西南大学出版社，2008.

[9] 洪威雷. 大学应用文写作[M]. 天津：天津大学出版社，2008.

[10] 杨文丰. 现代经济文书写作[M]. 2 版. 北京：中国人民大学出版社，2008.

[11] 耿云巧，马俊霞. 现代应用写作[M]. 北京：清华大学出版社，2018.

[12] 董小玉，刘海涛. 现代写作教程[M]. 3 版. 北京：高等教育出版社，
2014.

[13] 袁雪良，刘静，张小莹. 新编应用文写作实用教程[M]. 北京：北京邮电
大学出版社，2012.

[14] 宋亦佳. 高职高专应用写作[M]. 2 版. 北京：中国财政经济出版社，
2021.

[15] 余国瑞，彭光芒. 实用写作[M]. 北京：高等教育出版社，2002.

[16] 陶应虎. 公共关系原理与实务[M]. 3 版. 北京：清华大学出版社，2015.

[17] 刘海贵. 新闻采访写作新编[M]. 上海：复旦大学出版社，2004.

[18] 罗以澄. 新闻采访与写作[M]. 北京：高等教育出版社，2019.

[19] 万国邦，戴五焕，王秋梅. 应用写作实训教程[M]. 武汉：武汉大学出版
社，2008.